中国特色企业管理新探索

潘承烈　著

企业管理出版社

图书在版编目（CIP）数据

中国特色企业管理新探索/潘承烈. —北京：企业管理出版社，2008. 6

ISBN 978 - 7 - 80197 - 991 - 9

Ⅰ. 中… Ⅱ. 潘… Ⅲ. 企业管理—研究—中国 Ⅳ. F279.23

中国版本图书馆 CIP 数据核字（2008）第 079769 号

书　　名：中国特色企业管理新探索

作　　者：潘承烈

责任编辑：奇　观

书　　号：ISBN 978 - 7 - 80197 - 991 - 9

出版发行：企业管理出版社

地　　址：北京市海淀区紫竹院南路 17 号　　邮编：100044

网　　址：http://www. emph. cn

电　　话：出版部 68414643　发行部 68414644　编辑部 68428387

电子信箱：80147@ sina. com　　zbs@ emph. cn

印　　刷：北京智力达印刷有限公司

经　　销：新华书店

规　　格：145 毫米×210 毫米　32 开本　15. 125 印张　260 千字

版　　次：2008 年 6 月第 1 版　　2008 年 6 月第 1 次印刷

定　　价：36. 00 元

内容简介

　　本书汇集了进入新世纪以来作者对我国企业改革与发展进行深入思考与研究的见解。是作者亲身经历了改革开放三十年来对中国特色企业管理探索的延续。由于作者从事企业管理的实践与研究已超过半个世纪，因此其认识与感受紧密贴近实际、贴近企业，而受到广大企业的赞赏。本书围绕中央提出的有关重大方针以及企业当前最为关注的题材，如自主创新、人才强国、和谐社会等在企业的体现和落实，以及企业面对新世纪挑战的相应对策等等，都提出了独到见解。本书文笔流畅，深入浅出，体现了时代性与民族性的中国企业管理特色，是源于实践又高于实践的力作，对引导企业开阔经营思路，寻获商机，提高竞争力具有现实意义。

序

2008 年中国人民迎来了改革开放的 30 周年。

早在改革开放之初,小平同志在 1982 年 9 月召开的党的第十二次全国代表大会的开幕词中就明确提出:"把马克思主义的普遍真理同我国的具体实际结合起来,走自己的道路,建设有中国特色的社会主义,这就是我们总结长期历史经验得出的基本结论。"

自此之后,从党的十三大到十七大,党的每一届全国代表大会政治报告始终都以中国特色社会主义作为主题。

如:"沿着有中国特色的社会主义道路前进"(1987 年十三大)

"加快改革开放和现代化建设步伐,夺取有中国特色社会主义建设事业的更大胜利"(1992 年十四大)

"高举邓小平理论伟大旗帜,把建设有中国特色社会主义事业全面推向 21 世纪"(1997 年十五大)

"全面建设小康社会,开创中国特色社会主义事业新局面"(2002 年十六大)

2007 年十七大提出："高举中国特色社会主义伟大旗帜，为夺取全面建设小康社会新胜利而奋斗"。

由此可见，建设中国特色社会主义是历届党代会始终坚持的一贯主题和指导思想，也是改革开放 30 年来我们所取得一切伟大成就的基本思想基础，更是引导全国人民今后从胜利走向更大胜利的重要保证。

在中国特色社会主义伟大旗帜指引下，全国从事各类工作的人们都应认真思考自己所涉猎的领域如何体现其中国特色。因为只有全国的工作从宏观到微观，都在这方面思考研究并加以落实，才能汇总成我们建设的社会主义具有中国特色，并能在世界民族之林中独树一帜。

研究战后国际经济发展的经验也表明，一个国家，尤其是具有一定经济基础和经济实力的国家，要推动其经济向前持续健康发展，必然要形成一套与其国情民情相适应的管理方式，而决不可能模仿或照搬外来的现成模式。战后日本由一个战败国经二三十年一跃而成为世界上的经济大国，是和其独具特色的"日本管理方式"分不开的。

我国是一个有着 13 亿人口的大国，又是有五千年文明史的文明古国，改革开放以来，我们从过去的计划经济体制转向社会主义市场经济。这样一个发展中国家建设社会主义，在管理上必然需要具有符合我国特定的国情民情的管理理念、管理方式，以体现中国特色。30 年来我国经济持续健康发展，已引起世界瞩目，人们在考虑和研究，中国的"和平崛起"到底基本原因何在，管理上中国又有哪些不同于西方，不同于他人的特色？

在我们回顾改革开放 30 年历程，庆祝在经济建设、政治建设、文化建设、社会建设所取得伟大成就的时候，中国特色的管理，包括企业管理究竟有些什么特点，这正期待中国从事管理和企业管理的企业界和管理学界向世人作出回答。

我是一名新中国成立后的第一届高校毕业生。1950 年踏上工作岗位后就因工作需要分配从事管理专业的工作。从 1950 年到十一届三中全会召开的 1978 年的 28 年间，我主要从事汽车工业企业管理的实践与研究思考。在长春第一汽车厂从筹建到生产度过了整整 23 个年头，后来作为华罗庚教授在全国推广优选法的小分队成员，跑遍了十多个省、区、市，接触到很多行业的上千个大中小企业，使我对企业管理由一个特大型企业的全面深入了解，扩展到更多企业的运作。

正是在这个基础上，进入了改革开放时代。1979 年我随华罗庚教授访问英国，在伯明翰大学学习研究了大半年时间，使我了解到在我国闭关锁国的五六十年代到 70 年代，国际上对管理已有了很大发展，从过去的传统管理到科学管理，战后进一步发展到管理科学，从理论到方法都出现很多过去我们所不知的内容。而我们在实现四个现代化进程中，大家也开始注意重视和研究管理的现代化。

改革开放为我长期从事的企业管理专业提供了前所未有的学习研究的极大良机。而我自 1980 年转入中国企业管理协会（后改名为中国企业联合会）工作后，在其"面向企业，为企业和企业家服务"的宗旨指导下，使我有机会能接触到更多企业，而协会作为民间团体的一个对外窗口，使我又能更多地参加不少国际活动，了解到国际上在经济管理领域的最新动态。在以往企业工作的实践中所积累的经验，引发我对面临有关管理问题的所见、所闻、所感、所悟，从表面现象去探索其背后深层次的因素。自改革开放的 80 年代开始，写成一篇篇"习作"，希望从中探索出在我国当前情况下中国管理的某些具有规律性的东西。

我把自己在上世纪八十年代发表过的文章，经筛选后以《思路与信息》一书出版（企业管理出版社，1992 年），并以"对中国式企业管理的探索"作为书的副标题，涉及企业战略、企业家素质、管理咨询、古为今用、国际经济管理动态等内容。之后，在我国推行社会主义市场经济情况下，我又把自己在 90 年代发表过的文章，作为文集以《市场竞争中的经营之道》于 1999 年由企业管理出版社出版，内容涉及：市场经济下的经营管理、传统文化与现代管理、人力资源开发、国际经济管理新趋势,以及我参与的国际活动的一些发言和报告。

进入新世纪,随着全球经济一体化的发展与我国的入世,对我国企业来说,管理的理念与管理的格局也相应地发生了很大变化。在深化改革、扩大开放中,中央也不断提出新的有关方针政策,对探索有中国特色企业管理的要求更为迫切。而我在这半个多世纪的管理实践中,尤其在改革开放的头20年间的学习和实践,使我对接触到的管理问题的观察也深刻了一些,触类旁通、联系实际的能力也提高了一些,所以新世纪以来所收集和发表过的文章,都体现了自己从探索中国特色企业管理这个总的角度所领悟的个人见解,其中一些是围绕中央有关大政方针,发表自己从企业管理角度所理解的一孔之见,例如"以人为本"我写了中国特色的人才观与用人之道。对中央提出的自主创新、和谐社会以及支持引导非公企业的政策等等,我也都在书中论述了我的认识。此外,像企业文化、管理创新和案例研究等等,书中有好几篇文章得到过中央有关部门领导的批示和肯定。

本书涉及的题材虽较广,但贯穿全书的一根红线则都是围绕对中国特色企业管理的新探索。

本书和之前的《思路与信息》和《市场竞争中的经营之道》这3本书记录了本人在改革开放30年间对我国企业改革发展的认识与认识的深化。

　　对一个从事企业管理的实践与研究已有 50 多年的工作者来说，想留给后来同行的一点心得和体会，简单地说是：管理作为一门科学，它是一门应用科学，是要经得起实践检验的科学，因此必须立足于当时当地的实际，要能解决现实管理中的实际问题。管理的理论也必然应是源于实践，而又高于实践。

　　因此，中国特色的企业管理应以体现时代性与保持民族性这两大支柱为主体。体现时代性，就是要立足本国国情民情，放眼世界，博采众长，为我所用；就是要把外来的好经验中国化、本土化，就是要洋为中用。保持民族性，就是要充分发扬我们作为文明古国的独特优势，用古人智慧来提高我们管理现代化的水平与素养，就是要古为今用。此外，我们实行的是社会主义市场经济，因此政策导向对我们的管理，对我们去寻获商机起着不可替代的作用。这些就是本人对进一步探索中国特色企业管理的新的领悟，也是贯穿在全书的基本思路，并反映在本书很多文章中。希望这一观点能有助于读者在实践中借鉴参考，并有助于提高大家对这个问题进一步研究探讨的兴趣和努力。

潘承烈

2008 年 6 月 30 日

时年八十周岁

目　录

迎接新世纪

以新的经营思路迎接新世纪 ……………………………（3）

国际企业管理在世纪之交的新发展

　　——在国家经贸委召开的"全国企业改革

　　　与管理工作会议"上的专题报告 ……………（13）

"面向企业，为企业和企业家服务"

　　——中国企业管理协会的 20 年 ………………（33）

为全面加强企业管理"鼓"与"呼"

　　——写在《企业管理》创刊 20 周年之际 ………（40）

面对新世纪的管理教育与培训 …………………………（43）

面对入世和国际化的我国企业与企业管理 ……………（65）

亚洲企业界展望 21 世纪

　　——第四届亚太高级雇主会议摘要 ……………（84）

德鲁克《21 世纪的管理挑战》部分内容摘译 …………（96）

中国特色管理科学探索

以科学态度对待管理科学 ……………………（109）

学习型组织敲开现代企业管理大门 …………（116）

自成一家　走向世界

　　——纪念"以我为主"十六字方针发表 20 周年 ………

　　……………………………………………（121）

第一生产力与管理本土化 ……………………（127）

企业管理者如何应变新形势

　　——2005 年中国管理学家论坛上的发言 ………（131）

民企当自强 ……………………………………（137）

中国式管理初探 ………………………………（154）

管理创新

对企业流程再造的几点思考 …………………（177）

创建名牌与国企改制 …………………………（180）

自主创新何以要以企业为主体 ………………（187）

创建名牌　保护名牌 …………………………（197）

国情民情呼唤管理创新 ………………………（201）

中华优秀传统文化与古为今用

结合时代精神，做到古为今用 ……………………（211）

在全球化竞争中发扬中华文化的独特优势 …………（218）

加强对我国优秀文化与古为今用的教育与研究 ……（222）

企业领导人何以需要学一点国学 …………………（228）

企业文化

企业文化必须植根于我国企业实际才能有生命力 …（235）

我国企业文化的昨天与明天 ………………………（242）

用人之道

人才强国贵在识才用才 ……………………………（251）

中国特色人才观浅议 ………………………………（258）

案例研究

案例教学是管理教育的重要组成部分 ……………（267）

西进序曲的启示 ……………………………………（270）

海航十年发展的启示 ………………………………（274）

百年老港换新颜

    ——青岛港改革和发展的启示 ……………… （290）

二十春秋话海尔 …………………………………… （306）

张瑞敏创业之路 …………………………………… （314）

"自主管理"质疑 …………………………………… （337）

商机何处寻？

    ——杭州娃哈哈集团推出非常可乐的启示 …… （343）

探析集团兴衰 ……………………………………… （347）

时　　论

成功是失败之母 …………………………………… （357）

要"零和"还是"双赢" ……………………………… （360）

一桩一举两失的败笔 ……………………………… （364）

"按揭"——扩大内需的助推剂 …………………… （368）

汉语面临挑战

    ——对当前经济生活中维护汉语纯洁性的呼吁 ………

…………………………………………………… （371）

战略与细节孰重要？ ……………………………… （376）

和谐企业是构建社会主义和谐社会的重要基础 …… （381）

出访杂忆

达沃斯随笔之一:雪中达沃斯 ……………… (391)

达沃斯随笔之二:高官云集的民间论坛 ……… (395)

达沃斯随笔之三:大老板们何以趋之若鹜 ……… (400)

达沃斯随笔之四:达沃斯的企业话题 ……………… (404)

美国西部沙漠区纪行 ………………………… (408)

访谈录

中国古代管理思想亟待开发 ………………… (417)

指点企业迎"入世" ……………………… (421)

最缺的不是钱而是人才 …………………… (423)

"风物长宜放眼量" ……………………… (425)

企业问题归根是企业家问题 ……………… (427)

企业管理要"以我为主" …………………… (435)

先哲风暴

　　——潘承烈谈"借古人智慧管理现代企业" …… (438)

5000 年文明布道者 ……………………… (456)

迎接新世纪

以新的经营思路迎接新世纪

国际企业管理在世纪之交的新发展

　　——在国家经贸委召开的"全国企业改革与管理工作
　　会议"上的专题报告

"面向企业，为企业和企业家服务"

　　——中国企业管理协会的 20 年

为全面加强企业管理"鼓"与"呼"

　　——写在《企业管理》创刊 20 周年之际

面对新世纪的管理教育与培训

面对入世和国际化的我国企业与企业管理

亚洲企业界展望 21 世纪

　　——第四届亚太高级雇主会议摘要

德鲁克《21 世纪的管理挑战》部分内容摘译

以新的经营思路迎接新世纪

新世纪是在国内改革正在不断深化，国际上信息技术的革命方兴未艾，全球化趋势正在加速的形势下来临的。由此而使企业面临的不确定因素越来越多。以往在计划经济体制下人们所习惯的那种一成不变，要求一切都十拿九稳、万无一失的局面已不可复得。中国在新世纪之初将成为世界贸易组织（WTO）的正式成员又使我国企业增加了很多新的挑战与机遇。

在这种情况下企业必须及时把握好内外经营环境的复杂变化，才能在市场经济的风浪中逾越险阻胜利前进。这对企业经营者也相应地提出了在竞争能力和应变能力以及素质上需要具备更高的要求。

但是，市场的变幻莫测和不确定因素的增加，也并不意味着企业对前景处于"不可知"而只能听天由命的消极状态。市场经济和任何事物一样，也是遵照着一些客观规律运转的。只要我们研究掌握并遵循这些带有规律性的东西来指导我们的经营思路，那么不论环境如何多变，企业还是可以赢得经营的主动权的。

经过 20 年的改革开放，我们从亲身经历中对市场经济下如何经营企业已逐步有了实践与理解。面对新的世纪，要在更趋激烈的市场竞争中取得一席之地，笔者认为企业要把握好以下几点：

一、贴近顾客是开拓市场之本

企业是市场经济的主体，而市场是企业活动的舞台。随着改革的深入，现在制约企业发展的，已不再是过去的缺乏生产力，而是能不能得到市场。当前不少企业处于停产、半停产状态，说明它们不是没有生产力，而是没有市场。

市场是由顾客组成的，能否在市场上有企业自己的立足之地，实际上是企业能否拥有一批自己的顾客。因此不论新世纪的客观环境会发生什么样的变迁，包括出现一些难以预料的因素，顾客和顾客的需求是企业赖以生存的根本。怎样去赢得顾客对企业来说将始终是件头等大事。

那么又怎样才能赢得顾客呢？这就必须想顾客之所想，认真琢磨顾客的消费心理，而且要想得比顾客自己更细致、更周到、更超前。但是这不是靠企业某个领导人冥思苦想所能做到的。企业必须走向顾客、贴近顾客才会有所得、有所悟。我们祖先早就知道"得民心者得天下"的道理。老子在《道德经》中就说：作为领导者，要"以百姓之心为心"。对我们企业而言，也应"以顾客之心为心"，因为"得顾客之心者得市场"。

经济的发展，人民生活水平的提高，使顾客的需求发生着不断变化。今日市场畅销的产品可能明天就被新的、更好的产品所取代。只有始终贴近顾客，把顾客的希望、愿望、欲望作为开发新产品、开拓新市场的最好课题去加以分析研究，才能使顾客的潜在需求得以实现，也才能使潜在市场开发为你这个企业的现实市场。这样，企业就能主动引导顾客，引导市场。总之，只有贴近顾客，企业才能在变幻莫测的市场竞争中立于不败之地。

二、全方位地捕捉所需要的信息

改革引进了市场机制与竞争机制，我们的企业把信息作为一种资源，这些年来已形成了共识。但信息不同于其它物质资源，物质资源在使用过程中是不断消耗的，而信息资源却是越利用越增值。

企业在整个生产经营过程中，都在不断处理来自企业内外的各种信息，从而在各个阶段、各个层次上作出相应的决策以指导下一步的工作。正确的决策必须建立在正确的信息基础上。信息的误导所造成的损失往往变得无可挽回。

信息技术的迅猛发展使企业利用信息赋予了新的含义。现在通过覆盖全球的网络使世界上发生的任何事情可以在不到一秒钟的时间内传遍全世界。从而给社会经济生活的很多方面带来不少深刻变化。人们现在可以利用的信息已打破了时间、空间的界限。对企业来说，信息也正为企业带来无限商机。但这种商机只有捷足者才能先登。如果你比你的竞争对手慢半拍，你就只能把一次难得的机会拱手让人了。这是在捕捉信息速度上的新变化。

在数量上，我们处在"信息爆炸"时代，信息多得成为汪洋大海，现在的关键在于如何在这无穷无尽的信息中去捕捉、鉴别、筛选、提炼对企业有用的信息。而原始状态的信息不可能完全针对企业的具体需要，为你提供现成答案。重要的是企业要学会对一些原始状态的信息结合企业实际加以举一反三的思考、联系，从中才有可能找到有所启发的思路去解决面临的问题。

信息技术的发展正在动摇多少年来我们所习以为常的经营管理模式、方法和理论，因特网的出现使企业面临诸如网络营销、电子商务等全新的概念与做法。新技术、新名词、新操作层出不穷，令人目不暇接。这些以微电子技术为基础的新科技当然非常复杂，但是除信息产业部门的企业外，其余广大企业只是这些新技术的终端用户，目的在于使用它为企业的需要服务，并不需要详细了解，掌握其复杂的机理，正如我们打电话并不要求都去懂得声波、电波的转换机理一样。而且信息技术发展的趋势是面向用户，使之对非专业人员使用起来更简化、更方便、更"友好"。这正是为广大企业在竞争中增添了一种得心应手的有力工具和武器。

三、努力提高产品和服务的技术含量、知识含量

企业是用自己的产品和服务在市场上进行竞争的。随着经济的发展与科技的进步，产品生命周期正在不断缩短，品种、质量在不断更新。而这只有用更先进的技术作为生产手段才能实现。因此对原有企业进行技术改造，新企业建立在高起点的技术基础上已成为企业今后生存与发展的基本要求。

近一二十年来经济发展的趋势已日益显示要提高产品和服务的附加价值，主要要由过去依靠投入更多人力、物力，转为依靠提高其技术含量与知识含量。当知识经济迎面而来的时候，知识正成为在新时代创造财富的最大资源。

即使对一些劳动密集型产业或传统产业也有必要进行技术改造和技术升级，以提高工艺和产品的技术含量，否则就难以改进质量，降低成本，提高劳动生产率，而将在国内国际的激烈竞争中被淘汰。

为了提高企业的科技实力，加强技术储备，有条件的企业应逐步建立起自己的研究开发中心，集中一批高水平、高素质的专业人员为企业的明天做准备。对没有条件组建自己独立研发中心的企业或遇到特定科技难题的企业，则可以和高校或专门的科研机构合作，或形成"战略联盟"，委托这类有关的专

门部门去解决企业在工艺技术上难以解决的课题，利用他们的研究成果投入生产，这既有利于企业在技术上的提高或升级，也为科研单位在为生产建设服务提出明确目标，同时有助于科研经费的来源，可谓一举两得。

四、组织机构要适应急剧的市场变化

企业的组织机构是为实现企业的目标服务的。目标变了，机构也应作相应的调整。

现在我们面对的是瞬息万变的市场，再要维持原来那种层层上报、下达的机制，则市场商机早已不复存在，更谈不上参与国际竞争了。

为适应新的形势，一方面企业通过联合兼并在做"大"做"强"上下功夫：另一方面在企业内部则应层层放权，使最接触市场的处于第一线的经营单位具有充分的自主经营和决策权，以体现对市场具有快速反应的能力。企业内部上下之间与这些经营单位之间则通过网络联结形成整体。这就是组织机构要由金字塔型转向扁平化、信息化、网络化。基层有了自主权当然也该承担相应的责任，这要通过制度化、规范化，和监督机制与激励机制相结合来实现。

机构改革的关键是企业领导真正做到放权与授权，前提是信任。要是只有把一切都抓在自己手里才能放得下心的心态与经营思路不改变，或是有名无实，则最多只能停留在一种改革理论上。这不仅对企业领导是如此，对政府官员也一样，因为这正是政企难以分开的症结之一。

五、人力资源已成为最宝贵的财富

以人为本的管理在近一二十年来已成为世界管理界与企业界一致的认识。这是和全球化的推进有关的。由于全球化，使资金、技术、专利等以前所未有的速度在全球范围流动和转让。唯一不能转让的是人力资源，是人的素质，人的聪明才智。企业的综合实力最终是建立在企业整体素质的提高上的。尤其在步入知识经济时代，科学技术正发挥着决定作用，人作为知识的载体，其作用就更为突出。怎样千方百计地调动职工的积极性，创造一种使大家的聪明才智得以充分发挥的环境与条件，怎样不断给职工补充新的知识与技能，已成为有远见的企业共同的当务之急。特别是企业的技术改造正被放到重要位置，这就意味着企业设施的新技术含量在加大，对操作人员来说，其技术水平与熟练程度不提高就难以应付。因此现在加强职工培训的力度，正是为企业发展前景所作的智力投资。

在人力资源方面，企业领导人的素质更起着关键作用。在信息时代要当好一个厂长已与以往不同了。过去遇到问题，可以花上几个星期去"研究"。但是现在出现了因特网、移动通信、电视会议等等，信息传播的速度与往日已不可同日而语。企业领导的决策必须既快速又正确，甚至要求能当场拍板，否则就会贻误商机。

此外，资金运作对企业日益重要，在企业领导班子中要有专人负责资本运营，以保证资产的保值、增值。而随着信息与知识的作用越来越明显，国外已开始设立首席信息主管及首席知识主管。

为此，企业领导应随时了解企业内外、国内外的一些大事及其发展走向，使企业更清醒地定位。

对企业领导人来说，更重要的是要改变经营思路，从只看到深化改革所带来的挑战，只看到别人如何走向成功而步别人后尘，转为着眼于改革带来的无限商机，转为想别人尚未想到看到的。这就要求企业领导要具有想像力，当然这不等同于艺术家的想像，而是立足于国内外市场的现实土地上的想像。

六、发展战略事关全局

处于国内外经营环境不断变革中的企业，要掌握自己的前途命运就不能再走一步看一步，而必须把握好发展的前景与方向。然而前景中又存在着很多当前尚不明朗的不定因素，因此研究企业的发展战略就显得格外重要。

发展战略对企业是具有全局性和前瞻性的思路和方针，指导企业在今后一段时期的前进方向。这些年来我们可以不断看到在改革开放的挑战与机遇面前，很多企业发展壮大，鳌头独占；同时又有更多企业由盛到衰，甚至昙花一现。从一定意义来说，这都反映了它们战略的成败，正可谓成也战略，败也战略。

如果我们的主要经营者不从过去开始创业时"事必躬亲"的工作作风中解脱出来，腾出时间和精力用到企业的发展战略上，那么在竞争更趋激烈的新世纪就会更陷于对日常事务穷于应付的被动局面。

企业发展战略必须以中央的方针政策为出发点和立足点。要真正深刻领会有关政策的精神实质和对本企业发展的指导意义。如十五届四中全会的《决定》提出了"有进有退，有所为有所不为"的方针。你这个企业就要具体研究，到底自己对什么该进，什么该退，究竟什么可以有所为，什么是有所不为的。同时要仔细了解企业所属行业的产业政策是什么，这样就会对今后发展有一个全面的、清醒的估价，从中看到可以抓住的机遇到底会在哪里。

在这个前提下，企业对自身的优势劣势、长处短处也应有一个客观分析，以便把自己的有限资源用到刀刃上，使之发挥最大作用，而防止全线出击，拉长战线，或只去跟着别人的成功脚印走路。

此外，同样重要的是要知彼知己，分析竞争对手的各种条件以便以己之长，攻人之短，尤其要对顾客的潜在需求放到突出的位置。

国内国际大环境的变化最终反映到市场上，引起市场的变化。像中国加入世贸组织后所带来的一系列变化，到底对企业会产生什么具体影响，就应着眼于未来的变化去作具体分析，准备对策，而不是等到在现实面前措手不及。

企业之间的竞争，体现为经济实力的竞争，但在经济实力的背后则是战略的较量，这正如《孙子兵法》所说："上兵伐谋"，意即高明的将帅是靠谋略取胜的。现在的竞争，从深层次来说，更是在经营谋略上的拼搏，是对经营智慧的较量。

在经营上胜人一筹，归根到底要依靠战略上的创新，其实质是经营思路的创新。即要想到别人（你的竞争对手）没有想到，或还没来得及想到的新的点子、新的机遇。这样才能赢得顾客，赢得市场。

我们希望我国广大企业以新的经营思路去开创新的局面，为我国经济在新的世纪开创更宏伟的前景作出贡献。

（《企业管理》2000 年第 1 期）

国际企业管理在世纪之交的新发展

——在国家经贸委召开的"全国企业改革与管理工作会议"上的专题报告

20世纪90年代，随着冷战的结束而开始的世界各国经济结构的大调整以及信息技术突飞猛进的发展，促使全球化进程加速实现，使企业的内外经营环境发生了深刻变化。过去100年来，各国企业界还从未面对过像这几年那么巨大的变革，同时也带来了前所未有的挑战和机遇。这导致多年来传统的经营理念、管理理论和管理方式面临着深刻变化。这种世界范围的变革还刚开始，发展前景的不确定因素还大量存在，很多问题当前还难以预料。但从已面对的形势和近几年的实践，企业管理在新世纪的发展趋势已可初见端倪。

处于深化改革、扩大开放，并且面临"入世"的我国企业，正日益临近或已经处于与国际经济的接轨之中。因此，了解和掌握国际上企业管理发展变化的一些具有前瞻性的新动态、新趋势，就既是竞争之所需，也有利于我们借鉴参考。

一、企业战略成为市场风浪中的罗盘

在这世纪之交，科学技术日新月异，导致全球产业结构重大调整。世界经济、政治、社会都处于不断变化之中，变革已成为当今时代的主旋律。企业处于这种经营环境越来越复杂多变的形势下，企业战略的重要性和作用再次被提到突出地位而倍受重视，这正因为战略是研究怎样有效地配置稀缺资源的艺术，是关于怎样在这种变化不定的大环境中进行协调各种因素和矛盾并进行决策的学问。对企业来说，战略决定着在一个不可预测的环境中如何求得生存和发展，是对企业具有全局意义的大问题。

以往企业战略侧重在企业内部因素的考虑，即要清楚地了解自己的优势在哪里，使有限资源最大限度地发挥作用，产生效益。这当然不错，今后这仍是战略的基础与方向。但在全球化形势下，仅着眼于企业内部已远远不够了，需要更多地关注涉及外界环境的信息，包括国内国际经济的、社会的、政治的、技术的重要变化及其发展趋势，例如：社会老龄化的到来、新技术的突破、居民收入的支配、竞争的国际化以及世界经济格局的变化等等，这些最终都将反映到市场上并引起深刻变化，不能不成为当今制订企业战略必须加以考虑的重要依据。正由于受全球化的影响，现在企业要立足当地，放眼世界，不能再把视野局限于自己所在地区。市场的全球化已导致竞争的全球化。现在一个企业如果不将其所在领域中处于领先地位的同行（不论他位于世界上什么地方）所设置的标准来作为衡量自己的尺度，作为自己的战略目标，那么这个企业在竞争中就难以发展，甚至迟早都难以生存。

在挑战与机遇并存的时代，机遇总是给予站在变革前列的先驱者。他们乐于并且有能力去改变已经做的，而去探索新的不同的东西。也就是采取能使"现在去创造未来"的策略和战略。

这一政策的基本出发点是：不能再满足于把过去和现在正在做的事如何去做得更好，而是要能"放弃昨天"。首先要做的是把那些用来维持不再能对效益作出贡献和不再产生效果的资源解放出来。企业往往为了维持"昨天"而把其最稀缺和最宝贵的资源，其中特别是那些有才华的能人，用在得不到结果的地方。

对一个进入衰退期的产品、服务、市场，或者生产流程来说，尽管"挣扎着"还能"活"上几年，但这却要付出极大的努力和代价，实际上是得不偿失。这时采取有组织的退出就是明智之举。

在这变幻不定的时代，一个企业最要不得的是思维方式一成不变。关键是要去尝试一下不同于以往的做法。能否打破常规，去改变原来的经营之道，往往成为企业间竞争胜负的分水岭。

这就要从企业的各个方面，包括产品、服务、工艺技术、市场营销、人力资源开发等进行系统的、不断的改进。这将逐步改变原来的做法，而最终导致真正的创新。

要在企业内形成一套创新的机制，去倡导改革，使整个企业都把改革看成是一种机遇。

要是把企业比作一艘航船，那么经过科学分析、符合市场规律的战略便有如船上的罗盘。它不是用来保证你在市场大海的惊涛骇浪中不晕船，但会让你不致迷失航向。

二、知识经济和知识工作者将起主导作用

20世纪末世界经济发展一个最引人注目的变化，就是知识经济开始崭露头角。人类社会的发展以农业经济为主长达数千年，随着工业革命而转向以工业经济为主。现在正面临着第三次转变，即在工业经济发展到成熟期后，出现了另一种经济形式，即知识经济正在逐步发挥出主导作用。

20世纪美日两国经济发展的对比引起世人普遍关注。到新千年初，美国经济保持了历史最长时期的繁荣期。2000年1月其失业率则降至30年来最低点4%以下。1997年7月泰币铢贬值引发的亚洲金融危机其影响波及全球，但美国并未受到多大冲击，这主要得益于它这些年高技术产业的快

速发展。反之，按世界经济论坛和洛桑管理发展学院每年发表的世界竞争力报告的排序，自 80 年代中期起，日本自1986 年至 1993 年连续 8 年名列国际竞争力第一名，但自1994 年，美国重登榜首，而日本则从 1997 年的第 9 位进一步降到 1998 年的第 18 位，1999 年仍位于第 16 位，远远落在美国之后。

在 70 年代后期，美国人每年都派人到日本去学习，但他们不是抄袭。他们意识到自己在做产品方面是没法超过日本的，但他们同时意识到了一个更重要的规律，就是在"有形"的产品中，最关键最宝贵的恰恰是那些"无形"的东西，这就是其技术含量，知识含量。这正是我们祖先老子说的："有生于无"。从无形的、非物质的东西中（知识就属于这一属性），可以生产出更多更丰富的有形的物质财富。既而这种强调"无形最宝贵"的观念在美国开始萌芽。在工业经济已发展到顶峰时，美国人已经遥望到了知识经济，并且经过努力，在 20 世纪 90 年代，美国人经历着两种经济时代的跨越。

知识不同于其它物质资源，物质资源在使用中是不断消耗的，而知识则是越使用越能增值，而且其传播不受时空限制。特别是现在，借助于网络，它的传递可瞬间到达全球各处，科技创新则是知识经济的本质要素。在新的世纪里，知识将越来越成为发展经济的关键资源与动力。

一些有远见的跨国公司已看到了知识给他们带来的商机，如安德逊（安顺）咨询公司在其经营信条中就提出："知识就是新的货币"，"用今天的知识去打开明天的市场"。

随着知识对发展经济的作用被认识和发挥，在就业人口中从事知识工作的知识工作者也在不断增加。他们正成为发达国家重要的劳动力构成。美国的知识工作者已占全美劳动力的五分之二，而其作用更日益显示出来。

回顾过去 100 年，20 世纪对管理最独特也是最重要的贡献，是通过科学管理使制造业的手工工作者的生产力提高了 50 倍。

而新世纪对管理的最重要贡献则将是提高知识工作者的生产力。这也是 21 世纪对管理的最大挑战。

20 世纪初叶，美国工程师泰勒通过时间研究、动作研究，把手工工作要完成的任务进行分解，实行规范化、制度化，以使操作达到准确、快速和一致，从而大大提高了手工工作的生产力。

但发达国家提高手工工作生产力的这套经验，早已通过培训为其它国家所掌握。

现在知识工作者所从事的工作已和手工工作有很大不同，它不能像手工工作者那样把每一步操作都事先安排和确定好，去一步步按部就班地完成。有时遇到事先没有预料到的情况需要知识工作者凭自己的经验与聪明才智才能决定下一步应怎么做，才能更好地去取得预期效果。

知识工作者在其岗位上所从事的工作应比他的上司懂得更多。因此在一个单位里，知识工作者与上级不是从属关系，而是伙伴关系。对知识工作者不能用简单化的发号施令，而是要通过协商，通过说服和引导。要了解他的价值观是什么，他希望作出的贡献是什么。管理知识工作者是要使他心悦诚服地在其工作岗位上发挥自己的才能，而不再去寻找另外的机会。

从事手工工作的雇员自己不拥有生产资料，他们有些人虽也有一些宝贵经验，但这些经验只有在他的工作岗位上才有价值，这是无法随身携带的。可是知识工作者自己拥有生产资料，这就是脑袋里的知识，这是完全可以随身携带的。它是笔巨大的资产，正因此他们的流动性就很大。手工工作者需要有工作单位雇佣他们，而知识工作者则是其工作单位更需要他们加盟。

从经济学的理论来说，劳动力是成本，这对手工工作者是正确的。可是对知识工作者来说，则不应看作是"成本"，而应看作是一份"资产"。

成本是要加以控制和降低的，而资产则是应使之增值的。

20世纪企业最值钱的是它的生产设备，而21世纪最值钱的资产则是知识工作者和他的生产力。

在过去100年中，世界是由那些能提高手工工作者生产力的国家和产业处于世界经济领先地位的。美国管理学家彼得·德鲁克预言，在今后50年（要是不会再短的话），世界经济的领导地位将会让位于能最系统并最成功地提高知识工作者生产力的国家和产业。总之，知识工作者及其生产力的问题将成为今后几十年发展经济的关键问题，会对经济体制的结构和性质带来根本性变化。

三、网络的兴起与普及冲击着传统的经营思路与经营方式

工业经济时代的游戏规则正在改变，网络带来了一种全新的经济模式，这对企业的影响是巨大的。

网络的出现不是新近的事，但原来的网络其覆盖面局限于某一地区或某一产业，而因特网（互联网）则把原有网络联成一片，被称之为"网络中的网络"，从而使网络覆盖全球，使地球真正成了"地球村"。过去在地球上任何地方发生的事情，传到你耳朵里在时间上已成为历史，而现在有了因特网却可以在不到一秒钟的时间内传遍全世界，这在人类历史上还是第一次。而因特网成为国际上议论的热门话题

还是 20 世纪 90 年代中期的事，但仅经过短短几年已成为世界各国社会经济生活中的重大现实。其发展之迅猛，是以往任何科技发明所望尘莫及的。

网络跨越了传统的时空界限。通过网络，信息的传递打破了国界，使世界联成一片，为全球化的进程提供了物质技术基础，加速了全球化的发展。因特网已成为一种全球性的基础设施。它不属于哪个行政部门所管辖，因此不能为哪个行政部门所能控制。

在企业范围内，企业通过内部网络（Intranet）把企业各部门、各岗位联成一片，大大加强了各部门之间的沟通，提高了工作效率，使企业的组织结构由原来的金字塔型的多层制转变为扁平化、信息化。这促使 90 年代出现了企业重组（Re－engineering）的新的管理理论与管理实践。

总之，网络的出现使企业内外环境产生了巨大变化，这不能不对企业传统的经营思路与经营方式产生重大冲击。

这一点在近几年电子商务的出现与迅猛发展上体现得尤为突出。

以往传统的生产流通过程是厂家生产的产品通过批发商、零售商最后到达终端用户手中。现在有了网络便出现了网络营销，网上购物。过去我们常说要"货比三家"才不吃亏。现在有了网络，要比货、比价就不局限于一地、一国，而是货比全世界了。对企业来说，一种产品在网上销售，实际上就是在全世界销售。这对无力在国外设点的中小企业更有意义。这也正体现了竞争的全球化。电子商务的出现，使厂家与终端用户直接联系，原来的中间商将难以为继，当然也从中节省了大笔流通环节的开支，使消费者最终受益。在美国，因特网上的物价平均比实际市场上的价格低13％，这正是促使电子商务快速普及的强大动力。

一般来说，网上交易划分为寻价、订货、付款、送货四个环节，只要在网上完成其中一种或几种现在便认为是电子商务。

对企业来说，利用电子商务其经营方式出现了与传统方式根本不同的变化。最典型的例子是美国西雅图的亚马孙（Amazon）的网上销售公司，它既没有店铺，也没有库房，节省大量租金、库存与员工的管理费用，现在成了美国最大的书商。

电子商务方便、快捷的特点与优点对传统商业产生了巨大冲击，显然这已成为世界商务领域的新潮流。这个浪潮来到之迅速，影响之深，收益面之广泛，超过了以往任何一次技术革命。但现在还只是刚刚开始，预计前景将会有更大、更快的发展。

这从统计资料可略见一斑：全球电子商务的销售额

1997 年为 26 亿美元，1998 年快速上升到 432 亿美元，1999年达 1000 亿美元左右。据联合国有关机构估计，2000 年将达 3500 亿美元，到 2002 年将突破 1 万亿美元。

美国商务部长戴利在 1999 年发表的《新兴数字经济信息技术》中说："电子商务的飞速发展，表明它将是 21 世纪整个经济增长的发动机。"

电子商务，确切地说是因特网上交易的大发展，在美国还只是最近两、三年的事。但它的发展速度大大超过估计。在这起步阶段，我们要提高认识，抓紧时机，迎头赶上。要完成这个任务，现在采取行动正是大好机遇。

电子商务的应用，对企业来说提供了新的无限商机。但是正因为网络的特点，对所有网户机会均等，因此只要你比别人慢半拍，一个好的机会就会眼看落入你竞争对手之手。

信息技术的发展越来越快，新的东西层出不穷，令人目不暇接，甚至使非这方面专业的人员感到目瞪口呆。但是从使用上来说，信息技术的发展方向，则是让用户越来越简单、方便地操作。因此企业作为这项新技术的使用者，并不要求对这些高新技术领域的细节去精通或掌握，只要懂得如何"为我所用"，为企业的经营管理服务就行了。这正如人人都在使用电话，但并不需要都非得明白声波与电波的转换机理一样，只要拨号会打就行。信息技术的发展、网络的利用，对用户而言道理也一样。企业需要重视和研究的，则是这些新技术的出现对我们传统的经营思路与方式究竟会带来哪些冲击，怎样预做准备去迎接这一新的挑战，抓住新的机遇，使企业的经营管理在新技术的基础上更上一层楼。

四、对企业经营者提出了新要求

在这复杂多变的世界上，企业经营的内外环境的前景充满着不确定因素，全球化带来的竞争国际化，更加重了对企业的压力。在这种形势下，企业的兴衰成败在更大程度上取决于企业经营者能否具有审时度势、举重若轻、应付自如的素质。

20 世纪 80 年代中期西方国家从石油危机引发长达 10 年之久的经济衰退走向复苏，企业家精神对发展经济及振兴企业起了决定性作用。但在这世纪之交，环境发生巨大变化，对企业经营者的要求又更进了一步，提出了一些新的、不同于以往的要求。

1. 从主动推进变革中创造商机

处于全球性结构大调整的时代，企业的经营环境已发生了与以往很大的不同，要保持原来的业绩，要"守业"已难以为继，生存发展的唯一机遇存在于变革之中，尤其要主动地去推进变革，成为变革的先行者，而不是被动地在变革出现之后才去应付变革。这正是面对新世纪对企业经营者的一项核心挑战，就是怎样把变革看作是一种机遇，寻找正确的变革并使之在企业内外奏效。这就要求采取立足现在去创造未来的相关政策与措施，为明天的发展打下基础，创造条件。

企业经营者不仅要自己破除安于现状、满足于现状的保守思想，更要带动全体员工把变革看成机遇。要改变现状，推动改革，核心问题在于创新，这也是变"守业"为"创业"的关键。要在企业里形成一整套与创新相适应的激励机制，使创新成为一种企业文化。

美国福特汽车公司新的首席执行官（CEO）、51 岁的雅克·纳赛尔在 1999 年 1 月上任以来，便抓住要害，整顿了整个公司的管理体系，使之振作起来。他的目的就是要把这个已有 96 年历史的工业巨人重新塑造成 21 世纪灵活的、不断进取的消费汽车王国。

这类事例在国际上不少，说明不仅是新兴的高科技企业以全新的经营体制出现，显示出它们的活力与潜力，而对于原有产业的大量老牌企业来说，也只有迎接变革，不断创新，才能重振雄风，否则就会走向衰落，陷入被淘汰的命运。

2. 要善于利用有效信息为正确决策服务

一场信息革命正在兴起，信息技术（IT）对社会经济生活的影响日益明显、日益重要。信息作为一种资源早已成为人们的共识。在当今所谓"信息爆炸"时代，难题已不是信息的有无或不足，而是如何在汪洋大海的信息中提取对自己有用的信息。因此企业经营者要学会抛弃对他没用的信息，而把有用的数据加以组织、分析并演绎成最后的信息并采取行动。因为信息的目的是要能够用来进行决策以付诸行动。

企业内部的信息首先是来自生产与经营第一线的原始数据，最早的目的是为进行成本核算用的。但数据本身还不能作为决策的依据，数据只有经过加工才能成为信息。对现在的企业高层来说，仅靠企业内部已有的数据是远远不够的，更主要的是要来自外部的信息，这是从不同的来源与不同的人那儿得来的。怎样把收集到的信息组织起来进行加工以达到为决策服务的目的就取决于领导人本人的眼力与智慧了。事实上没有两位主管会以同样的方法去组织同一信息，其结果就会大有高下之分，而使同一信息具有完全不同的价值。要使所取得的信息（不论来自企业内部或外部）完全针对你所面临的问题以提供现成答案，是不大可能的。重要的是怎样把信息结合你的具体情况加以举一反三、触类旁通的思考、分析、加工、提炼，从而得到启发，得出能解决你现实问题的新的思路、新的方案。

随着因特网的出现，现在信息的来源遍及全球，信息的传播速度空前迅速，企业经营者处于这种形势下，要有快速有效的反应能力已成为新时期对个人素质突出的要求。如果在 10 年或 15 年前，面对一项决策用上几个星期去"研究研究"、"考虑考虑"还是可以被允许的话，那么现在出现了因特网，无线通信、电视会议等新的信息技术，形成世界范围的信息沟通，企业经营者作决策就决不能再迟疑不决，而要尽快利用时间，有时甚至需要当场拍板。要做到这一点就需要企业经营者随时了解掌握对其内外经营环境的动态变化。

3. 需要技术型的 MBA

处于科技发展一日千里环境下的企业经营者，必须要具备一定的技术功底，这点看来已越来越重要。至少他应该熟悉他这个行业范围内的技术，以及这些技术的发展前景。现在涉及信息技术领域的产品生命周期日益缩短，新型号、新产品层出不穷，有些甚至刚上市几个月便会过时。企业领导要是对本行业的技术不懂行，或对现代信息技术所提供的商机不会巧加利用，就会因在关键时刻不能作出正确决策而陷于被动。在一些发展中国家和地区，很多企业经营者仍不很懂技术，而把一些技术问题完全交由技术人员和基层去处理，自己拿不出符合企业战略发展的要求和判断，这就和时代潮流很不相称。现在发展中国家也开始越来越重视大力培养 MBA 人才，以提高管理水平与管理者素质，这当然是好现象。但现在需要的这方面人才应是既懂经营管理，又懂工程技术的技术型 MBA。另外，系统地学习掌握发达国家先进的经营管理理论与方法确实十分重要，可是管理要能行之有效，还离不开本国的国情与民情。因此，更重要的是培养能把先进的管理理论与本国管理实践相联系与结合的人才，才能真正解决实际问题并从中提高。因此，90 年代培养"跨文化的管理"人才成为跨国经营的大企业的重点。越来越多的跨国公司聘用当地人才负责经营当地子公司已成为一种趋向。

4. 企业领导班子专业结构的搭配

现在企业要取得成功在很大程度上取决于其经营者或领导人运作资金的能力，高科技的发展直接影响到金融市场，这个市场已今非昔比。数以十亿美元计的资金交易可以在网络上几秒钟内完成，正可谓"运筹于（电脑）键盘之间，决胜于千里之外"。美国总统克林顿 1999 年 6 月在日内瓦的 87 届国际劳工大会上说，现在每一天都有 1 万 5 千亿美元的资金在跨越国界流动，每天有 15 亿份电子邮件在世界上传递。现在任何一个企业，即使是纯粹的地方性企业，也已处在世界经济之中，对于国际经济上一些重大震动无一能免受冲击。因此企业经营者要对金融市场具有充分的知识。学习如何管理金融货币，需要有对市场变化作出快速反应的才能。企业领导班子中要有人专门负责现金、股票、债券等的运作，除了一把手"首席行政主管"（CEO）外，还要有"首席财务主管"（CFO）。

此外，信息和知识的作用对企业的经营和发展也日益显示其重要性。国际上一些发达国家在领导班子中已开始设立"首席信息主管"（CIO）与"首席知识主管"（CKO）等等。这些职位出现不久，但却预示着在企业运作中的重要性，作为一种新的趋向值得引起人们注意。总之，在新的世纪里，企业要在激烈的市场竞争中立足，关键在于提高企业的核心竞争力，就是要做一些别人做不了或做不好的事。企业的核心竞争力反映了企业的核心素质，领导班子核心素质更是关键。领导班子虽然在专业和分工上各有侧重，但作为一个整体，对其核心素质的要求则是共同的。

要衡量核心素质的高下首先要仔细对比本企业和竞争对手的效益差距。每一企业的核心素质各不相同，这有如各个企业各有自己的"个性"。但任何一个单位，不仅只是企业，都需要有一个共同的核心素质，这就是创新。在这激烈变动的时代，如果没有一套创新的机制，如果领导人不能在全体职工中倡导创新，去创造未来，而只习惯于照别人的葫芦画自己的瓢，步别的成功者的后尘，则这样的企业就很难有明天。

五、贴近顾客是应付变幻莫测的市场的不变之道

在这世纪之交，在高科技迅猛发展的推动下，世界各国进行的经济结构大调整、大改组其规模之大，速度之快是前所未有的。回顾过去 10 年前，甚至 5 年前，还不曾听到的一些东西，例如因特网也好，电子商务也好，现在都成为社会生活中的现实，也是企业经营中的现实。瞻望前景，不确定因素更多，谁也无法预测在今后 5 年、10 年之后企业经营的内外环境又会出现哪些新的变化。那么处于这种变化多端的市场环境中的企业是不是只能被动地等待新的变化出现之后再去应付、再去寻找对策，因而难以制订出能指导经营发展的战略了呢？这倒也不尽然。因为不论市场如何复杂多变，在变化之中总还存在着某些不变的规律。只要能自觉地牢牢掌握这些不变的规律，企业仍然可以赢得经营的主动权的。

企业经营活动的出发点与立足点都在市场；市场是企业的依托。而市场是由顾客与厂商供需双方组成的，在市场经济下，市场以顾客为主导。因此实际上决定企业兴衰成败的是企业的顾客，是顾客对你企业提供的产品和服务是否感到

满意。赢得顾客是企业生存与发展的立足之本。不论市场或客观环境会发生什么样难以预料的变化，抓住顾客的需求这一条是不会变的，否则企业也就不成其为企业了。

早在20世纪80年代，国际企业界就提倡要实行"到处走走的管理"（MBWA），就是企业领导人不能老在办公室坐着，而要走向顾客、走向股东、走向供应商、走向销售商、走向政府有关部门、走向本企业的职工，从中了解情况，收集意见，以改进工作。现在在世纪之交，面对更多的不确定因素，走向顾客、贴近顾客就显得更加重要。贴近顾客就是了解顾客他们在想什么，他们需要什么。企业应该想顾客之所想，而且要比顾客想得更周到、更细致、更超前。重要的不在于顾客的现实需求，而更要研究顾客的消费心理，看他们有些什么样的希望、愿望、欲望，从而把他们的潜在需求转变为现实需求。这样企业就能发现潜在市场并开发为自己的现实市场。因为任何现实市场其容量都是有限的，而且竞争对手已经林立，企业如果只看到现实市场的旺销产品而想挤进去分得一杯羹是很难有插足机会的。但如果你自己去研究顾客的潜在需求并开发出满足这种需求的新的产品或服务，你就打开了由你所创立的新市场。而贴近顾客正是企业开发新产品、开拓新市场的新的思路与灵感的源泉。随着经济的发展、科学技术的进步、人民生活水平的提高，顾客的潜在需要也在不断增加，不断变化。只要能真正贴近顾客、掌握他们需求的变化，那么市场在企业面前就决不会饱和，而是商机无限。

贴近顾客，从顾客的潜在需求中去领悟出到底开发什么样的新产品，到哪里去开拓新市场，是各国企业在新世纪面临严峻挑战、面对诸多不确定因素中经营的制胜之道。对我国陷入困境中的广大企业来说，从中不也可以领悟到一点市场竞争的客观规律吗？

（2000 年 4 月）

"面向企业，为企业和企业家服务"

——中国企业管理协会的 20 年

在全党、全国人民隆重纪念党的十一届三中全会 20 周年之后不久，中国企业管理协会也迎来了它的二十华诞。这个成立于 1979 年 3 月 3 日的社会经济团体是我国改革开放的直接产物，也是在同类社团中成立得最早的协会之一。

1978 年，以袁宝华同志为团长、张彦宁同志为秘书长的国家经委代表团访问了日本，接着又先后访问了美国与西欧。从出访中看到这些发达国家的经济活动极为复杂和活跃，可是负责经济管理的政府机构都十分精简。大量的组织、协调、咨询等工作是依靠形形色色、种类繁多的民间团体去承担的。这正符合当时中央希望推进机构改革，体现精简、统一、效能的要求。于是代表团在访日后的出访报告中，便建议成立相应的民间团体，发挥企业与政府间的桥梁纽带作用。这一建议很快为中央所采纳，随即便诞生了中国企业管理协会。

中国企协成立20年来，始终坚持了"面向企业，为企业服务"这一宗旨，并作为开展各项活动的出发点。

十一届三中全会后，处于改革开放进程中的我国广大企业，其经营管理的内外环境与以往计划经济体制下发生了巨大而深刻的变化。协会要面向企业，为企业服务，就首先应想企业之所想，急企业之所急，把企业在新形势下所关心和所需要的事情作为自己的主要任务和主要活动方向。只有这样，这种新生的民间团体的组织形式，才能为广大企业所需要、所接受，协会才能扎根于基层企业，协会也才能有生命力。

改革开放为生产力的发展提供了前所未有的机遇。企业作为国民经济的细胞，要提高经济效益，管理人员起着重要作用，首先需要他们解放思想，转变观念，了解和学习运用现代化管理的理论和方法。企协自成立之日起，便把经济管理干部的培训工作作为重点开展，积极配合当时一系列改革政策的出台，举办各种中短期专题培训班，吸收国有大中型企业领导和省市经济管理部门负责人参加。此外，1980年与美国商务部合作，在大连建立了培训中心，由美国名牌大学教授系统地传授现代化管理的课程。1984年起在中国企协培训中心又与欧洲共同体合作开办了三年期的MBA研究生班。以外还利用远距离教学，组织多次专题性的电视讲座，每次学员人数多达上万人。20 年来协会在培训各级各类经济管理人员方面，发挥了量大面广的独特作用。

为了更好地传播现代化管理知识，协会在成立之初便组建了企业管理出版社。1980 年起出版发行了《企业管理》杂志（月刊），并发行了现代化管理的系列教材，填补了当时出版界的这一空白，后来又不断出版发行国内外现代化管理的书籍。1988 年起，《中国企业报》问世，在为企业服务的传播媒体中增添了一支新军。

企业面对的很多新情况、新问题，有时不是靠企业自身力量所能解决的。对于如何提高劳动生产率，提高经济效益，怎样借助于科学的管理方法与管理技巧等问题，有时需要利用"外来脑袋"。中国企协于 1984 年经国家经委批准成立了中国企业管理咨询公司，成为当时在改革开放后国内第一家从事管理的咨询公司。后在政府与公司脱钩中改为咨询服务中心。

为了对新形势下企业在管理方面所面临的一些重大的共性课题进行深入的调查研究，以探索其中带有规律性的东西，企协在一开始同时成立了研究部，作为对企业进行改革和提高管理水平的助手和参谋。

在对外开放的形势下，作为民间组织的协会在与有关国家相应团体的交往与交流方面，具有与政府机构有所不同的特点与优点。企协的对外联络部20年来发挥了对外交往的有效作用，做了大量的友好往来工作，真正体现了"我们的朋友遍天下"，让世界更好地了解中国，也让中国更好地了解世界。通过举办双边或多边的国标会议，组织企业家代表团的出访，为我国企业家熟悉世界，走向世界提供了一条新的渠道。

我们学习借鉴国外经验，目的是为了"洋为中用"，1983年袁宝华会长就提出了"以我为主，博采众长，融合提炼，自成一家"的16字方针，指明了在开放形势下洋为中用的方向。

我国于1983年恢复了在联合国国际劳工组织中的活动。协会又以中国企业家协会的名义代表中国雇主一方参加劳工组织的各项活动。这一地位已于1998年为国家经贸委所确认。

随着国际国内经济的发展，信息的作用日益重要，协会后来又专门成立了信息部。

这样，中国企业管理协会在其20年的历程中，以培训、出版、咨询、研究、对外联络、信息等为手段，为企业在改革开放所需要的各个不同侧面提供服务。这些服务的业务性质虽有所不同，但其实质则又都属于智力服务的范畴，并且都充分体现了面向企业，为企业服务的宗旨。

在中国企协的成立推动下，各省、区、市和大中型工业城市也都陆续建立起地方的企业管理协会。一些产业部门则先后成立了行业的企业管理协会。此外几百个大型企业也有了自己的企业管理协会。这样企管协会就形成了全国范围由条条块块组成的企业管理协会网络，反映了企业管理协会的特点与优点。到目前为止在全国30个省、自治区、直辖市，28个行业，200余个工业城市都建立了企协组织，成了中国企协的团体会员，企业会员已达十万余家。

但是企协的作用和服务，并不只局限于企业，它更发挥着企业与政府之间的桥梁纽带作用。如前所述，培训就体现了对政府改革政策的上情下达作用，并且对政府所关心的问题作为课题加以深入研究。由于协会具有贴近企业的特点与优势，对企业的要求与呼声也可及时向上反映，实行下情上达，成为政府了解下情的一个渠道。这种双向沟通正是民间团体具备的特点之一。

中国企业管理协会所走过的20年历程，有力地说明在改革开放的形势下确实需要民间组织去发挥对政府职能的必要补充作用；也证明作为一个社会经济团体，企协从各个侧面为广大企业提供智力服务是形势发展的需要，并为企业所欢迎。

在企协纪念成立20周年的时候，正处于世纪之交。国内的改革正在不断深入，在胜利完成三年宏观调控之后，国家正在通过精简政府机构，转变政府职能，以实现政企分开；在国际上全球化正在加速，信息技术日新月异的发展，因特网的普及，正在改变着很多我们长期以来所熟悉的和习惯的做法。在国内国际处于不断变化之中的我国企业，也正面临着许多越来越严峻的挑战。例如网络营销、电子商务等的出现，需要企业从经营管理观念到具体业务都作相应的变革，而且这种变革的速度要跟上客观环境的变革速度，否则仍会处于落后地位而陷入被动。而政企分开更意味着以往企业依靠政府去处理和解决的事务，今后有些已不属政府职能。这样中介组织的作用就会显得越来越重要，中介组织的活动空间和责任也将加大。

面对新世纪的来临，不确定因素正在增加，企业正面临着很多新的挑战，新的困难，因此需要外来组织提供服务的需求也会变得更迫切。

对于一个民间组织来说，在不知前景会出现什么新的、难以预料的情况下，只要把贴近企业，不断想企业之想，针对企业在不断变化的环境中出现的新的要求，去提供新的服务，才是协会生存和发展的根本。

要做到这一点，首先要求协会不断提高自身的业务水平与服务质量。尤其是现在，知识经济正向我们走来，为企业提供智力服务，更需要协会自己增加服务内容的技术含量、知识含量与文化含量。只有这样从提高自身的应变能力出发，才能帮助企业去提高企业的应变能力。

中国企业管理协会在成立 20 年之际将更名为中国企业联合会，这意味着今后联合会的责任更重，要求更高，服务面更广。但是只要遵循江泽民总书记 1994 年 5 月 24 日专门为企协的题词："发挥桥梁纽带作用，更好地为企业和企业家服务"这一指示精神，继续坚持并进一步发扬"面向企业，为企业服务"的宗旨，中国企业联合会的前景必将更为光明，更加辉煌。

（《企业管理》1999 年第 4 期）

为全面加强企业管理
"鼓"与"呼"

——写在《企业管理》创刊 20 周年之际

在新千年第一个春回大地之际，恰逢本刊创刊 20 周年。

始创于 1980 年春的《企业管理》杂志，是在我国实施改革开放、企业亟待加强管理工作的背景下诞生的。20 年来，它一直遵循着"面向企业，为企业和企业家服务"的宗旨，及时地向读者宣传党和政府有关企业改革和管理的方针政策，推出了一大批企业改革和管理的成功经验，介绍国内外管理科学的新理论、新方法、新动态，深受广大读者的欢迎，从而成为在我国企业管理领域独树一帜的权威刊物。

中央领导同志把今年定为"管理年"，强调全面加强管理是当务之急。这对我国各行各业、也是对本刊的一个动员令。作为从事介绍企业管理的刊物，大力推动我国管理和管理科学的发展更是责无旁贷。

处于世纪之交，企业正面对着国内国际环境的巨大变化。全球经济一体化的进程正在加速，科学技术突飞猛进地发展，尤其是网络的兴起与普及，对社会经济生活的很多方面产生着很大冲击。此外，我国又面临着"入世"的新形势。凡此种种，都预示着我国企业正面临着与以往不同的又一轮新的挑战与机遇。在越来越严峻的市场竞争中，能主动抓住机遇者胜，而只会被动应付挑战者就只会落得被淘汰的结果。这里关键的问题是需要转变观念，探索出一套符合社会主义市场经济客观规律的经营思路。从严治企，苦练内功，正确制定企业发展战略、技术创新战略和市场营销战略将是企业求生存，求发展之道。这既是对我国企业的要求，也为本刊适应企业改革与管理的新形势，更好地为企业和企业家服务指明了方向。

回顾以往的 20 年，在广大读者的支持和本刊同仁的共同努力下，我们做了一点工作，也为企业界作出了一些贡献。但从刊物的内容到形式，都还需要进一步提高。从今年起，我们进行了改版，增加了篇幅，增强了时代感，在内容上，根据广大读者的要求，进行了一定程度的调整，使之更具有可读性和实用性。作为初步改进，已经得到许多读者的肯定和好评。

但是我们也清醒地知道，在市场经济下办刊物，和办企业一样，首先也有一个转变经营思路的问题。今后我们要更好地走向读者，贴近读者，了解和掌握读者的所思、所想、所需，为读者提供"适销对路"的尤其是带有前瞻性的信息，为企业提高市场竞争力与提高企业素质继续发挥我们应有的作用。为全面地提高我国企业的经营管理水平"鼓"与"呼"。

我们相信，在以往 20 年辛勤耕耘的基础上，本刊将迎着新世纪的曙光，同我国企业一道，走向辉煌的明天。

（《企业管理》2000 年第 4 期）

面对新世纪的管理教育与培训

一、形势促使管理教育与培训升温

科学技术突飞猛进的发展和经济全球化进程的加速，使国际竞争日趋激烈、日益严峻。中央充分估计到未来科学技术特别是高技术发展对综合国力、社会经济结构和人民生活的巨大影响，把加速科技进步放在经济社会发展的关键地位。同时更考虑到要促进科技、教育同经济的结合，适时地提出了实施科教兴国战略。这个远见卓识的基本国策，为我国在新的世纪里迎头赶上世界经济科技发展的大潮，提高我国的综合国力和国际竞争力，为我国跻身于世界民族之林，指明了前进的方向。

要发展经济、振兴中华，必须依靠科技进步，而其根本依靠是要培养大量符合时代要求的人才。从科教兴国的含义上说，它不单是指狭义的具体科学技术，而也必然包括管理的内容在内。

在改革开放之初，我们开始从实践中认识到，先进的科学技术与先进的管理是迈向现代化建设的两个车轮，缺一不

可。后来更体会到，很多问题的出现与存在，三分是技术，七分是管理。从中看到，我国技术落后，而管理则更落后，

我们管理之所以落后，有其特殊的时代背景。自新中国成立以后，我们十分重视对科技人才的培养，在自然科学与工程技术领域，我国高等院校培养了大批这方面的专业人才。但长期以来却并不把管理看做是一门专业，更谈不上是一门与自然科学及技术科学可以平起平坐的科学去看待。长期以来，大家一直认为，凡技术岗位必须由经过技术训练、具有技术专业知识的人方能从事，可是管理岗位却可吸收任何不一定具备业务专长的人都可承担。因为管理工作在有些人看来无非就是"抄抄写写，加加减减"，只要"嘴勤、手勤、腿勤"便可以做好的工作。这样就把凡从事组织、联系、协调工作的，就都看做是在搞管理。这就是管理的"专业"。

正是在我们把管理仅当作就事论事地处理一些日常事务工作的时候，在战后国际上已进入了管理科学的时代，而且在管理科学下面出现了不少新的分支。我们只是在对外开放以后才了解到我们在闭关锁国的几十年间国际上发生的那些变化和发展，从中我们才清醒地觉察到我们在管理领域的差距与落后。

过去由于我们没有把管理作为一门专业去进行系统的教

育和培训，从事管理工作的人更多地只是凭个人的经验、判断，甚至感觉去活动，这就造成我们管理水平低，管理十分粗放。而也正因此，我们在经营管理方面存在着巨大的潜力。许多实践已一再证明，在不增加投资、不增添设备和人员的情况下，只要加强了管理，应用了某些科学的管理方法或管理技巧，产品的产量、质量就会提高，成本就能下降，这正说明管理也是生产力。"向管理要效益"一直是近些年来国家的一项重要方针。事实证明，这是完全符合我国当前实际的。

十一届三中全会以来，中央一直十分重视管理，并且把"管理科学"列为实现现代企业制度四大目标之一。提出全面加强管理是当务之急，并把 2000 年定为管理年。

要加强管理，提高管理水平，归根到底要体现在培养出一大批懂现代化管理，善于在市场经济条件下经营的人才，否则强调管理的重要性就难以落到实处。

改革开放以来，抓管理教育与培训被提上了重要的议事日程。在教育系统，一些高等院校开始组建起管理或经济管理专业，培养这方面的本科生，继而又举办起研究生班，提供经过正规教育的专业人才。

与此同时，各地各级经济管理部门以及各种官办和民办的培训中心更大量开展了管理培训，对在职职工进行脱产或不脱产的短期专题培训，以补充他们的现代化管理知识，以及学习深化改革中的热点问题。由于这种培训内容多样，形式灵活，特别是在量大面广的在职职工中进行，所以更有针对性，收效也更快。

学校的正规管理教育与不脱产的在职管理培训已成为改革开放以来我们培养管理人才的两种重要方法。

进入 90 年代以来，高校的工商管理研究生班（MBA）更备受社会关注。报考的不仅有本科应届毕业生，还有越来越多的企业经营者也在踊跃参加不脱产的这种高层次的管理教育。这充分反映了当前的竞争形势已大大不同于以往。企业经营者仅凭原来的个人经验、直觉，已远远应付不了当前如此错综复杂的局面，因而自觉地感到需要不断"充电"以更新知识，了解和掌握一些新的本领，才能应对面临新的挑战。

其实早在 1996 年，朱镕基同志在国家自然科学基金委员会管理科学部成立大会上就指出："党中央提出了'科教兴国'的方针。这个科学包括自然科学和社会科学两个方面。当然也包括了管理科学。现在，确实需要强调管理科学与管理教育也是兴国之道。"

这些年来，在急剧变化与日益严峻的国内国际市场竞争中，管理与管理教育和培训的作用与重要性已更为深入人心。现在对广大从事管理工作和企业经营者来说，接受管理教育与培训已不像过去那样似乎可有可无，而是在新世纪面对新挑战，尤其是加入世贸组织将出现的更为严峻的挑战所需要的一项紧迫任务。形势正促使大家认识到怎样去更快培养出一大批掌握时代脉搏，能驰骋于国内国际市场的管理专业人才，确属我国经济持续快速发展的大局，为各级政府与广大企业界与教育界所密切关注。

在市场经济下办管理教育与培训，也应遵循市场经济的要求与规律。商品生产需要以销定产，要适销对路才有市场。管理教育与培训也必须针对人才市场对管理人才的需要，而且不只是当前，更要着眼于今后的需要，管理培训更侧重于前者，正规教育则更应注意后者。这些就决定了教学的内容与方法。

二、新世纪对管理教育与培训的要求

自改革开放以来，我们开始重视管理并着手抓管理教育与培训，已有近20年历史。但在面对新的世纪，国内国际形势发生了许多巨大而深刻的变化，因此对管理与管理教育培训也提出了很多不同以往的新的要求。我们既要延续与承袭以往从事管理教育与培训的很多好的经验与做法，但又必须考虑到前景发展中的种种新的因素，才能使管理教育与培训与经济发展的需要相衔接，才能使管理教育培养出来的人才能真正适应今后时代发展的需要。

下面对新世纪管理教育与培训需要考虑和加强的几个方面提出一些初步看法。

1. 管理教育与培训内容应有前瞻性

教育的目的是为了培养人才。除了一些基础理论学科外，很多应用学科的教育大部分是为培养经济建设的人才服务的。管理教育则更是如此。

为培养经济建设人才，从开始培养到学成参加实际工作，需要经过若干年时间。因此对教育来说，特别对管理教育，不能仅仅着眼于当前经济建设所需要的知识和人才，虽然这仍然是当务之急。但仅限于这点已远远不够，管理教育更需要有前瞻性。就是要看到这些人才培养出来走上工作岗位后，他们所面对的环境将和现在有什么样的不同，会出现哪些新的变化。

进入新世纪，世界经济最大的变化莫过于信息化、网络化的发展对经济带来的冲击。互联网（internet）的应用正以空前速度渗透到全球社会生活的各个方面，推动着一种经济力量在迅速成长。这是对管理，因此也是对管理教育和培训，提出的一大挑战。

依靠信息技术高速发展的像微软（Microsoft）、思科（Cisco）等新兴企业，已成为受惠于网络经济的新宠，即使对现有一些巨型的传统生产型企业，像通用电器（GE），在新的时代也正以信息化加以改造而重振雄风。通用电器通过互联网提高的生产力使他们在销售、行政和一般费用上节省了20%到50%，经过两年努力竞崛起为全球电子商务的领先企业。

我国加入世贸组织，面对更强大的竞争对手，将促使我们加快在经济建设中对信息与网络技术的普及应用。"十五"期间，要努力推进信息化与工业化的结合，促进国民经济和社会信息化迈上新的台阶。

这就是我国管理教育与培训在新世纪面临的不同于以往的形势。我们培养的管理人员不能走上工作岗位后，再对这些新技术的应用进行"补课"，而是应在学习期间就能掌握应用。这就要求管理教育与培训充分认识到这一新的形势，在内容上必须具有前瞻性。

管理培训由于受时间与在职职工原有知识结构的限制，不能像正规教育那样学得那么细、那么系统，但也应作为一种比科普知识更多一些去学习了解，并在操作的层面上学会应用。

不论网络化也好，信息化也好，包括电子商务，这些都不是单纯的技术问题，而更是管理问题。因为它们的应用都必须落实到量大面广的管理层面。因此这些就不能不成为新世纪管理教育与培训的重要内容。

当然，新世纪的管理不只是在网络经济方面。随着国际经济的发展与竞争的加剧，也正在出现新的经营理念与管理理论和方法，不能不引起我们的关注。例如以人为本的原则、文化因素对管理与经济发展的影响等等也正在显现。总之，管理教育与培训，不能局限于培养"今天"所需人才，更要着眼于"明天"的需要。这样才能跟上时代步伐，适应经济发展的要求。

2. 管理教育与培训应源于实践又高于实践

一些自然科学与社会科学的学科与专业，旨在揭示自然现象和社会现象，进而诠释自然界与社会活动的各种客观规律。管理教育则在培养在实际工作中懂管理，会经营的专业人才。因此管理教育与培训更加需要体现教育与社会实践相结合的教育方针。从管理活动的实际出发，在管理理论的指导下能解决管理的实际问题。

我国的改革开放是前无古人的全新事业，没有现成的模式或理论可以照搬照抄。处理改革开放中出现的管理问题也不存在一成不变的现成做法和答案。管理教育与培训所要培养的人才正是要为当前和今后我国经济发展中有能力在国内国际市场竞争中能掌握主动权的专业人才。这应是管理教育与培训的基本出发点。

世界上不会有无缘无故的成功，也不会有无缘无故的失败。在各种管理问题中所体现的表面现象虽情况各异，但如果加以深入的层层剖析，从大量具体事例中就会发现一些具有共性的、规律性的东西。我们在处理大量的日常事务中，为什么有时成功有时失败，有时顺利有时困难，事实上正是由于我们是在自觉地或不自觉地遵照了或者违背了某些客观规律，遵照了或者违背了某些管理的基本原理或方法。

正因此，我们要从管理的实践出发，研究分析实践背后的共性规律，这样我们对管理的认识才能提高和深化。管理教育与培训正是要从管理的现象入手，但不是以就事论事地解决具体问题为最终目的，而要训练学生对问题加以思考、解剖、提炼其中共性规律，进而掌握从感性到理性的思维方式。这样才有利于管理人员能通过自己的不断努力去提高业务水平与素质。

为了使学生更好地了解管理的实际，聘请一些有经验的企业经营者到学校或培训中心讲课或作专场报告，作为管理课程的补充，也是一种有效的方法。

我们说管理教育与培训要源于实践又高于实践，就是既不能停留或满足于就事论事地解决问题为止，也不是鼓励和提倡脱离实际的抽象的理论。事实上，管理教育与培训始终要把传授现代化的、科学的管理理论放在教学课程的首要位置。高素质的管理人才就更需要具备现代化管理理论的系统知识。

近一二十年来，国际上管理理论有了很多新的发展。例如上世纪80年代以《公司文化》（1982年）、《追求卓越》（1982年）等为代表，90年代以《企业重组》（1993年）、《第五项修炼》（1994年）等为代表的一批新的管理著作的问世，都标志着随国际经济的发展而提出的新的管理理论与方法。现在有关网络经济、新经济等对管理的影响就更大。不学习掌握管理的前沿知识和理论，没有足够的理论功底，在纷繁复杂的管理现实面前，就会如堕五里雾中而不知其所以。

可是另一方面，当今世界出现的这些新的管理理论的来源，则又都是前人或今人总结提炼大量实践的结果。所以有人说，近二三十年来，新的管理理论与方法，不是出自学者的书斋，而是来源于成功企业的实践。

所以我们学习的管理理论，正是学习前人提炼的实践的结晶。没有管理的实践就不会有管理的理论。在管理领域，不会出现像数学领域的"哥德巴赫猜想"这样的纯理论、纯学术的课题。上述那些影响企业界的著作，无一不是从很多成功企业中所归纳、提炼又经实践进一步检验的理论或学说。

我们强调管理教育与培训要源于实践，就是要从管理问题的实际出发，从中更好地了解我们现在所处的国情、民情、厂情，归根到底是要去解决实际问题。而又是高于实践，就是要从问题的特殊性上升到其普遍性的规律，从更高的层次上去理解问题的来龙去脉，使我们的认识，我们的管理水平逐步深化与提高。

3. 大力培养和提高"以变应变"的能力

进入新的世纪，国内国际影响经济管理的因素正在发生巨大而迅速的变化，前景中出现的不确定因素日益增多。变革已成为当今世界的时代主旋律。处于这种环境中的经营管理专业人员对环境变化作出快速反应的能力与应对措施，已成为对他们的一项重要考验与基本素质要求。在同样情况下你这个企业作出的反应如比你的竞争对手慢一步，商机就会落入他人之手，而使自己在竞争中失利。

如何根据不同的具体情况作出及时而正确的反应，这方面素质的培养和训练，基础还在于管理教育。

长期以来，我国的教育制度从小学开始一直是单向的，即采用灌输式的方法。老师在课堂讲，学生在下面听，做笔记。对学生的考核也是只要牢记老师所讲内容，照本背熟，就取得好的学习成绩。如果在课堂上打断老师讲课提出质疑，就会被视作调皮捣蛋而受到训斥。这就造成学生对信息的"输出"与给他的"输入"一样，没有要求他对信息进行"加工"，进行独立思考去形成自己的见解。在这种教育体制下培养出来的学生在走上工作岗位后，也就习惯于事事按照上级布置照章办事。怎样根据上级精神结合本单位实际进行创造性的思考与发挥，就缺乏这种主动性。客观上在旧体制下也往往并不受到鼓励和提倡。

但新世纪的形势已发生了很大变化。改革的深化正使企业的前途命运越来越掌握在自己手中。变幻莫测的市场环境必须靠自己的眼力与拿主意的本领和承担风险的魄力，才能抓住市场机遇。

随着改革的深化和与国际经济的接轨，新事物的出现层出不穷，许多都无先例可循，需要人们创造性地进行思考。现在在国内国际竞争中，创新正成为生存发展的第一要素。培养有创新思维能力的人才将决定我们的未来。对管理专业人才来说，更需要首先从管理教育开始，从教育方式的改革入手。把过去单向的、灌输式的教学方式，改变为双向的、在教师与学生间能形成互动和沟通的教学方式。

国外的案例教学与管理游戏之类的教学方法就是形成双向交流的有效形式。在案例教学中，学生根据每一具体问题提出自己的见解，在管理游戏中也根据自己所扮演的角色发表自己的看法。这样就促使学生不停留在老师讲的东西上，而要经过自己的吸收消化，通过自己的思考，把自己的认识讲出来，不论自己的见解如何不成熟，甚至还如何幼稚，但总是在自己动脑筋上得到锻炼。这样就使学生在教师讲"一"，学生不只知道或只会说"一"，而是经过自己的思考，能领悟出不止是"一"的理解。这里所说的思考，重要的是要能把所学的理论知识联系实际，"由此及彼"、"由表及里"，能举一反三、触类旁通的思维方式。只有训练和具备了这样的思维能力，才能在出现新的情况，面对新的问题时，能作出及时的、灵活的反应。而这正是对新世纪管理专业人才的一项重要素质要求，这也正是管理教育与培训在新时代的重要内容和关键要求。

最近美国管理大师彼得·德鲁克（Peter Drucker）在与《第五项修炼》作者彼得·圣吉（Peter Senge）的谈话中，后者提出，他感到：着眼于创新与着眼于解决问题两者之间似有所区别。现在企业占主导地位的思路则多为怎样去解决问题。德鲁克回答说：我们不能低估工商管理学院过去50年的影响与成绩，但造成上述原因，部分也是管理学院之过。怎样去解决问题这是可以去教的。有些公司创建几十年仍能存活，就主要是靠维持原状，这就是靠"解决问题"，而不是去"创新"。这犹如屋顶漏雨了，你总是会去修修补补做些添砖加瓦的事，而不会想到去另盖一座新的。

这话正可谓言简意赅，引人深思。

新世纪对企业领导人的要求，已不能满足于只会走过去成功的老路，而更需要能换一种新的经营思路，去探索新的商机。而这正是管理思想的创新。

在管理教育与培训的内容上，新世纪当然应更加注意国内国际经济发展中影响管理的新动态、新理论。但除了给予学员新的知识外，同样重要的是在教学方法上怎样培养学生"以变应变"的反应能力、反应速度，以及思维方式上的创新才能，这正是新世纪对管理教育与培训提出的一个比以往更为重要的新课题。

4. 不断提高管理专业人员的表达才能

管理专业的主要职责是组织、协调和沟通，每一项活动实际上都是在与人打交道。因此这与从事理工专业的有所不同。例如从事数学专业的，他可以把他在业务上的思路用演绎和推导数学方程式去表达；从事工程技术专业的则用图纸或实物去反映他的构思。可是管理专业人员要传达他的意图、见解，都只有通过口头与书面两种方式来体现。提高管理专业人员的表达才能对管理人员就极为重要。你有再好的想法如表达出来辞不达意，便无法达到预期效果。表达能力、沟通能力，这是管理专业人员的一项基本功，一项关键的素质要求，而这需要在进行管理教育时就得到基本的训练。

　　在灌输式的单向教学方式下，提高学生的表达能力是难以得到锻炼的，因为没有机会要求学生用自己的语言或文字来表达他的所思所想。可是用案例教学或管理游戏之类的教学方法，就使每一学生都要在教室中讲出自己对一些问题的观点或看法。怎样能表达得清楚，使大家明白你想要说明什么，你的思维逻辑是否清楚，这些都对学生是一种挑战和考验。尤其在当着不少师生面前自己成为一名"主角"更有利于锻炼自己的胆量与表达技巧。所以重视这方面的训练应作为管理教育的重要内容之一。经过不断锻炼以提高学生的表达能力与表达水平，先从能"说清楚"再上升到讲究谈话技巧，以便能做到令人信服，这套基本功有一个由低到高的发展过程，但它的起点应该在学校，在管理教育与培训中。

　　训练表达能力，不仅仅是个口才问题，其背后更反映了一个人的文化功底。要使自己一套想法能有说服力，需要自己有较广博的知识。有时同样一个问题，你如能引经据典，旁征博引，就更会起到画龙点睛的作用，而收到事半功倍之效。当然这决非一朝一夕之功，而有待一生的努力。但对个人来说，既然选择了管理这门专业，要从年青时起便自觉地在这方面刻苦努力。而管理教育自开始便应注意加强对此的引导，这显然是为学生造福一生的好事。

在提高文字表达能力上看来更是当务之急。练习写作能力现在对很多高校学生大有进一步"补补课"的必要，否则你再有高明的见解，表达出来辞不达意，也是徒然。走上工作岗位，这更是在择业竞争中的一个不可忽视的因素。

在这开放的世界上，掌握一门或一门以上外语已成为一项基本要求。尤其对管理来说，新的知识和动态层出不穷，如果对来自国外的新信息不能对原文阅读自如地去了解吸收其内容，那就缺损了一个重要的信息源。如要等译成中文后才能去看，则这些资料不仅是挂一漏万，有时甚至已经过时。所以这是对外文阅读能力的要求。

随着国际交流的日益扩大，国外学者来华作学术报告也日益增多。所以在对外语做到会读、会写的基础上，要进一步在会听、会讲方面加以提高。最后则能做到直接用外语思考，则达到运用自如的境界了。

这些都是在管理教育中应该打基础的工作。进一步加强语文和外语水平，以提高读写速度与文采，应列为管理教育的重要课程。

管理教育要重视培养和提高学生的口头与文字表达能力和表达技巧，并把它列入教学课程，这不是一个可有可无，甚至"多此一举"的问题。这直接关系到以后在工作中如何进行有效沟通的需要。对管理者本人来说，其表达能力和表达水平的高下，直接影响到他的对外形象，反映了他的文化功底与文化品位，从某种程度上更反映了他所代表单位的对外形象，在国际交往中尤其如此。因此这怎能不引起管理教育的重视呢！

三、从"古为今用"中营造中国特色

管理与管理科学具有与自然科学、技术科学一些不同的特点。一般来说，后者是全世界到处通用的，例如数理化和机电技术、信息技术、基因工程等等，这些是人类共同创造的知识财富，不受国界的限制，可以到处通用。但管理则不同，管理是要通过人去体现的，不同的人由于其从小生长的环境不同，其家庭、社会、政治、经济、文化，以及教育、心理等因素的不同，在立身处世和处理事物时就会体现出不同的想法、观点和处理方法。自上世纪 70 年代以来，国际上开始重视不同文化背景对管理的影响，认识到管理要"因地制宜"的重要性。没有一种管理方式（不是指具体的管理方法或管理技巧）可以从一个行之有效的地方一成不变地照搬照抄到世界上任何地方也都能取得同样的效果。因为不同的国家、民族，不同的地域，其国情、民情不同。必须从那里的实际出发，把人家好的东西，成功的经验，经过自己的消化吸收，经过自己的"加工改造"，才能在当时当地真正行之有效。

我们要进行现代化建设，必须学习世界上一切先进的东西，博采众长，来武装我们自己，这是毫无疑问的。尤其是在市场经济下的经营管理与竞争，对我们需要加快与国际经济接轨的形势下，向已有几百年历史和经验的发达国家学习尤为必要。党的十四大指出："必须大胆吸收和借鉴世界各国包括资本主义发达国家的一切反映现代化社会化生产和商品经济一般规律的先进经营方式和管理方法。"这就明确地为我们指出了博采众长的方向。

我们正处于从长期计划经济体制转向社会主义市场经济的转型过程中。这是一项前无古人的开创性事业。因此我们要建设的是有中国特色的社会主义。这意味着我们的社会主义是从我国具体国情出发的，而不是，也不可能是采用现成的外来模式。我们的管理因之也必然应具有中国特色，这样才能在中国的土地上生根发芽，在中国的企业中开花结果。这应成为我们管理教育的着眼点。

学习国外的先进管理理论与经验，在当前和今后始终是我们关注和要抓紧的重点。但仅限于在这个范围，以为只要学好了人家的经验就能对我们自己的一切问题都会自动地迎刃而解却也并不尽然。现在大家热衷于学习 MBA 课程，这是十分可喜的现象。一名牌大学以哈佛工商管理学院等国外名校的教材和案例为蓝本，这也是我们在管理教育上的一大飞跃。然而即使你把哈佛的教材全部学得滚瓜烂熟，在国内你也不一定能成为一个称职的企业领导人。为什么？正因为对我们这个刚步上市场经济的发展中国家，有许多特殊的困难和问题，是人家发达国家所不存在，有些甚至让人都难以置信的。所以我们说我们的管理教育也一定要落脚到具有中国特色，才能使培养出来的人才能更好地从中国的国情、民情，从中国的实际出发，去考虑和解决问题。

我们管理教育所培养的人才正是要具有这样的能力与素质才行。

我们承认我们的管理与发达国家相比较为落后。但凡事都是一分为二的，在管理上也不例外。我们是有五千年文明史的中华民族的后裔。在几千年的长期实践中，我们祖先为我们留下了无数宝贵的历史文化遗产，其中很多丰富而深刻的哲理在今天当我们面对激烈的市场竞争和进入知识经济时代仍闪耀着耐人寻味的光芒。正是在这一点上，我们在国际竞争上和世界上其他国家相比有着独特的优势。我们有些走在竞争前沿的企业已为我们起到了示范作用。

例如，随着市场竞争的日趋激烈，使很多企业陷入困境。有些企业产品找不到销路，库存增加，资金难以周转。可是同时也有不少企业在同样客观条件下能看到机遇并抓住机遇，得到不断发展。究其原因，其实并不在于市场是否已饱和，关键是你能否比别人早一步看到市场上出现的新的机遇。正如《孙子兵法》所强调的要"以奇胜"。他说："故善出奇者，无穷如天地，不竭如江河"。对"善出奇"的企业来说，市场永远不会饱和，市场机遇真正有如"无穷如天地，不竭如江河"，关键是你有没有眼力去识破这种机遇，有没有才干去抓住这种机遇。

又比如，随着改革开放的深入和对外开放的扩大，我们有越来越多的企业拥有进出口自主权。一般来说，这些企业的目标都是为了"出口创汇"。可是海尔集团的目标却是"出口创牌"。他们认为，只要海尔的品牌在美国市场、欧洲市场站住脚、扎下根，就不愁创不了更多外汇。果然，2000年海尔的全球营业额达到了406亿人民币，创汇2.8亿美元，比上一年度创汇增加了103%，翻了一番还多。"创汇"和"创牌"仅一字之差，但却大有高下之分。

我们正进入知识经济时代，这与以往农业经济、工业经济的最大不同之一是知识经济认为无形的东西比有形的资产更有价值，更珍贵。在新的世纪，知识将是推动经济发展的主要动力。

早在2500年前，老子在《道德经》里就讲到："天下万物生于有，有生于无"。这里说的"有"是指有形的、物质的、看得见摸得着的，包括各种物质财富；"无"则是指无形的、非物质的、看不见摸不着的东西，但并不是不存在。诸如经验、技巧、战略思想、点子、企业家精神，以及企业的形象、产品的品牌等等就都属于"无"的范畴。知识也正是如此。

现在企业竞争，从表面上看是企业经济实力的竞争，而从深层次来说，实际上是经营谋略的竞争，是经营智慧的较量。海尔的"出口创牌"既反映了知识经济时代的特点和时代潮流，又是我们祖先哲理和智慧在当今时代的生动写照。

在新世纪要培养的管理专业人才，面对的是全球化的格局。因此需要"立足当地，放眼全球"，否则不可能应付得了出现的新的挑战。关于这一点，战国时代纵横家之始祖鬼谷子早就说过："以天下之目视者，则无不见；以天下之耳听者，则天下闻；以天下之心虑者，则无不知"。我们正是需要培养出具有"天下之目"、"天下之耳"、"天下之心"的人才，才能使我们的管理专业人员在国内国际竞争中能立于不败之地。

以上这几个例子，只是说明从我们祖先的许多哲理中，可以使今天的管理专业人员领悟到更多在新世纪的竞争之道和经营之道，进而开阔我们的眼界，搞活我们的经营思路，这不正是我们从"古为今用"中能有所启迪，有所得益吗？不也正是我们中国企业界在国际竞争中的一大特色与一大优势吗？

而这正是我们管理教育应加以重视的一个胜人一筹之处。从这些年市场竞争中我们已明白了"人无我有"是产品竞争的诀窍之一。在管理教育和塑造管理专业人员上其实也一样。"古为今用"正是别人没有而我们具有五千年文明史的炎黄子孙所承继的一大文化遗产，为我们所独有。在文化上，越是能反映自己民族特色的东西，才越能为国际社会所接受。而只把人家已有的东西全盘照搬过来，人家位居世界第一，你全做到了，也最多只能成为世界第二。所以在管理教育上，我们既要学习外国的先进经验，做到"洋为中用"，也不能忘记发挥我们自己的特点。"古为今用"正是为营造中国特色的管理与管理教育的一大特点与优势。

（《管理科学学报》2001 年第 3 期）

面对入世和国际化的我国企业与企业管理

一、企业当前所处的大环境变化

经过十五年的不懈努力，我国终于在 2001 年 12 月 11 日正式成为世界贸易组织的一名新成员。这是我国进一步对外扩大开放的重大契机。它意味着我们的经营环境将处于更直接贴近国际经济大环境之中，因而与国际经济接轨的要求也将更为紧迫，从而使政府行为与企业行为带来一系列深刻变化。对广大企业来说，在全方位地面对着世界市场的情况下，也更加需要熟悉国际上企业管理新的发展趋势，以便"以人之长，补己之短"，同时又可"以己之长，攻人之短"，在知己知彼情况下，提高自己的国际竞争力。

这就首先需要了解近些年来国际企业管理究竟发生了哪些与以往不同的巨大变化，影响到了企业经营的内外环境，而这正是入世后我国企业最直接地将面对的和需要相应地通过深化改革加以适应的。

以下列出几项近年来国际经济出现的一些重大变革，它影响着企业经营环境的变化，使我们从经营观念到管理方式都要作出与之相适应的改变。这正是入世后企业面临的新的挑战与机遇。

1．全球经济一体化的进展改变了企业的活动范围

在上世纪 80 年代后期，国际上一些大企业就已提出，要使自己企业取得最大的经济效益，就应到原材料最便宜的地方去采购，到加工最便宜的地方去生产，然后到最能卖得出高价的地方去销售。当然这是极而言之，但已经从中体现了"立足当地，放眼世界"的概念，即我们都生活在同一个"地球村"，要从全球范围去考虑"为我所用"。但是为什么全球化在近几年才越来越受到普遍关注，成为我们的生活现实呢？这是与信息技术近来突飞猛进的发展分不开的。现在资金、技术、专利等，都以前所未有的速度在全球范围内流动和转让，这就推动并加速了全球化的进程。国内国际市场已不再存在不可逾越的界线。而市场的国际化导致了竞争的国际化。这给企业的经营不仅带来了挑战的国际化，同时也为企业提供了商机的国际化。

2．信息化、网络化的发展改变了企业的传统经营观念与经营方式

信息化、网络化使企业对内把各个部门、各个环节联结成一个整体，对外则使企业与世界联结在一起。这就使在组

织结构上由原来的金字塔型转为扁平化，在营销上从原来厂家对顾客的一对多，变为一对一。科技的进步改变了生产方式，由原来的规模生产、大量生产求效益，变为小批量、多品种，使产品的多样化、个性化成为可能，并利用新技术大大加快了生产周期，提高了竞争能力。

3. 可持续发展的需要改变了企业的经营目标

"我们只有一个地球"已成为近年来世界人民前所未有的广泛共识。为了保护我们赖以生存的家园及其有限资源，需要世界各国的共同关注，尤其需要各国广大企业的努力。因此过去企业一向以追求利润的最大化为其经营主要目标，现在则已不能仅局限于企业自己怎样谋取最大的经济利益，还要重视企业对社会应承担的责任。例如，如何为企业所在地人民造福，如创造就业机会，树立良好的社会风气等等，而尤为重要的是要保护环境，绝不能对当地造成空气、土壤、水质等的污染和破坏。企业造福于当地人民也正是为自己的发展创造良好条件。而只顾自身利益，嫁祸于周围环境，到头来只能成为以损人始，以害己终。

企业保护环境，也是为自己开辟商机，创造更大价值。国际上从质量认证的 ISO9000 系列，近年又发展到环境认证的 ISO14000 系列，就反映了企业对保护环境的责任的重要性，而得到环境认证正成为进入某些国际市场的"通行证"。

正是这些国际大环境的变化，对我国企业和企业管理置身于一个不同于以往的背景之下。我国的入世进一步促使我们更加贴近国际经济的运行轨道。企业要生存发展，不能不更加关注外界的这些变革对自己的影响，以便尽快提高适应国际化的能力，这样也才能更清醒地为自己定位。

入世后我国企业不仅要关注怎样去熟悉和运用世贸组织的"游戏规则"，而要更直接地着眼于入世后企业和企业管理应在国际化环境下需关心和抓紧在管理上的一些重大变革。

二、企业战略要立足于适应时代潮流的变革

改革开放以来，随着企业经营自主权的逐步到位，企业的生存与发展，越来越取决于企业自身。因此企业的经营战略与发展战略就显得日益重要。如果我们仔细分析这20多年来无数企业的成功与失败，在某种意义上无不与其战略的得失有关。

企业战略的着眼点是：如何把企业的有限资源用到刀刃上，即最能产生高效益的地方。由于企业战略事关企业全局，它比其他任何管理的环节都更为重要。过去，战略更多地从企业自身的情况出发，或最多考虑到企业所在地及国内环境，包括国内竞争对手对企业发展的影响。但在入世之

后，企业已面对全球的市场和全球竞争对手，因此战略的着眼点也应有所不同。主要应从以往根据来自内部的信息作为制订战略的依据，转向需要更加重视外部的信息。

企业要在国际大背景下为自己重新定位。也就是说，要把世界范围的同行，亦即竞争对手，作为对照体系。新的战略要把同行中走在最前列的单位所制订的标准或已达到的目标，拿来作为衡量自己的尺度，即作为自己的战略目标去努力。只有这样才能更清醒地看到自己与国际先进水平的差距，也才能更明确奋斗目标，使自己能积极有效地在国际市场上争得一席之地。

面对新世纪日趋激烈的国际竞争形势，在思考战略发展时，特别要注意经营思路、战略思维，一定不能固步自封，一成不变。往往有些企业以往几年一直在不断发展，因此他们在规划未来时，认为以后可沿着这样的路子继续走下去，只要比过去做得更好便会万无一失。殊不知企业的产品、工艺、市场等等都绝不是一成不变，而是有一个由小到大，由盛到衰的发展过程，即都有一个生命周期。你前些年所以一帆风顺，也许适逢你的产品、工艺、市场等等正处于成长期走向成熟期。但过了成熟期之后便开始衰退期。要是看不到这种变化，要求取得与以往同样的业绩，即同样的输出结果，那就必须加大投入的力度，否则效益就会日益下降。这时往往会造成得不偿失的局面。

这时，重要的不是沿着老路轻车熟路地继续走下去，而是需要换一种经营思路，即去探索一些新的、自己还不是很熟悉的新路，以便为企业开拓新的商机。

我们往往看到，在同一时期两个同样兴旺发达的企业，过了一段时期，一个继续发展，创造新的辉煌，而另一个却一蹶不振，走向衰落。造成这种截然相反结果的原因固然很多，但其中最重要的因素之一，就是前者能不断开拓创新，后者却在抱残守缺。

在现在这个时代，要"守业"是守不住的。在激烈的竞争中一个企业要么从开拓创新中不断发展前进，要么被淘汰出局，中间的道路是没有的。

这就是为什么改革开放 20 多年来，大家对企业战略已议论了多年，也实践了多年。但在入世之后，面对一个新的转折，对企业战略也需要从一个新的视角去重新加以审视。

三、信息化、网络化改变了传统的管理方式

在全球化形势下，对企业和企业管理影响最直接的莫过于信息化、网络化对企业的传统经营理念与管理方法所带来的深刻变革与冲击。

自上世纪初经泰勒将传统管理转向科学管理后，生产的系统化、规范化带来了规模效应。大量生产同一品种可取得

最低成本和最佳效益。在组织上分工越细，管理才越有效。因此组织结构上是金字塔式的。长期以来，市场是由厂商主导的。

但后来，随着经济的发展，竞争的加剧，尤其是科技的进步，使产品越来越多样化、个性化。而网络技术的出现和发展，更使市场竞争出现了一场革命性变化。90年代中期开始普及的网上购物、电子商务等，更使多年来营销流程由生产厂经批发、零售，到终端用户的过程，在网上变为生产厂与终端用户的直接对话。以往一个厂家对众多不同顾客的局面变为一对一的直接交易。网络不仅使用户面对全球范围选择对象，也使生产厂商面对全球的潜在客户。这对中小企业尤为有利。因为过去中小企业一般没有能力在其所在地以外去建立营销网点，更不用说到国外市场去设点了。而现在，把自己产品放到网上便等于向世界市场上推销。由于改变了以往的营销环节，减少了原来流通领域的费用支出，因而也降低了售价。据统计，美国利用电子商务在网上购物，一般比去商店购买要便宜13%。

在这种情况下，市场的主导权已由原来的厂商说了算转到了顾客手中，变为市场由顾客主导。企业的生存与发展，其决定权在顾客手中。企业只有及时跟踪顾客不断变化的潜在需求，推出适销对路的产品和服务，才能在市场上有立足之地。

在网络面前人人平等。对一个企业来说，网络为其提供了全球范围的商机。但这对于你的竞争对手来说，这些商机也是一样存在的。所以决策的速度就决定了企业的成败。只要你比对手慢一步，你就只能眼睁睁地看着机遇被你的竞争对手抢去。对此，以往一些要你拿主意、拍板的事，可以"研究研究"、"考虑考虑"，现在在网络化时代，就要求决策者当机立断，否则便会坐失良机。为此，决策者必须随时掌握有关的主要内外信息，以及时作出正确决策。

企业在经营上若要充分利用网络带来的许多方便与优势，就需要在企业内部对原来的整套管理体制进行网络化改造。过去那种金字塔型的组织结构，要求下情需层层上报，决策要层层下达，职能部门林立，像铁路警察那样各管一段，互不通气，现在已远远无法适应信息时代瞬息万变的市场实际，而只会坐失商机。

企业在内部也要由网络联结，使之覆盖企业各个部门、各个岗位，从而使企业转向扁平化、信息化。这可大大加强各部门之间的沟通，并使数据和信息共享，提高工作效率，加速生产周期。

为实现这一目标，首先需要进行业务流程的重组（Re－engineering），然后进一步实行企业资源计划（ERP），即对企业整个供需链进行有效管理，把人财物、供产销的所有经营数据纳入网络进行集中统一的利用。但这些以网络为基础的现代化管理方法，决不是把原来那套管理结构与方法原封不动地照搬到网络上去，而必须以改变原结构，进行流程重组为前提。最后使整个企业过渡到从上游采购到下游销售全部转移到网上进行，实现无纸化管理。这可大大降低管理成本，缩减管理人员，并使合同交货期极大地缩短。更为重要的是只有在这种新的管理体制下，企业才能对市场变化作出快速反应。

正是在网络化基础上，现在出现了所谓"虚拟企业"，即一个企业以其品牌为龙头，它可以自己没有一个直接的生产单位或生产厂，而是利用网络在世界范围内招募生产其零部件或产品的制造单位，按其规定的款式、工艺、质量标准，通过软件"遥控"各地的生产过程。

这些重大变革，如没有网络化这个条件是难以想象的。

在这些高新科技的推动下，促使现在市场以快节奏、短周期形成新的竞争格局。即使你在努力进行变革，但如变革的速度跟不上形势变化的节奏与要求，则一样会被淘汰。

四、人才争夺战的国际化

在20世纪七八十年代以前，企业的紧缺资源一直是资金，因为只有有了资金，才能购置土地，建造厂房，购买设备、原材料，为生产创造条件。在这种情况下，劳动力是用来运转和操作这些物质资源的。

但近十多年由信息技术推动的全球化过程改变了这一传统格局。现在资金、技术、专利等，都在全球范围流转，资金已不再成为紧缺资源，因为它已可在全球范围筹集。现在的紧缺资源是人，因为人力资源不可能用金钱去购买，你不能用钱买到一个创新的头脑，也不可能换来使全体职工一夜之间在技术业务上登上一个新的台阶。以人为本的思想重新成为新世纪管理的根本指导思想。在知识经济时代，知识正成为发展经济与开展竞争的原动力，而知识的载体是人，是掌握熟练业务的科技专业人才。因此人才争夺战正日益成为当今国际竞争的热点与焦点。谁拥有足够数量的高水平专业人才，谁就能在竞争中胜人一筹。

在我国入世之前，就已看到非国有部门与国有部门之间的人才争夺战，后来更是国外企业来华与国内单位的争夺战。现在在我们入世之后，这一趋势无疑将进一步加剧。如何留住人才，用好人才，正是摆在我国企业，特别是公有制企业面前的严峻挑战。

对国外企业来说，我国既是一个他们推销产品和服务的巨大潜在市场，同时也是他们招募专业人才为其所用的巨大人才市场。入世后我国正面临着越来越多的外国企业来华设立各种办事机构、营销和直接生产单位，以及研发机构，直至把总部迁到我国。在雇员本地化的当今趋势下，以高薪吸引我国专业人才将日益严重。人才竞争的国际化和人才争夺战的白热化，在新的世纪将成为大势所趋而不可避免。

这里首先要明确，在我们国内乃至国际范围内争夺的人才究竟是指哪些人？他们又具有哪些特点？

我国现今既有大量职工下岗待业，又有不少工作岗位找不到合适人才。这种人员既过剩又短缺的现象，在世界各国劳动力市场上都普遍存在，特别在现在产业结构出现新的变化，新兴产业部门人才短缺，而走向衰落的传统产业则又人员过剩。

世界各国都在争夺的人才，是掌握新的知识和科技、学有专长，业务熟练并有实际处理和解决问题的能力，尤其是具有创新思维的人才。这包括科技领域，以及金融、法律，和其它新兴的服务领域的专业人才。

在知识经济时代，这些掌握了自己业务领域知识的人才，也可称之为"知识工作者"。他们与非专业人才相比，有一系列明显的不同。首先他们在其岗位上，对自己的业务比他们的上级或同事更熟练，因此对这些人的用人之道，不应是上下级关系，而应是伙伴关系。不是通过发号施令，指挥他该干什么和怎么去干，而是要通过沟通、协商、引导，了解他们的价值观，他们对事业的理想，以便为之创造一个有利于调动他们积极性的机制和环境，使之能自觉自愿地发挥和贡献他们的聪明才智。

这些人与非专业人员最大的不同是后者没有自己的生产资料。你是一个经验丰富的车工、钳工，但只有有人雇佣你，为你提供生产资料，你的经验才有用武之地。但知识工作者则不同，他们自己拥有生产资料，即他们头脑里的知识。正因此他们的流动性就比较大。如果你这里只能发挥他50%的知识资源与聪明才智，他就会带着他的知识流动到能发挥他70%能力的地方去。此外，非专业人员或一般的劳动力从经济学上来说是属于成本，而成本是要加以控制和尽可能降低的，所以冗员应该减少才能提高效益。但知识工作者却不是成本而是资产。对资产不是加以降低，而是应使之增值。但资产只有通过流通、运作才能增值。同样知识工作者只有恰当地加以使用，才能使之创造价值，创造财富。如果有了一批名副其实的专业人才、知识工作者，而单位不把他们放在能使之发挥作用的岗位并加以鼓励，则他们就无法施展其才华，这"资产"也就增如不了价值。

因此，面对人才争夺战的新世纪，我们大有必要一改以往依靠行政命令、依靠灌输方式的用人之道，学会平等地与人沟通、交心的方式，运用尊重人、爱护人、理解人的心态去对待下级，对待同事。其实，在如何使用知识分子的问题上，我们祖先早就有过高度的概括。早在 2000 年前，司马迁在"报任安书"中就提出："士为知己者用"的结论。"士"即今天所说的知识工作者，是愿为理解他、尊重他的"知己"去效劳，作出贡献的。在他撰写的《史记》中还列举了下面这样一个生动的小故事：

"百里奚居虞而虞亡，在秦而秦霸，非愚于虞而智于秦也，用与不用，听与不听也。"（《史记·淮阴侯列传》）

这里说的是在春秋时期，有一个叫虞的小国，那儿有一个"小人物"叫百里奚，后来虞国灭亡了，百里奚到了秦国，辅助秦穆公成为春秋五霸之一。

为什么同一个人，在虞时虞亡了，而到了秦国，秦却完成霸业了呢？司马迁说，不是这个人在虞时是个笨蛋，到了秦国却变聪明了。关键在于"用与不用，听与不听"。

这个结论是意味深长的。

在今天日趋激烈的人才争夺战中，如何争取人才，留住人才，用好人才，是我国企业面对入世的又一严峻考验与挑战，其严重性决不亚于外国商品、服务的拥入以抢占我国市场。当然从对人才的薪酬来说，我们目前尚无条件与外商完全抗衡。但专业人才所追求的并不仅仅以薪金报酬为其唯一目标，更重要的是要能随企业的发展而能充分实现其自我价值。因此，有了求才的愿望，更需要把重点放到"用与不用，听与不听"上。两千多年前，祖先的这一遗训，在人才争夺战的今天，仍具有生动的现实意义。

五、学习与创新是应对市场变幻的不变之道

近些年来，科学技术日新月异的发展，正推动着全球范围社会经济各个方面的深刻变革。一项高新科技的出现到它的普遍应用，所经历的时间往往比预料的要快得多。例如在上世纪90年代中期才出现和兴起的像互联网、电子商务之类的东西，只经过短短三、五年，就已成为广大群众社会生活中的现实。

正因此，谁也无法预料十年之后，甚至五年之后，企业的生产经营环境又会出现怎样的新变化。

发展前景中的不确定因素越来越多，正是当今世界的时代特点。那么我们是否只能被动地等待一些新情况、新问题出现之后再想方设法寻找应对措施呢？那倒也未必。

为了及时跟上形势的发展，唯一的办法就是要耳听八方、眼观六路。由于现在外界环境的变化对企业经营的影响越来越大，以往只要埋头做好内部的工作就可以的局面已不复存在，现在需要随时了解来自四面八方的新信息，学习层出不穷的新知识，及时调整自己的心态，从外界的变化中不但看到对自己的压力及挑战，更能发挥和抓住企业面对的前

所未有的新机遇。要做到与环境变化与时俱进，才能变被动应付为主动出击。

与时俱进的关键是学习，要不断地学习，学习新科技、新知识，并形成新的思路。

上个世纪80年代，美国教授彼得·圣吉发表他的《第五项修炼》一书后，学习型组织就成为国际上一些大企业的追求目标。一个组织，要在当今不断变化的环境中生存下去，就必须了解这些变化，适应这种变化，而这只有通过学习才有可能实现。

而当今世界，科技进步的速度超过以往，知识经济时代，知识将成为新世纪推动经济发展的原动力，这就赋予了学习以新的、更重要的意义与作用。

现在我们也越来越意识到学习对社会发展的重要性。2001年5月15日江泽民同志在"亚太经合组织人力资源能力建设高峰会"上的讲话中提出了"构筑终身教育体系，创建学习型社会"的要求，为我国把学习放到突出位置指明了方向。一些城市也在规划未来时，把学习型社会作为目标。如深圳在"争当建设有中国特色社会主义的示范地区实施纲要（2001～2010）"中也提出，要"营造适应知识经济时代的学习型社会"，"完善终身教育体系，建设全民参与的学习型社会"等等。

把学习提到建设"学习型社会"的高度，这是前所未见的可喜现象，这也正是我国经济保持持续、快速、健康发展的保证，更是我国在国际竞争中争取主动的希望之所在。

但学习只是手段，而不是目的。

我们不是为了学习而学习，重要的是在学习之后要把学到的东西进行进一步思考，结合自己的实际领悟出一些新的东西，新的思路，才能有所收获。

孔子在2500多年前就对学习作了极为精辟的剖析。他说：

"学而不思则罔，思而不学则殆。"（《论语·为政》）

就是说，你学习了而不去思考，那就什么也没有得到；而你光是思考而不进行学习，那就缺乏系统性、理论性而会一无所获。

这话讲得多好。学习作为基础，是为进行思考服务的。学而不思则只能变成一堆死资料、死信息，发挥不了作用。可是光思考，没有把学习作依托则可能仅仅是胡思乱想，同样只能导致失败。所以提倡学习，同时更要提倡勤于思考，提倡多动脑筋，才能透过现象看本质，对问题看深看透，找到有针对性的解决方案。

学习也好，思考也好，最终目的是为了走向创新。这才是我们提倡学习和思考的根本目的。

在现在竞争国际化的舞台上，任何国家、任何企业，如果不能开拓创新，就只能被淘汰出局，客观现实就是如此严峻。

要生存、要发展，就必须勇于创新，走前人没有走过的路。但问题是，创新从何而来？

创新不是凭一时的灵感，更不是靠天上掉下来的。创新还是源于今天企业的实践。

在日常工作中要提倡点点滴滴的不断改进，这是创新的源泉。没有一个人或一个岗位能够说现状已尽善尽美，无可改进，而是应该不断改进，以达到不断完善。IBM的企业文化之一，就是要求每一位职工在其现职岗位上"追求卓越"。我国海尔集团也是推行"日清日高"。美国3M公司要求其职工不断对改革进行试验，即使试验失败也不作为过错，但如果谁在三年之内只是墨守成规，一无改进，便将成为首选的精简对象。

只有从一点一滴的不断改进入手，积累下来，才会从量变到质变，出现创新。因此企业要创新，首先应营造一种提倡创新的氛围，形成一种创新的企业文化。

形成创新文化，这不只是在企业范围内，只有在全社会形成创新文化，使大家都有勇于探索的精神，才能形成创新的广泛社会基础。

从群众性的大量创新中，筛选和提炼出拥有自己知识产权的技术，这才是竞争力的核心。改革开放20多年以来，我们大量引进了国际上先进的技术和设备，从而大大缩短了我们和国际先进水平的差距，这是完全必要的。但进入新世纪，如果我们只满足于跟踪模仿别人的东西，那么这种差距就将永远存在，甚至会拉大，那又如何能跨入先进行列呢？因此现在已到了需要提倡原始性创新的时候。过去我们已明白了在产品竞争中要遵循"人无我有"的制胜之道，现在在掌握新技术、新知识上也同样只有依靠人无我有，才能具有自己的知识产权而成为自己的核心竞争力。如果只是一味仿效别人的成果，则主动权完全掌握在别人手里，到关键时刻就会使自己完全陷于被动。创新正是为了形成自己的专利，自己独具一格的新的科技成果，才能在这核心竞争力的支撑下立于不败之地。

现在的世界上，知识创新能力与技术创新能力决定着一个国家的实力和国际竞争力。在加入世贸组织后，我国的创新能力将更突出地显示其重要性与紧迫性。

创新涵盖了科技创新、制度创新、管理创新等等各个方面，这些都需要不断创新才能有生命力，才能推动经济建设前进。但创新的源泉则在于思想的创新、思维方式的创新。只有有了创新的头脑，对新事物的敏感性，才能产生其它方面的创新。没有创新的想法和点子，则其它创新是不可能出现的。所以归根到底，还是要从我们的现实情况出发，从原来一成不变的思维方式的束缚下解放出来，才能从中产生创新的星星之火。换言之，解放思想、实事求是，正是我们通过学习、思考，达到创新目的的不变之道，也是面对入世的我国企业争取主动，提高国际竞争力的不二法门。

（国务院研究室《研究报告》2002 年 1 月 16 日）

亚洲企业界展望 21 世纪

——第四届亚太高级雇主会议摘要

第四届亚洲太平洋高级雇主会议于 1997 年 9 月 4 日至 6 日在韩国首都汉城举行。这次会议是由韩国雇主协会、日本经营者团体联盟（日经联）、国际劳工组织，与国际雇主组织四个单位联合出资召开的。以往每隔三年召开一次的这一会议，自 1988 年首次于日本东京举行后，于 1991 年于澳大利亚墨尔本召开了第二次，1994 年于马来如西亚吉隆坡举办了第三次。参加今年汉城会议的有来自亚洲及大洋洲十八个国家的雇主组织领导人。

中国企业管理协会理事长张彦宁及副理事长潘承烈代表中国企业经营者出席了这次会议。

这次会议的主题是：企业在决定亚洲未来中的作用。会议期间，各国代表就当前世界经济形势、21 世纪企业面临的新挑战、政府政策对经济与企业发展的影响，以及新世纪对企业经营者素质的要求等展开了热烈的讨论，其中不少观点与意见对我们深化改革，扩大开放，使企业开阔思路，转变观念，颇有可借鉴参考之处，特将这次会议有关情况汇报如下。

一、亚洲企业界展望 21 世纪

这些年来亚太地区一直是全世界最具经济活力的区域。虽然在这一地区内的各国在其发展水平和经济增长速度方面有所差别，但无疑它将成为 21 世纪世界上最大的经济区域而为世人所瞩目。

市场经济体制与富有创造性的企业家精神曾是，而且将继续是本地区经济增长的重要推动力。在当今全球经济一体化的新时代，企业在怎样发挥它们新的作用方面也面临着新的挑战。亚洲企业要提高和发展生产力，这样才能增进它们的竞争能力，并且尽其所能去满足社会不断变化的需求。

二、全球经济发展新趋势

在 20 年前，还很少有人谈论世界经济。涉及一个国家国界以外的经济活动，主要只是跨国公司的事。一般来说，一个国家在制订其经济政策时，并不需要考虑到境外情况。但今天国内经济与国际经济已日益变得"你中有我，我中有你"了。近些年来有一点已十分明确，即一个国家要使国内经济得到增长和繁荣，关键在于要有效地不断参与国际经济的活动。

与此同时，现在大家认识比较一致的是，现代经济的复杂性与多变性已远非只靠政府官员的个人能力所能管理得了，因此政府职能也应随之改变。

国际贸易日趋自由化减少了贸易堡垒，加强了各国之间的经济合作与经济上的相互依存关系。各国经济及其企业需要在国际上有竞争力，企业不能只局限于国内市场，而要考虑如何更好地满足在本地区和全球范围的市场需求，以及在战略上向哪儿投资以取得最大的投资收益。

这些发展趋势对企业的经营方式将产生深远影响。整个企业界正在向着全球化经营发展并进行着迅速的转变，这种转变就其规模与重要性而言，与上次的工业革命相比可谓有过之而无不及。当时蒸汽机和电动机改变了工业活动的性质，而今天的信息革命则为物质的和智力的活动创造了全新的基础。高科技尤其是信息技术的发展，以及通讯的发展使距离已不再成为一个问题，企业要操作不再受其所在地的制约。随之而来的是服务业，特别是金融业的迅速发展，使资金流动在过去十年间增加了四倍。此外中小企业对创造就业机会和促进经济增长方面也起到了越来越重要的作用。

三、21世纪企业面临的新挑战

以世界市场为基础的全球经济一体化已成为许多国家进行战略决策的关键因素。我们看到在世界范围内各国都致力于使本国经济在国际上具有竞争力，并对经济自由化采取了积极的促进政策，他们还努力吸收更多的外国直接投资。为了创造一种更好的投资环境，正在把影响国内市场与世隔绝的贸易障碍消除。

在这瞬息万变的全球环境下，要使企业取得成功，甚至要能生存下去，关键在于企业有没有竞争力。技术进步正促使产品生命周期日益缩短，企业的很多观念也应随之不断更新。企业需要有一套新的经营战略和新的组织形式，以便对新的形势与发展趋势作出有效的反应，为顾客和用户提供有针对性的高效服务。

在 90 年代初期，企业往往是处于对未来的发展趋势加以观望，并在战略上对这种变化作出反应就可以了。但现在这样做已不合适了。现在的世界已处于一个"无边界的竞争时代"，为了取得成功，现在企业需要的是要他们站在变革的潮头去为自己创造未来，创造世界的明天。也就是说他们要努力成为自己行业的先驱，即由他们自己去安排日程以创造一种环境，使他们的产品、技术和人力资源能具有竞争力，而不是靠别人为他去安排；去创造出全新的技术，而不是采用别人的技术；去重新划定产业的范围，而不是由别人划定之后才作出反应；去确定新的市场，而不是等新的市场出现后才作出反应等等。换言之，21 世纪的成功企业不是只去等待着变革，而是站在变革前头，去倡导变革，不断划定产业的边界，创造新的市场，并且重新提出竞争的规则。

要达到这些目标，企业在 21 世纪的主要竞争力依赖于对其劳动力的教育培训。因为现在技术和资金已随着全球化进程而很容易获得，企业的真正竞争力在于其职工的技术业务水平及其整体素质，因此重视教育和培训也许是社会和企业最重要的战略投资。

现在，根本问题已不仅是要强调生产出新的产品，更要掌握用低成本、高技术的方法把产品生产出来。因为产品的创新如果不是用最低的成本去实现也就意义不大，这就要求在降低成本和保证高质量产品方面进行创新才有价值，否则企业也难以持久。

通讯革命正在造成一个巨大的全球单一市场的经济。信息和知识将成为竞争的焦点，因为在现在的世界上技术可在全球流转。此外，企业要使各个单位变得更小、更有活力、反应更灵敏。因此下个世纪大企业的生存将取决于它们能否使自己重组为小而灵活的单位。而技术又使大企业可以放权，把决策权下放到最基层。很多大企业正是在企业内部组成很多小的独立单位并把它们联成网络并从中受益，这样可以减少层次和精简机构与人员。

四、政府政策的作用与影响

任何国家的经济发展实质上反映了该国企业经营的综合

成就。发展最快的国家正是由于该国政府在让市场来决定企业的经营方面起着关键作用，即由市场来配置资源，并为企业的顺利发展在人力、经济和技术等方面创造条件。

企业正在决定着亚洲的未来。但企业不会自动取得成功，它们需要有一种环境，使它们的创造性和艰苦努力能够得到回报。

大家知道，日本通产省在制订产业政策与经济政策中所发挥的强有力的作用。企业不论大小，都能从吃透政策中受益。韩国也是在制订外向出口型经济政策中由政府和企业采取了合作态度。后来形成的大企业集团也正是靠政府倾斜的产业促进政策所孕育的结果。别些亚洲国家也采取了与日本、韩国类似的政策。

从韩国和日本的经验中可以看到，政府政策对本国企业的发展起着重要作用。对发展中国家来说，它们的企业在产品研究开发、市场营销和生产效率等方面，都比不上发达国家的竞争对手。要是政府在财政上、技术开发上和选定的支柱产业上能主动予以政策支持，那么这些企业就能较快发展。另外基础设施也很重要，这不仅是指道路和一些公用设施，还应包括重视教育和市场运作的效率。

政府还应创造条件提供资金，这可借助于鼓励储蓄或通过国际借贷，使企业得以在生产和技术上进行投资。生产发展了，就业机会就多了，就有更多储蓄可用于投资，从而形成经济的良性循环。

韩国的造船业、汽车工业、石油化工、电子等企业所以能发展得快，是与政府在经济发展初期对那些特别需要扶持的产业与企业进行资金的重点配置所起的作用分不开的。当然，当经济走向成熟，市场也变得更为有效时，企业便可以依靠市场去配置资源了。

技术是亚洲企业需要依靠政府的另一个领域。除日本和韩国公司外，很少有别的亚洲企业有它们自己的技术足以在世界市场上具有竞争力。技术开发的成本极高，而大多数亚洲企业的财力却有限。没有自己掌握的技术，亚洲企业就会变得前途未卜。政府可以通过向教育或技术研究机构投资，来帮助企业开发自己的技术。

韩国政府在使技术国产化方面发挥了积极作用，这样才使韩国成功地开发了数字化电信开关系统。日本公司也是在一定程度上依靠政府积极地把一些企业组织起来开发芯片技术。由于亚洲经济正在增长，企业需要得到政府的支持才能在科学研究的基础研究方面打下牢固根基。

也许促进亚洲企业顺利发展最重要的在于政府制订的产业政策。一个国家不能在每一产业部门都处于优势地位。一些国家由于其地理位置或人力资源或自然资源，使之在某些产业独具优势。像新加坡由于其人民教育程度较高而在吸引外国对高科技投资方面十分出色。印尼则因其低价劳动力而成功地吸引对劳动密集型产品的投资。韩国则正由其初期成功地生产廉价产品转向资本密集型和技术密集型产业。

总之，企业要想取得成功，需要首先了解自己的优势何在，真正做到"知人者智，自知者明"，才能扬长避短，胜人一筹。

对亚洲企业的成长形成最大危险的不在于国际竞争，而在于缺乏政治上的稳定性。今天泰国面临的经济混乱就源于其缺乏政治稳定。政府频繁换届和经济政策没有连续性会扼杀企业。而新加坡、印尼、马来西亚成功地培育出一批卓越的企业就反映了政治稳定能怎样促进企业成长。企业对其长期规划要能有预见性。政策上的混乱会使企业无法规划未来，从而失去新的商机。

但今天的亚洲经济已不同于日本或韩国早期发展经济的情况，因为现在出现了"无边界的世界"。今天的世界市场已比五年前更开放了。在世界贸易组织（WTO）的新体制下，现在亚洲的新企业已不像60年代和70年代日、韩企业所享有过的依靠政府保护和补贴了。

今天的贸易体制也比几年前更透明了。新的自由市场世界对新生的亚洲企业提出了新的挑战，现在甚至在他们自己的国内市场上也要去和国际上最强劲的对手进行面对面的竞争。但是，在没有贸易堡垒的新的世界上，也给企业在所有市场上提供了成功的机遇，只要他们生产出高质量的产品并满足当地客户的需求。

新的自由贸易环境也可为亚洲企业带未巨大好处。新的全球化市场为亚洲企业扩大了市场与机遇。由于激烈的市场竞争，促使在不同区域之间开展了技术合作和战略联盟，为企业发展和扩大经营范围创造了有利条件。随着贸易堡垒的减少或消除，新的市场环境也将使企业更容易快速增长。但企业能否真正利用这种机遇，关键还在于企业自身，在于企业领导人或企业经营者有无远见卓识，在于企业经营者本身的素质。

五、对企业经营者的素质要求

企业在促成经济繁荣与创造就业机会等方面具有举足轻重的作用。而经营这些企业的经营者则更为重要。有什么样的经营者，就会办成什么样的企业。没有有胆有谋、开拓进取的经营者，就不会有企业的成功。现在仅靠土地、劳动力和资本这几个生产要素已不够了，技术已成为新的生产要素，而且比其它几种要素更为重要。在有了全球通讯网的今天，亚洲企业需要有远见卓识的经营者，他们能充分利用技术并引导企业进入新的竞争时代。

今天的经营者需要具备四种基本素质，才能使亚洲企业经营成功。

首先，经营者要能接受新的挑战。企业必须具有活力并能对面临的变化作出迅速有效的反应。如果在 10 年或 15 年前用几个星期时间去做出一个决策还是可以的话，但现在出现了互联网络、无线通讯、电视会议等等，形成在世界范围的快速沟通。因此决策必须十分快捷甚至要当场拍板。要做到这一点就要求企业领导人对其经营环境保持经常的了解。

第二，企业经营者要有一定的技术功底。换言之，他至少要懂得他业务范围内的技术。如在电子行业，产品的寿命周期不到 6 个月。最新的电脑也在一年后便会有更新。要是对技术不懂行就会有害于在关键时刻作出正确决策而丧失市场时机。现在很多亚洲企业领导不大懂得技术，把技术问题交工程技术人员或基层单位去处理。我们常提到工商管理硕士生（MBA），但现在我们需要的是技术型的工商管理人才，即既懂工商管理，又懂工程技术。

第三，现在企业要取得成功在很大程度上取决于其领导人运作资金的能力。高科技的发展影响到世界金融市场，这个市场已今非昔比。数以十亿美元计的交易可在几秒钟内做成。如果对市场变化反应迟钝便可能使一个公司毁于一旦。现今的时代需要具有对市场变化作出立即反应的才干。因此经理人员对金融市场要有充足的知识。领导班子中要有人对企业最重要的资产——现金、股票和债券的经营专门负责。

第四，虽然技术很重要，但亚洲企业能否成功仍取决于它们对人力资源的管理和培养。驱动企业的是人而不是机器设备。不论是开发一个新的产品，应用一种新的技术，或是开辟一个新的市场，都需要职工的创造性。而创造性是需要有了激励机制和相应的分配制度才能产生。可惜很多亚洲企业对人员的升迁还是靠论资排辈，而不是根据业绩或创造能力。现在软件比硬件更重要。而当今善于使用软件的是年青人，而不是有很长工龄的主管们。

最后一点是亚洲企业要承担社会责任。亚洲的未来和它们超过25亿的人口要靠亚洲企业的发展和创造财富的能力去支持。迄今为止这方面情况不错，大量人口，尤其是生活在城市的人口，已大大得益于新创造的财富。但这种新的繁荣却使一些国家内的贫富差距拉大，因此企业也有一份社会责任在缩小这种差距方面采取行动。

我们可以看到在发达国家一些大小企业都在为提供社会服务方面负起更多责任。一些企业越来越呈现出它们的存在遍及全世界，它们的社会责任也趋向全球化。全世界数以千计的学生从美国的跨国公司获得奖金。韩国一些大企业也在一些落后的地区建造医院，以造福当地人民，或为一些学业上有培养前途但付不起学费的学生们提供资助。

　　企业首先应该明白，它的经营业绩是靠社会为它作出的贡献。它们应懂得，它们完全属于社会，因此承担起社会责任也正是为了企业自己。不承认这一点就会看到社会如产生动乱将既损害企业也殃及整个社会，而社会上一旦出现一些小的风波还可能导致政治上的不稳定，那样企业就根本无法经营下去了。

　　当然在满足社会需要方面企业不能代替政府的作用，但企业应该关心并积极参加一些社会活动，使当地老百姓能切实感到由于企业的存在而有助于他们提高生活质量。但我们也看到不少亚洲企业，只顾自身快速发展而忽视了对水和空气的保护而污染了环境。一个企业只有得到社会的支持才能够使自己发展和繁荣。

　　以上就是亚洲的企业和企业领导人在决定亚洲的未来时所能发挥的作用。只有当这些企业能坚持不懈地迎接挑战，转变观念，迅速决策，才能取得成功。要能这样，亚洲前途将未可限量。

（1997 年 9 月 17 日）

德鲁克《21 世纪的管理挑战》
部分内容摘译

本书讨论的不是"今天"的热点，如竞争战略、领导艺术、创造性、团队精神、科学技术等等，而谈的是"明天"的热点，关系到明天生死攸关的主要挑战。这不是本"预测"的书，不是本关于"未来"的书。这里谈到的挑战是已经在发达国家及一些新兴经济体出现了。但自觉意识到这一点的组织或企业领导却还不多。而今天已经在对这些挑战作好准备并付诸行动的，将成为明天的领袖并处于主导地位。要是等到这些挑战已经变成了热点时再去注意，势将处于落后地位而难以再赶上。

我们正生活在深刻的过渡时代。在管理上最根本的变化，是由知识变成经济的关键资源所引起的，这就必然需要全新的经济理论，以及同样全新的经济政策。

在面对 21 世纪新的挑战中，最大的挑战莫过于怎样提高知识工作者的生产力，怎样对知识工作者进行管理，这对今后国家的经济发展与企业的成败得失将起到关键作用。

关于知识工作者

一百年前，对手工工作与手工作者首先进行研究的是美国工程师泰勒，他通过"动作研究"、"时间研究"使工作程序化、规范化，从而大大提高了生产力。

但现在对发达国家来说，如何提高手工工作的生产力已不再是挑战的中心问题了。知识工作者在每一个发达国家正在迅速成为劳动力的主体。在美国他们已构成劳动力的五分之二。发达国家未来的繁荣甚至生存将会越来越依靠知识工作者的生产力。

知识工作者的生产力主要取决于以下六个因素：

1. 要明确任务。手工工作的任务向来是明确的，只要照着规定目标去完成就行了。但知识工作者的任务不能事先每一步都制订好按部就班去做，而是在有些情况下要由个人的聪明才智和经验去决定下一步该如何处理才能取得更大效果。

2. 知识工作者要进行自我管理，他们要有自主权。

3. 不断创新已成为知识工作者的任务与责任的一部分。

4. 知识工作者需要不断学习。

5. 知识工作者的生产力主要不在于成绩的数量，至少质量也同样重要。

6. 知识工作要求对知识工作者视为"资产"而不是"成本"。要使知识工作者心甘情愿地为这个单位服务而不去寻求别的机会。

手工工作和手工工作者是一种成本，而要使知识工作者发挥出高的生产力，则要把他看作是一种资产。

成本需要加以控制并降低，而资产则应使之增值。

手工工作者自己没有生产手段，他们有些也有不少宝贵经验，但这些经验只有在他们工作的地方才用得上。但知识工作者却自己拥有生产手段，而且是笔巨大资产，这些资产（知识）是可随身携带的，因此知识工作者的流动性就很大。

对手工工作者来说，是他们更需要工作单位雇佣他们；可是对知识工作者来说，更需要他们的是其工作单位。

管理的任务在于保存其资产并使之增值，现在知识工作者既成为一种资产，而且越来越成为一个单位的主要资产，那么怎样去吸引并留住贡献最大的这类人才，提高他们的积极性，并把他们的生产力转化为这个单位的效益，这是我们在新世纪面临的新课题。

对知识工作者来说，他们在一个组织内的位置，已越来越不是处于"从属"地位，他们是"同事"。在一旦学徒期满之后，知识工作者所从事的工作应比他的上司懂得更多，否则他就不是一个好的知识工作者。换句话说，知识工作者的定义就是在一个组织里他对自己的工作懂得比组织中任何其他人都更多。

对不同的就业人员要采取不同的管理方法。现在越来越多的"雇员"要把他们当作"伙伴"来管理。而"伙伴关系"的定义就是一视同仁，就是平等。而对伙伴是不能用发号施令的办法去命令的，而主要要靠说服。现在对人员的管理越来越要采取市场营销的办法。在市场营销中，我们不是以"我们要什么？"提问的，而是以"对方要什么？它的价值观是什么？要达到的目标是什么？考虑到什么样的结果？"等才是考虑问题的出发点。

知识工作者的生产力将成为对人员进行管理的中心议题，正如一百年前对手工工作者的生产力成为对人员进行管理的中心议题一样。

知识工作者的生产力问题将成为21世纪对管理的最大挑战。对发达国家这首先是他们生存的需要。舍此他们就难以维持他们在经济上的领导地位和他们的生活水平。

在过去的一百年间，在20世纪，发达国家经济上的领导地位是靠手工工作者的高生产力维持的，但现在任何国家和企业靠泰勒当时对手工工作所提出的那套做法早已可通过培训很快学会了。现在发达国家要维持其优势只有靠准备、教育和培训出更多的知识工作者才能达到。

在以往百年，世界经济的领导者属于那些能提高手工工作者生产力的国家和产业。而在今后这50年，世界经济的领导地位将让位于能最系统地、最成功地提高知识工作者生产力的国家和产业。

全球竞争力

任何单位，不论它是企业还是大学或其它事业单位，都应把全球竞争力作为自己的战略目标。否则就别想得以生存，更别谈取得成功了。除非它把在其领域中的领先单位（不论在世界什么地方）所设置的标准用来作为衡量自己的尺度。

现在已不再可能将一个企业或一个国家的经济发展建立在廉价劳动力上了。一个企业不论其工资多低，要是其劳动者的生产力达不到它这个产业处于领先地位的单位所已创建的水平，那它这个企业就别想生存下去。这首先对制造业是如此。因为在发达国家中绝大多数制造业，手工劳动的成本正在迅速地变得越来越小，在总成本中占到不足八分之一。现在劳动成本低不再能成为成本优势，它抵偿不了劳动者的低生产力。

在今后一二十年，世界将面临一个保护主义浪潮。大家对此作出的第一个反应就是筑起抵御外来寒风的围墙来保护自己的家园。但除非你按世界标准来操作和经营，否则这样的"围墙"是保护不了你这个单位的。

关于战略

战略旨在把企业的理念转变为成效。其目的是使一个组织在不可预测的环境中去取得它的预期结果。

任何利用现有资源去达到未来预期的战略（这正是战略本身的目的）都必须以人口在不同年龄段的统计分布为出发点。尤其是发达国家出生率的明显下降将对未来战略产生重大影响。例如保健与教育将继续成为"增长"部门，但教育将由对青少年的入学教育转向更侧重于对成年知识工作者的继续教育与进修。而发达国家保健事业转向老年社会也会来得更快。

那么什么是"增长"产业，什么是"成熟"产业，什么是"衰落"产业呢？

所谓"增长"产业，是指对其产品或服务的需求，比国民收入或人口增长来得更快。而对其产品或服务的需求增加得和国民收入与人口增长一样快的，属于"成熟"产业。而需求比国民收入与人口增加的速度慢的叫"衰落"产业。

例如在20世纪六七十年代轿车工业属于增长产业，但之后欧洲日本轿车已饱和，近30年来虽然世界轿车销售量仍在缓慢增长，但已大大低于国民收入或人口的增长，因此已成为衰落产业了。

20世纪最后30年，世界上增长最快和最兴旺的产业不是信息产业，而是金融服务业，而在早些时候还没有这项业务。发达国家的经济宽裕的老年人口通过这项服务为自己准备退休后的收入。一些发达国家的中产阶级自45岁或50岁开始就要为其今后30年的经济保障而进行投资。

增长产业要着眼于创造未来。它需要在创新方面领先并要敢于承担风险。

成熟产业要设法在很少很少一些领域中领先,特别是在那些通过先进技术和质量以更低价格来满足需求的领域中领先。它需要具有快速的应变能力。成熟产业要重视利用战略联盟、伙伴关系和合资经营的办法去适应这种迅速的转变。

衰落产业则要采取稳健的、系统的、有目的地降低成本,和稳健地提高质量和服务、要强化企业在本行业的地位,而不是去扩大产量。

总之,不论哪类企业,要把它们的战略建立在定量的信息与定性的分析基础上。

在变革中争当领头羊

现在变革已成为我们生活的现实与常规现象。

在当前快速的结构变革中,只有去领导变革,走在变革前面才能生存。

变革的领头羊把变革看做是一种机遇,他们盼望变革,知道怎样去寻找正确的变革,并懂得如何在组织内外使这种变革能有效地"为我所用"。

要在变革中处于领先地位,就需要有一套政策以立足今天去创造明天。

首先就是要把那些不再能提供效益的资源解放出来。总想维持昨天的业绩往往会把企业最有价值和最稀缺的资源（尤其是一些能人）用在不再见成效的地方。

其次是要有组织地不断进行改进。不论对产品或服务、生产过程、营销、技术、人员的培训和人才资源开发等等，都要制订一个每年的提高目标。

不断的改进最终将导致根本性的变革。也就是导致创新，从而以与以往不同的全新面貌出现。创新就是创造变革，创新使这个企业成为变革的领头羊，而其关键在于把变革看做是一种机遇。

创新不会没有风险，但这总比墨守成规不去创新的风险要来得小。但是创新不是什么"天才的火花"，它是扎扎实实的艰苦工作。

如果对创新者不给予适当报酬，这个组织就不会有创新。

创新的目的实际上是在创造未来。

关于企业素质

一个企业如果不能创新，不能努力提高自己素质是活不长的。

管理与企业家素质实际上是同一件事情的两个侧面。一个企业领导人不学习怎样去管理就不能长久存在。同样如果管理层不学习创新也同样存在不长。今天的任何企事业单位都要把变革作为一个目标去设计、策划，而不是被动地只会对变革去加以应付。

管理层要着眼于本单位的经营结果与效益。他们的主要任务与作用就在于利用并组织企业界内外资源来为本单位取得成效服务。

企业的核心竞争力与核心素质各不相同，这犹如它们各具"个性"，但每一个企事业单位都必须具备的一种核心素质则是创新，并且要有一套办法去记录和评价创新的效益。

关于组织

现在很多人谈到该结束"多级制"了。这是胡说。在任何单位或组织中总需要一个最终的权威，即"上司"，即要有一个能作出最后决定并要大家服从的人。

一个有效的组织应遵循以下几条原则：

一是组织要有透明度，使其成员了解他们所在单位的组织结构和他在其中干什么。

二是组织中必须要有人在一定任务范围内有作出最后决定的权威性。同时也负有同样大的责任。

三是组织中的每一个人只应有一个"主人"。这正如罗马法所说，一个奴隶如有了三个主人他便成了自由人了。但是组织的层次要少，要越"扁平"越好。

总之，组织是不应一成不变的，它是使人们在一起有效地工作的一种工具。一种一定形式的组织机构是适用于在一定条件下，在一定时期内完成一定任务的一种形式。任务、条件、时间变了，组织形式也应随之调整。

信息革命

现在我们正经历着一场信息革命。它将波及整个社会。它正对企业和对个人改变着"信息"的含义。这不是在技术上、机器设备上、软件上或速度上的一场革命，而是一场"概念"上的革命。

以往50年信息技术集中在数据上——收集、储存、传输和打印数据。在"信息技术"中重点放在"技术"上，而新的信息革命则把重点放到"信息"上。

过去对企业有用的数据主要是用来计算成本的，这是19世纪的竞争理论，管理信息系统（MIS）就是根据这一理论把数据用计算机来处理。会计制度就是为提供成本的信息和对成本加以控制而设立的。

但现在企业要取得成功所依据的已与以往完全不同。现在要着眼于所创造的价值与财富。这就需要进行带有风险的决策：依靠经营理念、经营战略、放弃旧的和进行创新、达到短期利润与夺取市场份额之间的平衡等等。这类战略决策是企业高层领导所真正需要的，但传统的会计制度所提供的数据完全无法提供这些。因此现在对信息技术的要求已不是得到更多的数据、技术、速度，现在需要的是对信息的新的概念。其中一个新的领域，而且是最重要的领域就是怎样去组织企业外部的信息，这些信息都是互不相关并由不同的来源提供的，但它们有两点是共同的，它们提供的是信息而不是数据，它们是高层领导为作出高层决策所需的信息。

企业的根本目标是创造财富，而不只是为了控制成本。为了创造财富企业需要四种信息：基础信息、生产力信息、素质信息以及资源配置信息。这些信息只告诉我们企业的现状，它用以指导"策略"。至于"战略"所需要的信息则应包括：市场、顾客与非顾客、本行业和其它行业的技术、世界金融，以及变化中的国际经济秩序等等。

生产数据的人一般并不知道用户需要什么样的数据使之变为信息。只有个别的知识工作者，特别是个别企业领导才会把数据转变为信息，并把这些信息组织起来用于采取有效的行动。因为信息不只是一种知识，它是能够用来导向采取正确的行动的。

潘承烈译

2000 年 1 月 16 日

中国特色管理科学探索

以科学态度对待管理科学

学习型组织敲开现代企业管理大门

自成一家　走向世界

　　——纪念"以我为主"十六字方针发表 20 周年

第一生产力与管理本土化

企业管理者如何应变新形势

　　——2005 年中国管理学家论坛上的发言

民企当自强

中国式管理初探

以科学态度对待管理科学

改革开放 20 年来，我们在切身经历中已深切地感受到我国技术落后，管理更落后。现代科技和现代管理确实是迈向振兴中华实现现代化的两个车轮，缺一不可。

在新世纪到来之际，新年伊始，中央领导就提出：为了把中央确定的方针政策和各项部署落到实处，必须切实加强管理，各行各业、各个方面都要在加强管理上真正下大功夫，各级政府也都要突出抓好管理。

此话正提示了深化改革中在认识和实践上亟待解决好的关键所在。

邓小平同志关于"科学技术是第一生产力"的英明论断早为大家所熟悉和认可。但到底怎样理解这里所说的"科学技术"的真正含义，则恐怕在认识上还有待进一步统一。

从狭义上说，科学技术包括各种各样的科学发明、技术创新、专利等等。这些科学技术的成果代表着人们知识和智慧的结晶。但是每一项具体的科技成果本身还不能自动转变为生产力。它们必须经过规划、组织、协调、控制等活动，才能形成生产力。而上述这些职能都是属于管理的范畴。也就是说，在具体的科技成果和生产力之间必须要架起一座桥梁，这就是管理。没有管理这座桥梁，科技成果再好也仍只能停留在实验室"养在深闺人未识"。我们有那么多成果，那么多专利，真正被转化为生产力的比率那么低不就是明证吗？

由此可见，管理和管理科学应是广义的作为第一生产力的科学技术不可分割的重要组成部分。

因此，要正确地、全面地理解小平同志关于科学技术是第一生产力的论断，就应该看到，他所指的科学技术，决不是狭义的具体科技成果，而是广义的、即从具体科技成果到成为生产力的全过程，这里就理所当然地也包括了管理和管理科学的作用和成果。不把管理作为第一生产力的科学技术的组成部分，对邓小平理论的这一论点将是不全面的。

中央十分重视科学技术在发展生产力、增强综合国力，和提高人民生活水平方面的作用，并且把"科教兴国"提高到我国经济建设的战略高度去实施。这里的"科学"指的是什么呢？朱镕基同志早在1996年发表的《管理科学，兴国之道》一文中就作了明确的回答："这个科学包括自然科学和社会科学两个方面，当然也包括了管理科学。"

管理作为一种职能，实际上存在于人类生产活动和社会活动的一切方面。同样的投入，不论是物资、资金、人力，还是时间，由于管理水平的高低，直接影响到产出的结果，这些年来无数事实已反复证实了这一点。因此，"向管理要效益"一直成为各行各业的努力与奋斗目标。现在中央再次强调管理的重要性，正是针对提高效率和效益，摆脱企业困境，增强竞争力的关键所在。

但是，也许正由于管理职能无处不在，任何从事组织协调工作的人员都在做着管理工作，而给人们造成一种错觉，似乎管理工作谁都可以干，谁都能够干，因此不成其为一种专业，更谈不上和其它科学技术那样是一门科学。

正是在这种认识和理解的指导下，我国在建国初期的二三十年间，培养了一批又一批工程技术人员和自然科学专业人员，可是却没有同时去培养相应的管理专业人才。改革开放后，才发现我们处处存在的低效高耗，浪费严重等现象，这些都不是仅由于技术原因，而更是因为管理不善和管理落后造成的。

如果把管理作为一种职能，就误以为这就是管理的全部，把除了就事论事地处理各种日常业务工作之外，管理再也没有什么更多的理论和科学，这实际上是一个很大的片面性和误解。

我们管理之所以落后，其根本原因之一，就是忽视了把管理作为一门科学，和自然科学与技术科学那样去加以深入研究。

世界上任何事情都有着客观存在的一些基本规律。人世间没有无缘无故的成功，也不会有无缘无故的失败。对任何成功或失败的案例，如加以深入剖析，就会发现其根本原因在于遵照了或违背了某些客观规律。

在我国从计划经济体制转向社会主义市场经济体制的转型过程中，我国企业都面对了前所未有的许多新的问题、新的困难、新的挑战。无数企业在客观困难面前衰落了，甚至销声匿迹了。但在这同一客观环境下，又有一批又一批企业不仅看到挑战，同时还看到了机遇，由小到大地发展壮大。这种截然不同的现象值得引起我们的深思：为什么在同样的外界环境下，企业的命运会出现如此不同的差异？这正是由于这些不同企业自觉地或者不自觉地遵照了或违背了社会主义市场经济的某些客观规律。

管理是人类的实践活动，在实践中的管理发挥的是管理的职能作用。但要使管理更有效，更好地提高管理水平与管理素质，仅停留在实践阶段，仅发挥管理的职能作用是远远不够的，还更需要在大量实践的基础上去总结、归纳、提炼管理的成败得失背后的带有规律性的东西，然后将其上升到理论，上升到科学，再去指导今后的管理实践，把不自觉变为自觉，把被动转为主动地掌握符合市场经济客观规律下的经营管理。

总之，对管理既要看到它具有职能作用的一面，还要看到它是一门科学，是管理科学的一面。

我们的管理所以落后，水平总也提不高，上不去，其根本原因之一就在于对管理在认识上存在的片面性，即只承认其职能作用，而不认识、不承认管理是一门科学的一面，因而没有重视，或重视与提倡不够。与对自然科学与技术科学的重视程度相差悬殊。没有充分理解作为第一生产力的科学技术其中也包括管理和管理科学。

那么，科学究竟是什么？说到底，科学是研究和揭示自然界与人类社会所客观存在的基本规律。自然科学与技术科学所研究的对象和取得的成果无不是对其研究领域的客观规律的揭示与应用。因此不重视和大力提倡管理科学所面对的社会主义市场经济所同样存在的客观规律的研究、探索，并以此来指导我们的实践，我们又从何谈起管理水平的提高，以及创建有中国特色的管理和管理科学呢？

经济的发展，社会的进步，推动着科学技术在深度和广度上的不断进步。现在分工越来越细，"隔行如隔山"，在某一领域从事研究的顶尖人物，在他的该专业上是行家里手的权威人士，这是毫无疑问的。但是不可能要求他在其专业以外的其它领域也样样都是专家。对其本人来说，同样不能把自己并没有涉猎或并不熟悉的领域就怀有偏见或否认其作为一门科学的价值。至少这对科学家来说就不是一种科学态度。在管理这个领域这种现象颇为突出。由于很多人只看到管理的职能作用而看不到它的科学方面，对管理科学的重视就远远不及对自然科学与技术科学。在科学院与工程院，两院院士代表了我国学术界的最高权威。那里群星灿烂，是我们国家的骄傲。但就是没有管理科学的一席之地，（后来也只局限于工程管理的工程院）这正在于现有两院院士中尚没有一个在管理科学领域造诣深厚、成就卓著的权威学者。而决定管理科学在两院的命运正是掌握在这些非管理科学专业的权威人士手中。

对各类不同专业的科学技术权威来说，要他们对非其所长的管理科学的作用与命运起举足轻重、决定其取舍的关键作用，这种做法本身就很难认为是一种科学态度。

在新世纪来临之际，面对我国加入 WTO 的严峻挑战面前，为了广大企业与各个产业部门的生存与发展，重视管理，大力加强管理和管理科学的研究发展已成为当务之急。中央及时地把新世纪的第一年定为管理年。这对所有从事管理与管理科学工作的广大人员是莫大的鞭策与鼓舞，令人更感到任重而道远。在不断提高管理在职能作用方面水平与素质的同时，我们更需要大力开展对管理科学的理论研究，这正如列宁说过的："没有革命的理论，就不会有革命的运动"一样，管理要提高，要创新，同样需要以管理科学理论上的研究与开拓为前导。管理科学与其它科学的不同之处，在于它更侧重于源于实践，而又高于实践这一特点与规律。但不应其源于实践就否定它是一门科学。

为了提高管理科学的地位与作用，让我们大声疾呼：以科学态度对待管理科学。

（《南开管理评论》2000 年第 2 期）

学习型组织敲开现代
企业管理大门

彼德·圣吉所著的《第五项修炼》根本目的是要形成系统思考的方法。我们往往习惯于就事论事，这样造成知其然，不知其所以然。其实，学习不是目的，孔子讲过，"学而不思则罔，思而不学则殆"。就是说，如果你光学习不思考，那么你什么也没有，反过来，如果只思考，而不去学习，思考没有一个理论系统的基础，这也会失败。

一、让我们种橘子而不种枳

改革开放20年，我们大量引进国际上先进的科学技术和经营管理经验，对提高经济效益起了很大的作用。但是进入新的世纪，我们已经不能仅仅满足于学习国外的一些先进模式，满足于跟踪模仿国外先进模式。同时更要有自己的知识产权和核心竞争力，这样才能够真正发挥我们的作用。自然科学，技术科学完全可以用拿来主义，大大缩短我们实践的时间，对经济发展做出贡献。但是经营管理完全按照国外先进的东西搬过来，不一定有用，正如老祖宗说的，一棵橘子树，种在淮河的南面，长出来的是甜甜的橘子，但是到了淮河的北面，就结出苦苦的枳。原因就在于水土不一样，这说明我们学习国外经验，特别在经营管理、人文科学方面，不能照搬照抄国际上的东西。

加入世贸组织以后，越来越多的跨国公司，把中国看成推销产品和推销服务的巨大市场。同时，他们也将中国看成他们所需人才的巨大的人才市场。这对国内企业特别是国有企业来讲，是一个巨大的挑战。人才争夺战已经形成国际化，到底怎么样能够留得住人才，用好人才，这是当前很多企业面临的很现实的问题。

两千年以前，司马迁就讲过，"士为知己者用"，"士"为知识分子，他们是要为真正理解他们的知己发挥他们的聪明才智，为他们效劳。你现在真正留住人、用好人，首先应使你手下的专门人才成为知己，不是用行政命令和发号施令的办法，指挥他该做什么，怎么做，而是应该真正成为伙伴关系，与你手下有一技之长的专业人才形成伙伴关系，进行沟通，互相理解，尊重他，爱护他，为他创造一个能够实现自我价值的环境，这样才能真正留住人。

对专业人员来讲，国企的报酬没法与外企比，但是专业人员所追求的目标，不仅仅局限于要求高工资，他更加需要的是能够在工作中实现自我价值，怎样去让他实现他的自我价值，并能够真正尊重他所发挥出来的贡献。

二、学习吕洞宾的点金指

知识经济是人类社会经过几千年农业经济，几百年工业经济发展起来的。知识经济认为，无形的东西，比有形的东西更加珍贵，更有价值。所以我们现在强调，要增加产品的附加价值，不是投入更多的工费或者料费，重要的是提高产品的技术含量、知识含量等无形的东西，也就是经验、技能、战略谋划、企业家精神和智慧。比如说诚信的口碑，一个企业有了诚信，可以生产更大的物质财富。正如老子《道德经》所说，"天下万物生于有，有生于无"，"无"就是指非物质的无形资产。

现在的世界经济趋向全球化，人们有着不同的看法，但是不管怎样，全球化是一个不以人们意志为转移的、总的历史发展趋势。如果真正用全球性的眼光来看，将不仅看到压力和挑战，同时也会看到面前的机遇，整个市场和整个世界将陈列于你的眼前。

鬼谷子讲过，用天下的眼睛看天下，天下的耳朵听天下。今天我们面对全球化，我们如果真正用天下的眼睛、天下的耳朵、天下的心面对现在的挑战，我们的思想会大大解放，我们从古人的哲理中，能得到许多新启发。

今天讨论学习型组织的时候，我们既需要真正学懂学通这个国际上的最先进的学习型组织的理论，这个学习型组织的理论，在国外90年代被国外许多大企业所证实。我们今天学习的时候，不能仅仅按照国外先进公司而满足，要进一步思考，学而要思，要思考到底这套先进的理论怎么结合我们自己的实践，才能加以融会贯通。我们研究学习型组织这套东西，不仅仅是学习具体的业务，更加重要的是要学到他这套思维的方式，学思维方式，才能够一通百通，一直贯彻下去。

吕洞宾有点石成金的本事，他有一次背了很多石头，当场表演点石成金，很多人围着他。他手指一点，石头变成了金子，很多人抱着金子走了。最后一个小伙子站在那里不走，吕洞宾就问他，你怎么那么傻，小伙子，这里不还有点石成金的石头你怎么不拿，他说我不要。吕洞宾说金子你不要，你要什么？他说我要你的手指。为什么？他说我把变成金子的石头拿回去以后，总会用完，但是我如果拿你的手指头的话，我永远都用不完。

我觉得这个寓言对今天来说非常有现实意义，我们不仅仅碰着已经变成金子那个石头，即国外的那些现成的东西，更加重要的是要了解他怎么变成金子的这套思维方式。如果能学到这点，不管客观环境发生多大变化，我们始终能够真正将这个学习型组织贯彻下去。要达到思想观念的转变，建立一个学习型组织，是非常关键而且重要的。

总的来讲，我们需要学习别人最先进的东西，必须立足自己的国情和民情。如果生搬硬套人家现成的东西，管理上恐怕很难；需要以我为主，博采众长，不能闭关自守。学习别人的长处也不是照抄照搬，要融合提炼，最终自成一家，形成适合我们国情、民情的管理方式。我想我们现在开展学习型组织，这是一个更深层次的目标和努力方式。用一句话来概括，我们的目标就是"以我为主、博采众长、融合提炼、自成一家"。

（《中国经营报》2002 年 7 月 4 日）

自成一家　走向世界

——纪念"以我为主"十六字方针发表20周年

1983年初，在当时中国企业管理协会召开的一次借鉴外国企业管理经验座谈会上，袁宝华同志提出了"以我为主，博采众长，融合提炼，自成一家"的十六字方针。迄今已整整20年过去了。

那是在改革开放初期，社会上对面临的许多新的变革尚存在着各种不同的看法和疑虑，包括涉及如何对待国外企业管理经验上，有的持怀疑或否定态度，有的则持全盘照搬照抄的观点。正是在这样情况下，十六字方针的提出，指明了如何借鉴他人经验，洋为中用的正确方向。

经过了20年实践的检验，证明这一方针是正确的，是符合我国国情的，并已在广大企业界与管理学界中广为流传，形成共识。

"以我为主"是指要从我们国情出发学习借鉴外国经验，这应成为学习的立足点。"博采众长，融合提炼"是正确的学习借鉴方法，就是要广泛了解研究各国在管理上的好经验和科学理论，以便取其精华，去其糟粕，集百家之长，为我所用。"自成一家"是我们的目标，通过总结自己的和外来的经验，来建立具有中国特色的社会主义管理理论和模式。

改革开放 20 多年来，我们大力引进了国际上先进的科学技术与经营管理经验，从而大大缩短了我国与国际先进水平的差距。这是我国经济多年来保持持续快速健康发展的重要因素之一。在自然科学与技术科学领域，我们完全可以采取"拿来主义"，以实现跨越式发展。但是在经营管理方面，我们在积极吸收借鉴外国经验的同时，不能不考虑我们所独有的国情、民情，使人家的好经验、好做法，能够在我国土地上扎根、开花。全盘移植有时会事与愿违，这一点我国祖先早就有过警示。在 2000 多年前，《晏子春秋》中早就有过形象的譬喻：

"桔生淮南则为桔，生于淮北则为枳。叶徒相似，其实味不同。所以然者何？水土异也。"

我国是有近 13 亿人口的大国，中华民族具有五千年文明史。我们开创中国特色的社会主义事业是在由计划经济体制走向社会主义市场经济的过渡中进行的。——这些就是我国所独有的"水土"。不从这样的"水土"出发，不立足于

"以我为主"，不对外来经验进行"融合提炼"，而要想在经营管理上取得成功，形成自己特色而能独树一帜，也许就只能是缘木而求鱼了。

中国在现在这一特定历史条件下，要发展自己，世界上没有任何现成模式可以照搬。我们发展市场经济才只短短几年，而一些发达国家则已有数百年的历史。我们现在所面临的一些转望期的问题与困难，是人家所没有的，甚至无法理解的。而这却是我们所面对的现实。

随着改革的深化与开放的扩大，尤其在入世之后，要求与国际经济接轨更加迫切。广大企业界人士都已感到凭自己原有的经验与知识已难以应付日益严峻的挑战，而感到在管理知识上自觉要求"充电"，用先进的管理理论来武装自己的头脑，抓住机会进行短期的或系统的学习培训。当前报考MBA或总裁班的人数之踊跃，正反映了社会这一新的需求。这是十分可喜的现象。

要真正把国外的好经验学到手不是一件轻而易举的事，道路是漫长的。学习不是最终目的，更重要的是在学了之后要进行思考，要把学到的东西结合我国的国情、民情，结合自己企业的厂情，进行举一反三、融类旁通的思考，才能成为对自己真正有用的东西。

我们立志要振兴中华，跻身于世界民族之林。学习国际上一切先进的东西对我们来说都是必要的。但如只满足于仿效人家却是远远不够的。这样会使我们和国际先进水平的差距永远存在，甚至还会不断拉大。

市场经济的客观规律告诉我们，只有"人无我有"才是制胜之道，只有具有自己特色，而人家所没有的，才具有自己的竞争力。所以说，只有民族的才能成为国际的。要是只在人家的后面亦步亦趋，就永远成不了世界一流。只有集百家之长，自成一家，才能在国际上更响亮地听到我们中华民族的声音。

在学习国际经营管理先进经验与理论的同时，我们决不能忽视我们自己的优势。

具有五千年文明史的中华民族，承继着祖先遗留下来的无比丰富的文化遗产，其中很多哲理在今天激烈的国际竞争中仍散发着灿烂的光芒。例如：《孙子兵法》克敌制胜的战略战术；《论语》的做人准则与诚信理念；《老子》关于有形与无形的转化对今天知识经济的启示；《鬼谷子》的用"天下之目、天下之耳、天下之心"来观察世界的哲理对今天面对全球化的现实意义等等，都是在当今新形势下给人以开阔思路，提高经营战略水平大有启迪的。现在没有一个外来的竞争对手具有像我们这样得天独厚的文化遗产，这是我们中国的文化优势，要是能领会得深，运用得好，则将成为我们在新世纪的一大竞争优势。

所以我们要"自成一家",就需要"博采众长",这"众长"不仅是人家之长,也应包括我们中华民族自己之长。古为今用和洋为中用一样,也应成为我们"自成一家"的重要组成部分。

中国经过20多年的发展,经济取得了引起世界瞩目的巨大成就,尤其在近年世界经济普遍低迷,中国在2002年仍取得8%的增长,更是一枝独秀。中国快速发展的原因何在?在经营管理上到底有哪些独具一格的特点?世人正期待一个回答。

这正如日本在战后一片废墟上的重建,到了70年代后期在国际市场上具有了那么强大的竞争力,使一些老牌的发达国家为之侧目。于是西方开始研究日本的兴起在管理上具有哪些特点。他们把所谓的"日本管理方式"归结为:终身雇佣制、年功序列制与企业工会。这些完全不同于西方的管理方式。说明日本在战后学习西方技术与管理时,前者直接拿来为其所用,而在管理上不是照搬西方模式,而是结合日本的国情、民情,"自成一家"。

现在该是我们自己来总结提炼20多年快速发展在经营管理上我们有哪些具有中国特色的管理经验了。在世界关注中国发展的管理特色时,我们在新的世纪也应该向世界回答这个问题了。不能让国外学者把研究结果反过来告诉我们，告诉世界，那样就有负于民族对我们的期望了。

"以我为主"的十六字方针，在过去20年间对指导正确学习外来经验上已验证了它的正确性。在今后的实践中还将继续丰富它的内容，加深理解它的含义。在新世纪的国际竞争形势下，中国特色的经营管理也必须与时俱进，开拓创新。这十六字方针仍具有强大的生命力。

因为只有自成一家，才能更有利于走向世界。

（《经济日报》2003 年 1 月 28 日）

第一生产力与管理本土化

小平同志在 1988 年 9 月的两次谈话中，都一再提出，马克思讲过，科学技术是生产力，这是非常正确的，"现在看来，这样说可能不够"，"依我看，科学技术是第一生产力。"（《邓小平文选》第三卷，274 ~275 页）

小平同志这一论点，既丰富和发展了马克思主义学说，更深刻地反映了当今世界科学技术迅猛发展，人类进入知识经济时代的发展大趋势。

究竟应该如何正确理解小平同志所说的作为"第一生产力"的科学技术呢？

从狭义上说，科学技术的核心是指科学发明、技术创新、专利等等。但是在我国，这些纯粹意义上的科技成果，并不都能转化为生产力。因为任何一项发明创造，它本身绝不会自动从实验室转化成为生产力。只有经过把它加以组织、加以协调、加以规划、加以监督控制，它才能从自身的科技成果变成生产力。而以上这些使之转变的功能都是属于管理的范畴。换言之，在具体的科技成果与现实生产力之间，必须经过一个中间环节，必须有一座"桥"，这座"桥"就是管理。没有"桥"就无法到达生产力的彼岸。

因此，我们认为，正确理解小平同志指出的成为第一生产力的科学技术，不是局限于科技成果的狭义科学技术，而是应该包括管理科学在内的广义的科学技术。因为只有当具体的科技成果连接上管理和管理科学后，才能转化为生产力，形成第一生产力。

我国的创造发明与专利每年为数众多，但其中很大一部分尚在实验室束之高阁，没有变成生产力，在经济建设中发挥作用。问题的关键正在于没有对之加以组织管理。这正反映管理在使科技转变成生产力中的重要作用。

这正如朱镕基同志在其"管理科学，兴国之道"一文中所指出："党中央提出了'科教兴国'的方针。这个科学包括自然科学和社会科学两个方面。当然也包括了管理科学。现在确实需要强调管理科学与管理教育也是兴国之道。"（《人民日报》1996年9月20日）

管理具有两重性，与生产力相联系的一面具有自然科学与技术科学的属性，可以到处通用，不受地域限制，这是指各种管理方法、管理技巧；但另一面，管理是通过人去实现的，而这与生产关系相联系的一面，则要考虑必须使管理能符合和适应当地的国情、民情，决不可能拿人家的现成模式拿来照搬照抄。

这正是小平同志 1982 年 9 月 1 日在党的十二大开幕词中所说："我们的现代化建设，必须从中国的实际出发，无论是革命还是建设，都要注意学习和借鉴外国经验。但是，照抄照搬别国经验、别国模式，从来不能得到成功。"（同上，第 2 页）。

因此，要使科技成果真正形成生产力，成为第一生产力，必须通过管理这个环节方能实现。而这个管理也必须是在中国的土地上能行得通、用得上，而且能见效的。我们要实现管理的现代化，这是实现四个现代化不可或缺的组成部分。但管理的现代化决不能等于管理的外国化。我们自然需要学习借鉴国外管理的先进经验，然而中华民族是具有五千年文明史的古老民族，有着自己独有的国情、民情。在借鉴国外先进管理理论、经验的同时，只有实现管理的"本土化"，才能在中国的土地上开花结果，使科学技术能真正转化为生产力，形成第一生产力。

在 2000 多年前我国的古籍《晏子春秋》中有这样一段话：

"桔生淮南则为桔，生于淮北则为枳。叶徒相似，其实味不同。所以然者何？水土异也。"

在我们学习借鉴国外先进管理理念和管理方法的时候，

要考虑到我国是十三亿人口的大国和文明古国，是向市场经济转型才不久的发展中国家，不能把人家几百年市场经济的成熟经验希望照抄照搬到中国来就能同样生效，而必然存在既要吸收消化外来经验的实质与规律，又要充分理解和领会我国当前的国情、民情，使之实现管理的本土化，才能使科学技术的成果在我国的土地上成为对我国经济建设发挥出更大作用的第一生产力。

（《中国企业报》2004 年 8 月 11 日）

企业管理者如何应变新形势

——2005 年中国管理学家论坛上的发言

在这复杂多变的世界上，企业经营的内外环境的前景充满着不确定因素，全球化带来的竞争国际化，更加重了对企业的压力。在这种形势下，企业的兴衰成败在更大程度上取决于企业经营者能否具有审时度势、举重若轻、应付自如的素质。20 世纪 80 年代中期西方国家从石油危机引发长达 10 年之久的经济衰退走向复苏，企业家精神对发展经济及振兴企业起了决定性作用。但在这世纪之交，环境发生巨大变化，对企业经营者的要求又更进了一步，提出了一些新的、不同于以往的要求。

一、从主动推进变革中创造商机

处于全球性结构大调整的时代，企业的经营环境已发生了与以往很大的不同，要保持原来的业绩，要"守业"已难以为继，生存发展的惟一机遇存在于变革之中，尤其要主动地去推进变革，成为变革的先行者，而不是被动地在变革出现之后才应付变革。这正是面对新世纪对企业经营者的一项核心挑战，就是怎样把变革看做是一种机遇，寻找正确的变革并使之在企业内外奏效。这就要求采取立足现在去创造未来的相关政策与措施，为明天的发展打下基础，创造条件。

企业经营者不仅要自己破除安于现状、满足于现状的保守思想，更要带动全体员工把变革看成机遇。要改革现状，推动改革，核心问题在于创新，这也是变"守业"为"创业"的关键。要在企业里形成一整套与创新相适应的激励机制，使创新成为一种企业文化。

美国福特汽车公司新的首席执行官（CEO）、51 岁的雅克·纳赛尔从 1999 年 1 月上任以来，便抓住要害，整顿了整个公司的管理体系，使之振作起来。他的目的就是要把这个已有 96 年历史的工业巨人重新塑造成 21 世纪灵活的、不断进取的消费汽车王国。

这类事例在国际上不少，说明不仅是新兴的高科技企业以全新的经营体制出现，显示出它们的活力与潜力，而对于原有产业的大量老牌企业来说，也只有迎接变革，不断创新，才能重振雄风，否则就会走向衰落，陷入被淘汰的命运。

二、要善于利用有效信息为正确决策服务

一场信息革命正在兴起，信息技术（IT）对社会经济生活的影响日益明显、日益重要。信息作为一种资源早已成为人们的共识。在当今所谓"信息爆炸"时代，难题已不是信

息的有无或不足，而是如何在汪洋大海的信息中提取对自己有用的信息。因此企业经营者要学会抛弃对他没用的信息，而把有用的数据加以组织、分析并演绎成最后的信息并采取行动。因为信息的目的是要能够用来进行决策以付诸行动。

企业内部的信息首先是来自生产与经营第一线的原始数据，最早的目的是为进行成本核算用的。但数据本身还不能作为决策的依据，数据只有经过加工才能成为信息。对现在的企业高层来说，仅靠企业内部已有的数据是远远不够的，更主要的是要来自外部的信息，这是从不同的来源与不同的人那儿得来。怎样把收集到的信息组织起来进行加工，以达到为决策服务的目的，就取决于领导人本人的眼力与智慧了。事实上没有两位主管会以同样的方法去组织同一信息，其结果就会大有高下之分，而使同一信息具有完全不同的价值。要使所取得的信息（不论来自企业内部或外部）完全针对你所面临的问题以提供现成答案，是不大可能的。重要的是怎样把信息结合你的具体情况加以举一反三，触类旁通的思考、分析、加工、提炼，从而得到启发，得出能解决你现实问题的新的思路、新的方案。

随着因特网的出现，现在信息的来源遍及全球，信息的传播速度空前迅速，企业经营处于这种形势下，要有快速有效的反应能力已成为新时期对个人素质突出的要求。如果在

10 年或 15 年前，面对一项决策用上几个星期去"研究研究"、"考虑考虑"还是可以被允许的话，那么现在出现了因特网、无线通信、电视会议等新的信息技术，形成世界范围的信息沟通，企业经营者作决策就决不能再迟疑不决，而要尽快利用时间，有时甚至需要当场拍板。要做到这一点就需要企业经营者随时了解掌握对其内外经营环境的动态变化。

三、需要技术型的 MBA

处于科技发展一日千里环境下的企业经营者，必须要具备一定的技术功底，这点看来已越来越重要。至少他应该熟悉这个行业范围内的技术，以及这些技术的发展前景。现在涉及信息技术领域的产品生命周期日益缩短，新型号、新产品层出不穷，有些甚至刚上市几个月便会过时。企业领导要是对本行业的技术不懂行，或对现代信息技术所提供的商机不会巧加利用，就会因在关键时刻不能作出正确决策而陷于被动。在一些发展中国家和地区，很多企业经营者仍不很懂技术，而把一些技术问题完全交由技术人员和基层去处理，自己拿不出符合企业战略发展的要求和判断，这就和时代潮流很不相称。现在发展中国家也开始越来越重视大力培养 MBA 人才，以提高管理水平与管理素质，这当然是好现象。但现在需要的这方面人才应是既懂经营管理，又懂工程技术的技术型 MBA。另外，系统地学习掌握发达国家先进的经营管理理论与方法确实十分重要，可是管理要能行之有效，还离不开本国的国情与民情。因此，更重要的是培养能把先进的管理理论与本国管理实践相联系与结合的人才，才能真正解决实际问题并从中提高。正因此，90年代培养"跨文化的管理"人才成为跨国经营的大企业的重点。越来越多的跨国公司聘用当地人才负责经营当地子公司已成为一种趋向。

四、企业领导班子专业结构的搭配

现在企业要取得成功在很大程度上取决于其经营者或领导者运作资金的能力，高科技的发展直接影响到金融市场，这个市场已今非昔比。数以十亿美元计的资金交易可以在网络上几秒钟内完成，正可谓"运筹于（电脑）键盘之间，决胜于千里之外"。美国总统克林顿1999年6月在日内瓦的87届国际劳工大会上说，现在每一天都有1万5千亿美元的资金在跨国界流动，每天有25亿份电子邮件在世界上传递。现在任何一个企业，即使是纯粹的地方性企业，也已处在世界经济之中，对于国际经济上一些重大震动无一能免受冲击。因此企业经营者要对金融市场具有充分的知识。学习如何管理金融货币，需要有对市场变化作出快速反应的才能。企业领导班子中要有人专门负责现金、股票、债券等的运作，除了一把手"首席行政主管"（CEO）外，还要有"首席财务主管"（CFO）。

此外，信息和知识的作用对企业的经营和发展也日益显示其重要性。国际上一些发达国家在领导班子中已开始设立"首席信息主管"（CIO）与"首席知识主管"（CKO）等等。这些职位出现不久，但却预示着在企业运作中的重要性，作为一种新的趋向值得引起人们注意。总之，在新的世纪里，企业要在激烈的市场竞争中立足，关键在于提高企业的核心竞争力，就是要做一些别人做不了或做不好的事。企业的核心竞争力反映了企业的核心素质，领导班子核心素质更是关键。领导班子虽然在专业的分工上各有侧重，但作为一个整体，对其核心素质的要求则是共同的。

要衡量核心素质的高下首先要仔细对比本企业和竞争对手的效益差距。每一企业的核心素质各不相同，这有如各个企业各有自己的"个性"。但任何一个单位，不只是企业，都需要有一个共同的核心素质，这就是创新，在这激烈变动的时代，如果没有一套创新的机制，如果领导人不能在全体职工中倡导创新，去创造未来，而是习惯于照别人的葫芦画自己的瓢，步别的成功者的后尘，则这样的企业就很难有明天。

（中国管理学家论坛 2005 年）

民企当自强

发展民营企业的重大政策举措

我国将长期处于社会主义初级阶段。国家在此阶段，"坚持公有制为主体，多种所有制经济共同发展的基本经济制度"已明文载入了《中华人民共和国宪法》。在坚持以经济建设为中心，不断解放和发展社会生产力的长期实践中，人们越来越认识到，在法律规定范围内的个体经济、私营经济等非公有制经济，是社会主义市场经济的重要组成部分。

20多年来，随着我国经济体制改革的不断深化，民营企业有了长足的增长，其生产总值、上缴利税、出口创汇、创造就业等促进经济发展与社会生活需要等许多方面，在国家经济中的地位与所占比重正日益提高，作用日益明显。

但是非公经济与公有制经济相比，在体制上还存在着很多制约、限制，并束缚了民营企业更顺利、更自如地发展。这也正是无数民企长期以来不断期盼、呼吁和争取的目标和要求。

2005年初，国务院颁发了《关于鼓励支持和引导个体私营非公有制经济发展的若干意见》，提出了发展民营经济的 36 条意见（简称"36 条"），从放宽非公有制经济市场准入、加大财税金融支持、完善对其社会服务、维护其合法权益、引导企业提高自身素质、改进政府对其监管和加强指导和政策协调等七个方面，提出了对促进非公有制经济发展的主要改革措施和要求。

"36 条"意见的出台，将大大改善发展非公经济的宏观环境，对促进民营企业更加公平有力地发展，将会起到重大的推进作用并产生深远影响。

主导民营企业生存发展的内因分析

改革开放以来，民营企业从总体来说得到了很好的发展，在社会主义市场经济中发挥着越来越重要的作用。但对具体的民营企业来说却面临着日益严峻的挑战甚至是生存危机。人们往往对此归咎于政策上对非公经济的不公，使非公经济发展受到种种限制，没有能与公有制经济一视同仁。

现在"36 条"意见的出台将在一定程度上使这种状况有所改善。企业有了更为宽松的客观环境作为其创业和发展的有利条件。

从以往 20 多年民企发展的历程来看，民企在数量上和涉及的行业上都有了很大增加。这首先应归功于改革开放的大环境，以及随着深化改革与扩大开放推出的一系列相关政策。没有这些客观因素作为前提条件，非公经济和民企就不可能有今天这样一片繁荣兴旺的景象。

但是在这段时间里，我们同时也看到，在同样客观环境下，许多民企从无到有，从小到大地发展了，也同样有很多民企兴旺一时，却昙花一现地消失了。在市场竞争中企业的生生灭灭本来就是竞争的客观规律。

从同样客观条件下，企业生存发展截然不同的两种前景对比，使我们看到，外界环境与政策的外部因素固然十分重要，但主导企业兴衰命运的还是在于企业自身。

因为，外因毕竟是变化的条件，而内因才是变化的根据。

要是我们仔细分析"36条"的七个方面意见，其中市场准入、加大财税支持、完善社会服务、维护合法权益、改进政府监管、加强指导和政策协调等六个方面都是在为民企营造一个更便于发展壮大的客观环境。至于有了这样一个更有利的外部条件，民企是不是一定都能大展鸿图，这就不再取决于外因，而是《意见》中提出的："引导非公有制企业提高自身素质"这个内因在主导着今后民企前途命运的关键因素了。

民营企业提高自身素质的要点

市场竞争中的企业，不论其所有制如何，其前途命运归根到底都掌握在企业自己手中，自己承担盈亏，承担风险。对民营企业来说，这点尤为明显，因为自其诞生之日起，民企就一直是在相关政策指引下，靠赤手空拳打出来的天下，没有任何依托、依靠。因此企业自身素质对决定企业生存发展更具有关键作用。随着"36条"意见的出台，宏观上为民企提供了更宽松有利的政策环境，民企能否借这次《意见》的东风，得到更好的施展才能的机会，就更取决于企业自身的素质了。

在主要依靠自身奋斗拼搏中走过来的民营企业，在国内国际竞争日益激烈的新形势下，需要有意识地加强对提高自身素质重要性的认识，而不能再满足于以往成绩和就事论事地应付日常事务的习惯思路。

根据对不同所有制企业素质的共性要求，结合我国民营企业当前的特点，下面对提高民企素质的若干要点加以分析。

1. 清醒地明确自身定位

存在于新世纪的我国民营企业，与其在20世纪80年代和90年代初期初创阶段相比，客观环境已发生了许多重大变化。在改革开放初期我国还处于供不应求的短缺经济之下，市场潜力留有巨大空间可供企业发展，因此能选择的经营领域较广，只要运营得法，效绩也较容易取得。

但现在，在全球化推动下，我国又已成为世贸组织成员，国内国际市场的界线已日益淡化，我国企业已直接面对整个世界，面对全球竞争。这与以往只要认认真真做好企业内部每一环节的工作就能出成果大为不同了。也就是说，外部因素对企业的成功产生着前所未有的巨大影响。

此外，企业的经营目标也与过去有了很多差别，以往企业经营的主要目标是追求利润的最大化，但现在只追求企业自身利润已远远不够了。企业作为国家经济与社会发展的基层组织，更要重视它所承担的社会责任。企业的存在当然是为了给社会创造财富，所以讲求利润是天经地义的。但问题在于追求利润的过程应该是造福一方，而不是损害社会和国家的整体利益和长远利益。自上世纪90年代以来，我们国家和整个国际趋势，都把保护环境放到突出位置。"我们只有一个地球"已成为全世界人民的共识。此外，经济发展需要靠资源，我国的资源，尤其能源利用率很低，为此调整产业结构和节约资源，节约能源是保持我国经济可持续发展的迫切要求。

当前我国的民营企业需要从以往只关注企业内部，眼睛向内转向把注意力更多投向如何更好地保护环境，节约资源，如何更多地承担社会责任方面下更大功夫。哪个企业在这些问题上认识得深，行动得早，在今后更趋激烈的市场竞争中就能争取到更大的竞争优势。

民企要把以往那种只专注于做好自己工作，以自我为中心的经营理念定位，转向指导自己放到处于更大市场背景下开展活动的定位，从而看到自己所面临的新的挑战与新的机遇。这是当前我国民营企业谋生存、谋发展的第一步。

2. 商机无处不在

我国在入世之后，企业的竞争对手已由国内延伸到国外。面对着的是比国内更为强大、更咄咄逼人的对手。不少企业认为市场机遇似乎早已被人抢走，自己的回旋余地越来越小，人们只感到挑战越来越严峻，压力越来越大。现在要经营好一个企业，其难度已和过去不可同日而语了。

但事情的另一方面却是，随着全球化与我国入世的形势，挑战与压力固然加大了，但同时也出现了前所未有的商机。现在国内国际市场都摆到了我们企业面前。人民生活水平的不断提高，对物质文化的需求正向企业提出许多新的需要有待满足。而对保护环境、节约能源，以及像 2008 年举办奥运等，也在大的方面提供新的商机。而网络营销则更把商机扩大到全世界。所以不能认为竞争的加剧只会使商机越来越少。

重要的是：客观上存在着的商机，就看企业能否加以识破，尤其是能否及时捕捉到并加以利用。

这就取决于企业家有没有"慧眼"，有没有这方面的素质了。

在把自己企业定位于全国和世界市场大背景下的一个经营单位，企业首先要放眼世界，把视野扩大到全球范围，注意国内国外随时发生的经济、技术、社会、政治、金融等方面出现的新的迹象和动态，而不能再"两耳不闻天下事"。当你用全球化的眼光去观察世界，用全球化的耳朵去倾听世界，用全球化的思路去剖析世界，那么你从这些信息中就可以筛选、研究出有哪些信息与自己企业的发展有关，可以为我所用。但是，外来信息决不可能为你提供适合你企业商机的现成答案。重要的是要学会对外来信息通过结合企业实际进行举一反三、触类旁通的深入思考，然后得出有助于可操作的现实方案。

这样就会发现对看来已经饱和的某一市场仍能抓住尚未被人察觉的新商机。例如，在上世纪80年代早就饱和了的洗衣机市场，海尔推出"小小神童"小型洗衣机却能独树一帜取得数以百万计的销量，就是因为那时饱和的都是5公斤的大洗衣机，而1公斤左右的轻便小洗衣机尚属空白。海尔凭其敏锐的目光识破并捕获了这一商机，就是一个生动的例证。

在国内国外市场都敞开在企业面前时，商机不是少了而是大大增加了。我国民营企业在机制上灵活，决策过程集中统一、方便迅速，正是可以发挥民企的优势，以更快的速度去获取商机，抢占市场。

商机无处不在，重要的不是去重复或追随别人已经在做的，而要不同于同行或竞争对手。这正如《孙子兵法》所说："故善出奇者，无穷如天地，不竭如江河。"（《孙子兵法·势篇》)。

在得到更为宽松环境下的我国民营企业，对新世纪的商机，也应该是"无穷如天地，不竭如江河"。关键在于你能否"出奇"。

商机固然无处不在，但对一个企业来说也并不是任何商机都能带来效益和发展，只有符合本企业发展方向并使企业的有限资源能用到"刀刃"上发挥最大作用的商机，才是真正可取的商机。

3. 要有符合时代潮流和企业实际的发展战略

民营企业一般都是靠创业者从无到有，从小到大地发展起来的。创业者往往依靠他自身的经验、判断和魄力使企业逐步成长壮大。

但在新形势下，企业面对的是比以往复杂得多的环境，企业要想生存发展，仅靠创业领导人个人意志和聪明才智已远远不够了，必须在一个具有前瞻性，符合企业实际而又遵循时代前进方向的发展战略作为其经营的指导。

回顾这 20 多年来大量企业的兴衰成败，其原由各异，但如果从深层次来分析，则无不与其战略的是否正确或失误有关，即使有些企业还没有意识到发展战略的重要性，但这却是客观存在。

世界上没有无缘无故的成功，也不会有无缘无故的失败。

而战略带有全局性，它指导着、影响着企业经营管理的各个方面。战略一旦失误则在市场竞争中没有回旋余地，往往会形成"一着不慎，全盘皆输"。

企业战略必须扎根于本企业实际。没有任何两个企业的具体战略会完全相同。因此你照搬照抄别人成功的战略，用到你企业就不见得能成功，因为各企业的具体情况不会完全一样。

如果过去有些民营企业凭着走一步看一步也一样能发展，似乎不需要什么战略，那进入新世纪就不同了，客观环境已复杂得多，而这种变化也越益迅速，要是仍满足于只看到今天，不仔细研究如何适应明天，就只能越来越处于穷于应付的被动局面。

现在，一个不考虑明天的企业，就不会有企业的明天。

但是明天又不会是今天的简单重复。有些企业在规划未来时，认为只要照以往成功做法如法炮制，过去怎么干，今后也只要这么干，或只要干得比过去更好便可以了。其实这是不了解以往之所以成功，是抓住了产品、技术、市场等生命周期中的上升阶段。但它们不可能一成不变，在其由盛到衰，生命周期处于下降阶段时，要取得同样的经济效益和增长速度便难以为继了。

企业的发展战略无一雷同，但构成一个科学的、符合企业实际与发展趋向的战略它所应具备的某些基本要素则还是存在的。如果把这些要素结合本企业实际加以详细分析研究，则还是可以构成可以指导企业前进战略的。

这些基本要素主要包括：

中央和地方，以及本企业所属行业的有关方针政策；

企业客户对本企业产品和服务的需要，尤其是随着客户的发展所产生的潜在需求；

本企业自身的优势劣势，长处短处，以便使企业的有限资源最有效地发挥作用；

对企业竞争对手的详细分析，并与自己对比，以明确哪些是我比人强，哪些是人强于我，以便"以己之长，攻人之短"；

及时地、全面地收集分析国内国际宏观上发生的各种社会经济动态与信息，从中及早把握它对引导市场变化的走向，以便于早作准备，取得竞争的主动权。

如能把以上五个构成科学战略的要素结合到企业实际加以融会贯通地研究思考，就能得出一个具有一定指导作用的企业发展战略。

4. 惟才是举，惟贤是用

历史和现实生活都深刻地表明，大至一个国家，小至一个单位或企业，其兴衰成败，都在很大程度上取决于人才。从实践中人们也对人是最宝贵的资源早已形成共识。现在中央提出人才强国战略，对企业来说，同样人才强企在当前更有现实意义。

这些年来，我国民营企业从无到有，从小到大的发展，都有力地证明创业者所具有的企业家素质所起的关键作用。他们能审时度势，通过改革开放的契机，因势利导，为自己抓住机遇不断发展壮大。而其中才能不济的则在竞争中被逐步淘汰出局。

对创业的民营企业家来说，经过20年上下的艰苦奋斗，事业有成，很多企业现在已到了新老交替的时候了。如何把自己一辈子辛勤创立的事业交到可靠的接班人手中，已成为当前民营企业面临的共性问题，也是最令人关注的问题。

不少民营企业家为了自己创办的事业后继有人，都已经或者希望把自己的这一摊事业交给自己的亲人，交给儿子。

这种亲情是完全可以理解的，也是我国传统文化的深刻反映。

为了做好接班工作，一些民企领导把自己下一代先送去学习，以提高他们的知识文化水平，有的派到国外去学习先进的管理理论、方法，有的则让下一代去本厂或外厂的基层锻炼，熟悉企业经营的实际，然后一面由上一代帮扶逐步走上企业的领导岗位。

这样做，有些企业能沿着前人的业绩继续发展，收到很好的效果。

但这也不能绝对化。不能认为民企要后继有人就只能靠父传子这惟一模式。

企业要生存发展，主要靠领导人必要的企业家素质。这一点经过系统的学习培训和实际锻炼是重要的，但也并不是通过后天的这些训练就一定能把任何人都培养成为合格的企业领导人。

一个人的发展并不完全只决定于人为的后天因素，此外还应考虑到各人的一些特定素质，只有顺其自然发展，再加以有意识的培养，才能成为有用之才。

经营企业不是任何人都能够干并能干得好的，正如一个没有音乐天赋的人，训练不出成为好的音乐家；没有数学天赋的人也成不了好的数学家一样。

因此，父辈创建的一番事业，要想继往开来，是否只能传给儿子一代，还要看接班的有没有经营企业的一些基本素质，如只凭血缘关系一味强求，也许事与愿违，形成适得其反的结果。

美籍华人王安在上世纪五六十年代创建的王安电脑从零开始发展为有名的跨国公司，后来因指望其子王列继承父业，而王列没有其父王安那样几十年奋斗中积累的经验，也没有其父的开拓精神与魄力，在市场竞争中显得那么幼稚和脆弱，风雨袭来时茫然不知所措。王列于1986年接手公司，经过短短6年，于1992年就把王安电脑宣告了破产。

这个教训是值得我们民营企业引起深思的。

现在社会上有一种看法认为家族企业已是落后的组织形式，其实这也并不尽然。国际上很多企业仍是家族企业性质，上百年一直久盛不衰，但在现在的新情况下，靠一二个人说了算肯定已不行了，需要进行股份制改造才是出路，要靠集体智慧来经营和决策。在一定意义上，仍可用广泛范围的"家族"实行控股。

市场竞争说到底实质上是人才竞争。为了事业的发展或至少不致中断，民企领导在后继有人问题上首先要有求贤若渴的真诚愿望，而不是拘泥于血缘关系。关键是要从思想到体制形成一套惟才是举，惟贤是用的风气。这是对民企能否后继有人的重大考验。

5. 培育发扬企业自己的优良风气

我国传统中有"富不过三代"一说。外国也有学者提出企业的平均寿命约为 30 年。我国民企的寿命短则几年，长则十几年，平均也许还不到 30 年。然而我国也不乏百年老店、百年老厂。其区别何在呢?

一个可持续发展的企业，不会只是就经营论经营，而必然扎根于更深的文化层次之中。

创业者作为人的自然规律总是要衰老，退出人生舞台的，需要有人"传宗接代"。但从延续一个企业的寿命来说，需要"传宗接代"的不仅是接班人，更需要有能"传宗接代"的风气。

只有在创业者创业奋斗过程中，有意识地去培养和形成有助于企业久盛不衰的厂风、店风，才能使一个好的风气代代相传，成为凝聚职工人心的共同语言和精神动力。即使领导更迭，企业的优良风气依然能延续和发展，使企业沿着前人开辟的道路继续前进。

民营企业尤其需要重视和培育自己的企业文化。

企业文化不是去捡别人的口号，而是靠本企业在自己从实践中提炼出来的优良的思想作风、道德风范、行为准则，和价值观念等，这是企业的一份最珍贵的精神财富，是需要加以不断完善弘扬，代代相传的。

这也是企业的核心竞争力，不是别的企业能加以模仿，照搬和抄袭的。

例如，三百多年的同仁堂老店，始终以忠诚于客户，决不弄虚作假，决不偷工减料，用料和加工精益求精，为其不变准则。江南的胡庆余堂老店，店堂内高悬"戒欺"的大匾。正是这一代代相传的企业文化，成为这些百年老店长葆青春的最大奥秘。

好的厂风、店风，或叫企业文化，不是靠口头提倡宣传就能实现得了的。某种意义上，好的风气是靠好的领导人，尤其是其创业者言传身教带出来的。企业文化在一定程度上是领导人自身立身处世的投影。艰苦奋斗的敬业精神；严于律己，宽以待人的风格；不固步自封，勇于探索创新的胆识等；不但能感染和影响自己一代职工，还将影响企业的后来人。

企业的竞争已不仅是经济实力的物质层面的竞争，实质上这已反映到了精神层面、文化层面上的竞争。例如现在市场竞争中，诚信的问题越来越受到关注，尤其对民营企业这个问题更引人注意。如果你能高举诚信的大旗，时时处处能体现出你对顾客、对社会的诚信体现到细微处，那么在人弱我强的对比之下，你就能争取到竞争中的"加码"，赢得竞争优势。

6. 思想上的与时俱进是提高自身素质的核心

民营企业兴起于改革开放之初，当时的客观环境已不同于历年不变的计划经济时代。因此民营企业在其诞生的第一天起便处于在不断变化的环境之中成长的。正是这一客观环境为民营企业的出现与发展提供了前所未有的历史机遇。

但是在进入新世纪前后，科学技术突飞猛进的发展，以及全球化推动着国内国际市场的融合，使不断变化中的环境出现了许多新的特点与趋势。企业的经营范围、传统的经营理念与管理方法，以及企业经营的目标，都产生了与以往有很多不同的根本性变化。要是我们不把眼光从内向外扩大到更广阔范围的这些变化，不意识到这些变化对企业面临的新的影响而做出深入的思考与相应的对策，这将成为企业前景最大的危机。

民营企业这些年来历经坎坷走到今天，使领导人从自身经历中积累了很多如何经营好一个企业的实际经验，这当然是很宝贵的。但这些经验也不能不加分析地把它当作不变之道去看待。当然有些经验是符合社会主义市场经济客观规律的，应加以遵循。然而也有些经验是在特定的客观条件与当时政策环境下行之有效的，但时过境迁已不复能继续发挥作用，那就不能仍一切照搬了。

许多企业的经验和教训都告诉我们，要是把以往取得成功的经验视作永恒的东西，那就已埋下了失败的种子。过去我们常常说"失败是成功之母"。事实上，要是你自己的经验，自己的思想方式僵化，那确实会成为"成功是失败之母"了。

提高企业自身素质是"36条"针对企业内因的重要要求。而提高自身素质的核心问题之一，恰恰是要改变一切不适应新形势要求的思维方式，要使企业和企业领导人的思路能不断跟上变化着的环境，要"与时俱进"。企业要适应变化中的环境需要提高自己的应变能力，而关键在于企业领导人在自己思维方面要灵活，善于吸收外来信息"为我所用"。要是思维方法固步自封，不愿或不能随环境之变而变，那就既看不到面前新的机遇，也经受不住新的挑战。

"提高企业自身素质"，其核心归根到底还在思路上，即在思想方法上要真正适应时代变化的"与时俱进"。

"36条"的出台为民营企业今后在国内国际新形势下能有更大作为提供了有利条件。每个民营企业能否抓住机遇谋发展，就看企业自身，看企业和企业家的素质了。

民企当自强。

（《人民政协报》2005年9月23日）

中国式管理初探

时代召唤，世人期盼

我国自上世纪70年代末实行改革开放以来，在近30年的时间里，经济始终保持了持续快速发展的喜人趋向。在同一时期国际经济低迷起伏，而我国却一枝独秀，使经济空前繁荣，国力空前增强。这已引起世界的普遍关注与瞩目。

在经过上世纪六七十年代的十年动乱，经济濒临崩溃边缘之后，为什么在后来能取得这样大的成就，或可称之为经济奇迹呢？

世界期待着中国给予一个答案。

中国更需要在自己发展中获取更多经验与智慧，以便更自觉地指导今后的继续发展。

回顾战后半个多世纪世界经济管理发展的历史，日本的经历似可给人以思考。

日本作为战败国，整个国家几乎已被战争摧毁。当时人们以为日本在经济上再也起不来了。但没想到到了70年代后期，日本居然又以经济大国的身份在国际经济舞台上重新登场，并成为老牌发达国家强有力的竞争对手。于是从那时开始，世界上掀起了一股研究日本经济发展原因的热潮。战后日本派出了大批专业人才到西方国家去学习其科学技术和经营管理经验。他们对科技采取"拿来主义"，将人家的先进成果拿来为其所用。然而在管理方面却与西方沿用的管理方式全然不同，而是形成符合日本国情民情的具有日本特色的一套理念与方法。当时"日本管理方式"成为国际企业界与管理学界的热门话题。例如美国教授们撰写的《日本第一》（1979 年）、《日本管理艺术》（1981 年）等著作就是例子。

人们在对一个国家经济发展的研究中发现，有显著特点的经济发展，必然伴着与之相适应的本国历史传统、国情民情的文化背景与管理方式。正是这种独具特色的管理方式推动着该国的经济发展。当年盛传一时的日本管理方式就是明证。

当时提出的日本管理方式，曾概括为三点，即：终身雇佣制、年功序列制和企业工会。这与西方的管理方式全然不同，但是扎根在日本的土地上并促使日本成为经济大国。后来随着世界经济技术的发展和全球化的推动，日本原来的三个组成其管理方式的要点已产生了很大变化。从这里又反映出，管理方式实际上是一国当时社会经济现实的反映，是动态的，而不是一成不变的。它在很大程度上取决于当时的国情民情。国情民情发生变化，管理方式的具体内容也必须随之而变。

我们所以不厌其烦地讨论日本管理方式的目的，主要是因为其提出的背景与我们所经历与面临的情况有某些类似之处，从而想说明，管理方式对经济发展的重要性。同时也应看到，当年日本管理方式的研究主要是西方学者的研究成果。

中国经济发展到了今天已引起万众瞩目，人们很自然地不但从现象、从统计数据对中国发展速度去"知其然"，而更需要"知其所以然"，中国高速发展的深层次原因在哪里？中国的管理方式究竟有哪些特点？

这些问题正是世界所关注的，也是许多学者正在研究的。如果我们不重视"探其源"，自己不及早去研究，难道要坐等国外研究出了个为什么，再反过来告诉我们中国人吗？这样我们作为炎黄子孙又如何向国人交代？

当然我们不是排斥局外人对中国问题的研究，而且也许旁观者清。但就管理方式的研究而言，我们并不认为人家来研究我们自己的事情，多少会有点"隔靴搔痒"之嫌。但毕竟我们在这改革开放几十年中身历其境，其体会、感悟总要比局外人会真切得多。

对中国式管理的研究，不只是书斋中的"坐而论道"，而是有很强烈的现实意义。

研究中国式管理，主要是为了达到以下几个目的。

首先是我国广大经济界与企业界所经历过这几十年的实践，其成败得失是极为珍贵的财富，从中总结、提炼出它的共性规律。以便在更高层次上能作为统率各具体职能的指导原则。

在我们对这些共同规律形成共识时，对今后如何继续奋进就可以更自觉地掌握这些规律，避免或减少一些弯路，使今后的发展更自觉、更顺利。

同样重要的另一个目的是：我们可以以中国人的观点向世界回答，中国经济持续快速发展，在管理领域、管理方式上有些什么主要思路和特色。

要让世人从中国式管理中体会到中国人的智慧，体会到有异于西方的东方人的特点。

研究和形成中国式管理的理论和实践，是一项十分复杂的系统工程，决非一朝一夕之功，需要广大学术界与企业界的共同努力。经济的发展，使专业分工越来越细，使人常有隔行如隔山之感。因此要提倡善于考虑和听取不属于自己精通的专业知识以外的意见，包括不同意见。海纳百川，有容乃大。只有博采众长，集中大家的智慧，才能使中国式管理从以往长期实践中所积累的经验，提炼其中具有普遍意义的规律，去指导今后前进的方向，这才是我们研究这项任务的目的，也是我们中国人向关注中国发展的国际社会的回答。

源于实践，高于实践

中国式管理，既然称之为"中国式"，那自然是符合中国实际，来自中国土壤的。因此应把分析解剖一个个具体事例，作为研究的基础，而决不能是凭想象或仅是想当然的空中楼阁。

从实例出发只是起点。要通过每一具体案例，放到更大的时间空间的背景下去考虑，才能更清楚地、更系统地对这一事物定位，才能从更高的层次上看到它的来龙去脉。从时间上立足当前，回顾过去，放眼未来；从空间上，立足当地，放眼世界的角度去考虑，这样将可以更客观地看到这个具体事例的有价值的经验与不足。积累和对比案例，从中可以找到某些带有共性的东西，这就摸索到规律性。这时矛盾的特殊性就上升到了矛盾的普遍性。

现实中的管理千变万化，不会有两个案例完全一样，因此一个单位的成功做法绝不可以原封不动地照搬照抄到另一个单位或企业也会取得同样效果。只有当把"特性"提升出"共性"的时候，对其它单位才有借鉴或指导意义。当然要使这些"共性"规律在别的情况下起作用，还需要别的单位把这些规律结合本单位的实际加以具体化，使之成为该单位的"特性"才能奏效。

因此，我们现在探索寻求的中国式管理，就是要从我国大量管理实践中去提取有效的成功或失败经验中的共性因素，并且再从全球化的角度、历史的角度加以审视，以形成在中国土地上生根发芽的、具有中国特色的管理方式。形成了这样的管理方式，并能为广大群众自觉掌握和运用，也就会对推动经济健康发展产生难以估量的积极作用。

要使中国式管理扎根本土，还需要对我们自己千百年的管理实践与国际上的经验与发展趋势加以深入研究。为了对当前和今后的管理真正起到指导推动作用，我们需要在理论上深入钻研，其研究成果，也许会是洋洋数十万甚至百万字的皇皇巨著。但这种研究如果停留在"阳春白雪"是推广不了的，更重要的是在"深入"之后需要"浅出"，把高深的道理浅出到让大家首先都能"听得懂"，这就需要加以高度提炼，高度概括，而又能加以通俗易懂地表达，从而进一步做到"学得会"，进而能"用得上"。我们提出中国式管理归根到底是为了能用于实践，因为管理科学毕竟是一门应用科学。

总的来说，中国式管理重点不是教人以某些具体的管理技巧或管理方法，实际上更主要的是给人以经营管理的一种思路，即在管理上怎样从中国特点出发抓住重点去进行思考。这种思路正是概括了"源于实践"的许多共性经验，并使之在时间空间上符合时代趋势，达到"高于实践"的目的。

源于实践，高于实践，这正是研究中国式管理的实质。

中国式管理，或说中国特色管理究竟有些什么内容，怎样去表达，而且是简明扼要地表达？这就进入了一个仁者见仁，智者见智的百家争鸣的领域。正由于能引起争鸣，才能博采众长，集大家智慧以逐步形成和完善在世界上能独树一帜的中国式管理。其实，这个大课题总是要有人去做，也总是会有人去做的。要是我们自己不去研究，别人也会去做。我们及早提上议事日程，既有利于推动我国经济发展，更可使我们在这个问题的研究和提出上变被动为主动。

现在国内国际研究这个问题的人已不少，这是值得提倡和鼓励的好事。这里本人凭自己从事企业管理的实践与研究逾半个世纪的认识与感悟，也提出自己对这个问题探索的一孔之见，作为抛砖引玉以就教于广大同行与先行者。

根据我们的初步认识，中国式管理的基本要素，或可称之为"基因"，似应概括为以下三大方面：

跨越空间

跨越时间

政策导向

中国式管理这三个基因或特点，恰如几何学上三点决定一平面，它也为我们的管理理念构筑一个平台，在这个平台上，必将推动我国的社会经济建设有声有色地大展鸿图。

跨越空间，放眼世界

我们现在是在改革开放深入发展的形势下，在全球化时代来讨论中国式管理的。因此我们对中国式管理的认识和思路，首先应立足当前，放眼世界，着眼于国内国际经济社会科技的走向与发展趋势，掌握时代脉搏，迎合时代潮流。因此，现代的中国式管理应从跨越空间着眼，在全球化的大背景下，为我们的管理模式与内容来定位。

管理在其理念与内容上到了现在信息时代，许多以往对管理的认识已发生了巨大变化。如果说，以往管理主要是管好自己内部的事务，那么现在信息技术所带来的网络营销、电子商务等的推广与普及，正对原有的管理理念与管理方法掀起一场革命。现在企业正置身于更广泛的环境之中，外来的信息、外来的因素，在广度和深度上直接影响到经营的成败。全球化既使企业面临了前所未有的压力与挑战，同时也为企业提供了前所未有的机遇。从管理组织上来说，过去都惯于对信息的传递用层层上报、层层下达的金字塔型的管理方式，而现在，市场变化的速度空前加快，网络技术又使管理的信息化、扁平化成为可能。

现在，市场竞争也体现在速度上，竞争格局从大鱼吃小鱼，活鱼吃死鱼，现在发展到"快鱼吃慢鱼"，就是说，你虽也随时代的变化而在变，但如你的变化速度慢一步，就会被处于在你后面但变化速度比你快的竞争对手，赶上来把你吃掉，市场机遇就会被捷足者先登。

经济技术的发展，也使以往某些习以为常的观点发生了变化。我们的管理理念和管理思路要跨越空间，就是要跟上时代步伐，转变我们的观念。

例如，以往对竞争都认为是为了自己的胜利而把打败竞争对手为目标，就像下棋一样，一方的取胜必须使对方败北，胜负之和为零的"零和游戏"。但现在竞争已发展为互利共赢的格局，竞争变成了既竞争又合作的"竞合"，竞争各方都能"以人之长，补己之短"，使各方都得益，这也为构建和谐企业、和谐社会作出了贡献。

又比如，以往企业活动的最大目标都集中于追求利润的最大化。企业的存在自然是要为社会、为国家创造财富。但企业的活动与周围环境息息相关，因此企业已不能只考虑自身利益，不能只追求自身的利润最大化，而对应承担的社会责任越来越处于突出位置。企业的存在要造福一方，就要对环境的保护、对资源的有利利用负责。只有作为经济社会基层组织的企业能负起社会责任，国家的可持续发展才能成为可能，而这也决定着企业自身的兴衰成败。

《孙子兵法》中说："知彼知己者，百战不殆"（《孙子兵法·谋攻篇》）。要"知彼"，就需要眼睛向外看，跨越空间，面向世界，博采众长。要"知己"，则需要眼睛向内看，要了解和剖析我们自己所处时空的特点。这主要体现在对我们国情民情的深刻领会上。特别在面对外来的竞争对手时，我们从自己国情民情出发的战略思考，比竞争对手有着优势，有时并可变被动为主动。

例如，改革开放后，我国饮料市场主要被国际两大饮料巨头可口可乐与百事可乐所占有。那么我国饮料业是否在我国自己市场上还能有一席之地？我国的国情是主要国土面积与人口都在农村，民情是经过改革开放农民生活水平有了较大提高，在温饱之后，对饮料也产生需求，而国外饮料业抢占的市场主要在大中城市而不在农村。杭州娃哈哈集团推出他们的非常可乐以农村为基础，绕过与国际对手在城市的直接对抗，而是采取农村包围城市的迂回战术，终于形成三家可乐并存之势。这正是立足于我国国情民情取得制胜之道的一个生动事例。

把这一经营思路扩展到全球，对我们如何跨进国际市场也有启发。例如我国的汽车制造业，要出口到发达国家其技术要求很高，一时还达不到像"欧四"标准的企业，可以把注意力先放到不设定进口标准的地区。一家生产长城汽车的民营企业，1998 年首先出口到沙特阿拉伯，而后逐渐向海湾地区渗透。2000 年初，长城汽车开始进入北非，2003 年长城开拓中南美市场，并进入俄罗斯及东欧市场。在对发展中国家扩展市场的同时，也逐步摸清了汽车出口的门路，并不断提高自己的技术标准，终于在 2006 年 9 月出口到意大利获得成功，这标志着符合欧洲标准的汽车的问世，也展示了农村包围城市这一跨越空间的战略思路的胜利。

跨越时间，今古同辉

管理是人类社会源远流长的一种社会经济活动。它既与不同民族的历史文化背景有关，也随科技进步与社会发展而不断改变完善其内容与实践。中华民族是具有五千年文明史的古老民族，祖先为我们留下了无比丰富的文化遗产，这是我们得天独厚的精神财富。中国式管理在学习借鉴国际先进经验的同时，应更自觉地传承、发扬我们所独有的优秀文化传统与管理理念，为管理的现代化服务，从中充分反映我们管理的中国特色。

我们的优秀文化传统体现在管理上内容丰富、意义深远。管理面对的是人，中国历来极为重视广大人民群众的作用。以人为本的理念由来已久。早在 3000 多年前，吕尚

（姜太公）在其《六韬·文韬》中就说："天下者，非一人之天下，乃天下人之天下也。"之后，孟子也说："民为贵，社稷次之，君为轻。"（《孟子·尽心篇》）。可见千百年来以人为本正是中华民族的传统理念。

要调动人的积极性，发挥其作用，就要营造一种和睦相处的和谐氛围。儒家思想强调"和为贵"，民间也长期流传着"家和万事兴"。现在市场竞争已进入到既竞争又合作的"竞合"时代，企业是构建社会主义和谐社会的基础。企业要和它的竞争对手、消费群体、与企业自己的职工，以及与社会各有关方面都达到互利共赢。我国传统所提倡的和衷共济、内和外顺、政通人和等理念，当今更有着现实意义。

管理是组织社会资源为社会创造更大财富的经济社会基层单位。"向管理要效益"是我们一贯的指导方针与政策，但如何去追求利润，这涉及到利与义的关系。孔子说过："富与贵，是人之所欲也，不以其道得之，不处也。"（《论语·里仁》）又说："不义而富且贵，于我如浮云。"（《论语·述而》）这些就把利与义的关系，把要见利思义，要取之有道，深刻地阐述清楚了。

诚信是使市场经济正常健康运转的重要保证，也是我国几千年来的传统信念。孔子说："人而无信，不知其可也。"（论语·为政》）。又说："言必信，行必果。"（《论语·子路》）。老子说："轻诺必寡信。"（《道德经·第六十三章》）孙武也说："将者，智、信、仁、勇、严也。"（《孙子兵法·计篇》）。可见我们向来把信作为领导者极为重要的素质。

由此可见，我们现在倡导的治国理念与企业经营之道，如以人为本、和谐、利义观、诚信等等，都在我们古老文化中有着悠久的传统。中国式管理就是在新的时代把这些优秀传统取其精华，加以继承、弘扬，为我们的现代化事业增光添彩。

这些古人的遗训，对今天的企业不只是抽象的经营理念。有些企业面对当前新的竞争形势，能从古代哲理联系当今实际，得到新的启迪，而使经营思路有了新的飞跃。例如，1995 年 1 月 17 日日本大阪神户遭受了一次强烈地震，设施受到严重破坏。神户是日本一个重要港口，是亚洲地区集装箱的一个重要中转基地。震后已不再能起到中转作用。这一信息我国沿海各港都清楚，但唯独青岛港得悉此事后迅速与中国远洋运输公司等联系，把中远原委托神户中转的集装箱全部承担过来，要中转多少就中转多少，需要什么样服务就提供什么样服务。这样不但解决了中远公司燃眉之急，更使青岛港在我国沿海港口和在东亚海港提升了它的位置。

这正是 2500 年前我国纵横家始祖鬼谷子所说："以天下之目视者，则无不见；以天下之耳听者，则无不闻；以天下之心虑者，则无不知"（《鬼谷子·符言》）。2000多年前，这话只是一种概念，一种哲理。但今天生活在全球化现实中的我们，却有着非常深刻的现实意义。青岛港正是用"天下之目"、"天下之耳"、"天下之心"，把来自四面八方的信息加以收集、提炼、思考，从中发现商机，为我所用。这一古为今用的经营思想，对今天我们的广大企业有着普遍意义。

庄子在《天下篇》中提到"内圣外王之道"，意即内部完美成"圣"，才能对外称"王"。海尔集团领导借用这话推动他们的国际化战略，不过作了改动，成为"外王内圣"，即以能创世界名牌这个"外王"目标，来要求内部员工提高达到"内圣"的素质。这是古为今用又一生动实例。

古老的中华民族，在当今激烈竞争的国际舞台上构建中国式管理，正需要跨越时间，求索上下五千年，从祖先的丰富哲理与古代管理思想中汲取营养，以开阔我们的思想境界，提升我们管理的文化含量、文化品位，体现我们的东方管理智慧。同时也使古文化宝库在现代化建设中重放光芒。今古同辉，正是我们所独有的、中国式管理的一大特点，一大亮点。

政策导向，寻获商机

在特定时间、空间的框架下，管理的特点和内容是动态的，是随不同环境和时代的发展而变化的。

我们现在讨论的中国式管理，主要是研究在特定的社会主义市场经济条件下的管理。中国的社会主义市场既充分体现市场经济的一般规律，又不完全等同于西方的自由市场经济。我们经济是沿着我国社会主义方向发展的，因此宏观指导十分重要。在完善社会主义市场经济过程中，随着改革的深化与开放的扩大，各级政府与产业不断根据内外环境与条件的变化，出台一系列适应时代潮流的政策。遵循这些政策的指引去进行管理，这是中国式管理的又一重要内容与特色之一。

事实上，经济的发展与企业的经营，都是在特定的大背景和具体政策所提供的条件下实现的。当然，最大的背景是我国的改革开放，没有改革开放这一大背景、大政策，后来所发生的一切都无从谈起。所谓"时势造英雄"，时势在某种意义上就正是宏观政策造就的。如果我们仔细分析每一个成功的案例，他们的成功，虽主要是内部素质的因素，但是成功的前提条件则是在当时一些特定政策出台并被他们及时领会并抓住才使其成功成为可能。要是没有政策所提供的机遇，要想超越客观现实去实现自己的理想，那是绝不可能，绝无法成功的。

经营管理水平的高下，首先正表现在对政策导向的理解与行动的速度。要研究每一有关政策的出台，结合自己的实际，到底从中为企业提供了什么机遇。这取决于你能不能先人一步看到那新出现的机遇，又能不能不失时机地先人一步把机遇捕获。机遇对任何企业、任何人都是平等的。这里从政策中去发现和捕获商机的速度，就成为决定胜负的关键。

例如，我国这些年来一直在进行经济结构、产业结构的调整，提出要"有所为有所不为"。十六届五中全会又提出要加快建设资源节约型、环境友好型社会。国家这些大的方针政策，以及很多其它的以及和产业政策有关的规定，都是对企业提出了新的要求，同时也提供了新的商机。但不能期望谁会告诉你究竟具体商机在哪里，而需要自己根据政策去深入思考，结合本身实际去探索，找出企业发展的新途径。因此，关键是要勤于思考，勇于探索，并有敢冒风险和甘冒风险的精神和气魄。

举例来说，1988 年国家决定海南建省，并成为我国最大的经济特区。但海南四面环海，要发展必须要能飞出去。1989 年省决定成立航空公司，并投资 1000 万元。可是对建立一家航空企业来说，这点资金可谓只是杯水车薪，资金成了关键。正在这时，1991 年国家批准在部分国有企业中实行股份制试点，而航空运输企业正符合试点要求。海航抓住时机向省领导申请试点获准。1993 年以定向募集方式募集到 2.5 亿元股本金。从交通银行贷款 6800 万美元购买了两架波音 737 飞机，再向美国租赁了两架。这样海航在 1993 年 5 月就以这 4 架飞机开始正式运营了。

1994 年 5 月，国家加大开放力度，同意外资有条件地投资我民航运输业。海航领导多次前往美国华尔街，向国际金融家宣传我国改革开放形势及海航 1993 年当年运营即盈利的业绩，有力地说服了外国投资商。1995 年 9 月，美国航空有限公司与海航签署了外资购股协议，海航在华尔街吸引了 1 亿元外资股，占当时总资本的 25%，成为境内第一家中外合资航空公司。

1997 年党的十五大提出国有企业实施战略性改组，形成跨地区、跨行业、跨所有制和跨国经营的大企业集团。海航在这一政策指引下，两年内先后重组了长安、新华、山西三家航空公司，并控股海口美兰机场，代管三亚凤凰机场。此外，海航又成立了酒店集团，形成航空运输、机场、酒店三个板块。

中央提出西部大开发战略，海航于 2000 年 8 月对长安航空实行联合重组，使这家原只在陕西境内外 10 多个城市 30 多条航线的支线企业扩展到国内由北到南 130 多条航线的支线运输企业，对改善西部投资环境发挥了重要作用。

到 2006 年末，海南航空公司拥有飞机从最初的 4 架发展到 124 架，总资产达 510 亿元，年营业额达到 184 亿元。

从海航的发展历程可看到，它的每一步发展都反映了我国在深化改革、扩大开放的政策指引下所出现的新的机遇。海航正是敏锐地看到并抓住了这些新机遇，得到一次又一次新的跨越。这是我国企业在政策指引下快速发展的一个缩影。

由此可见，中国式管理，在社会主义市场经济条件下，政策导向是一个重要条件和特点。如果认真分析近 30 年来我国经济的发展，都证明企业的每步都离不开国家政策所提供的客观可能性。没有这些外因的背景，企业光凭自己的愿望是发展不起来的。但有了这些外因，企业能不能真正实现发展，还取决于企业自己，取决于企业的素质，特别是企业领导的素质和政策水平，这正是为什么在同样政策下，在同样客观条件下，不同企业的经营成效存在着如此巨大的差别。因为外因毕竟是变化的条件，而内因才是变化的根据。

饮水思源，与时俱进

我们现在讨论的中国式管理，是出于近 30 年来中国经济持续快速发展的特点，去描述在改革开放条件下，在实施社会主义市场经济过程中，中国管理所具有的不同于以往，也有别于人家的一些特色。

中国这些年来经济社会发展的转变始于 1978 年党的十

一届三中全会。重温当年发表的公报,我们亲身经历了这近30年的历程,现在读起来会更感亲切,也能领悟得更深刻。

当年公报中有如下一段话:

"实现四个现代化,要求大幅度地提高生产力,也就必然要求多方面地改变同生产力发展不适应的生产关系和上层建筑,改变一切不适应的管理方式、活动方式和思想方式,因而是一场广泛、深刻的革命。"

这是推动我国经济社会发展的思想基础,也是这些年来中国式管理的基本特征。尤其是要"改变一切不适应的管理方式、活动方式和思想方式"这三个"方式",正是这段时期以及在社会主义初级阶段期间中国式管理的重要指导思想。由于国内外客观环境处于不断变化之中,构成中国式管理在内容上不应是一成不变,而是要与时俱进地改变这三种方式,要根据横向"跨越空间",纵向"跨越时间",及政策导向的变化而变化。

要改变以上三个"不适应",就必须进行开拓创新。要克服安于现状、固步自封的习惯势力,在现有基础上正视不足和缺点,向更高目标攀登。海尔集团把创新定义为"创造性破坏"是意味深长的,正是激励职工不断进取迈向新的制高点。我们就是需要通过管理创新,特别是思想和思维方式的创新,去适应不断变化之中的客观环境所提出的新要求。

科学技术日新月异的发展，推动着社会经济生活的加速变化，管理要随客观要求的变化而变化。因此中国式管理决不是一成不变，而是随时空的变化而与时俱进，这是中国式管理的不变之道。

（《中国企业报》2002 年 5 月 24 日）

管理创新

对企业流程再造的几点思考

创建名牌与国企改制

自主创新何以要以企业为主体

创建名牌　保护名牌

国情民情呼唤管理创新

对企业流程再造的几点思考

一、为什么我国企业现在开始关注这一变革

1993 年《企业再造》一书问世后，引起国际上企业界与管理学界的很大兴趣与关注。这是由于上世纪跨入 90 年代之初，一些一向是盈利大户的大企业与跨国公司突然出现巨额亏损引发的研究而提出的。当时发现，在高新科技突飞猛进的推动下，全球化进程正在加速，可是企业的内部管理体制仍沿用 18 世纪亚当·斯密在《国富论》中的分工理论，构成金字塔式的管理模式。《企业再造》以"管理革命的宣言"为其副标题，提出打破原来职能部门分割，实现信息化、扁平化。改革成功的企业确实大大提高了管理水平与效率，精简了管理人员，缩短了生产周期，降低了成本。

随着我国的入世，国内国际竞争日益激烈，国内外市场变化越来越快。企业的生存与发展，在很大程度上取决于其对市场快速变化的应变能力与速度。原有一套条块分割，职能部门各自为政的局面，与形势要求的矛盾日益突出。如何适应这一新形势、新要求成为当务之急。这就是企业业务流程再造当今

亦为我国企业所关注的客观原因与现实需要。

二、实现企业流程再造的关键因素

国外90年代的实践表明，希望实现这一变革的企业，能取得成功的比例不高，一般到不了一半。为什么？在该书出版后，在总结实践的基础上，又接着出了一本关于企业领导人经营思路的"再造"要求。由于企业再造涉及企业全局和企业管理的方方面面，这不是一个单纯的技术问题或业务问题。失败的企业往往只由职能部门把它当作具体业务去抓，遇到困难根本无法推动，只能半途而废。要使之成功，只有企业最高领导（一把手）确确实实认识到再造对企业前途的重要性而亲自动手，百折不挠，才能步步推动，走向成功。

此外，企业经过"再造"，对员工的业务水平大大提高了要求，要使大家都能面向市场，从自己的业务岗位上作出反应。因此要实现企业流程再造，必须以企业的职工素质和管理是否已扎实到了这个程度为前提条件。没有十分扎实的基础管理与职工素质，要想实现流程再造，定将变成事与愿违。

三、如何学习外来的先进经验

改革的深化与对外开放的扩大，使我国企业经营的内外环境发生了并将继续发生着深刻的变化。企业的经营管理人员都迫切要求学习国际上先进的管理理论与经验，同时向走在前列的兄弟单位和同行"取经"已成为当前的时代潮。

但是任何他人的成功做法、经验，都有其所以能成功的种种具体原因，不会有任何两个企业完全相同，因此不能拿来全盘照搬照抄。这正如古人所说：

"桔生淮南则为桔，生于淮北则为枳。叶徒相似，其实味不同。所以然者何？水土异也。"（《晏子春秋》）

因此学习任何他人的经验，不论是国内的还是国外的，都有一个学习、借鉴，并结合自己的国情、民情、厂情的"加工改造"过程，使之从自己的实际出发，转化为自己行之有效的具体做法。

学习不是最终目的。更重要的是通过学习人家的经验后进行举一反三的思考，从中得到启发，引伸出"为我所用"的新的思路。

孔子早就在 2500 年前就提出：

"学而不思则罔，思而不学则殆。"（《论语·为政》）

光学习不思考，那学的只是一堆死资料，实际是什么也没有学到。反之，光会思考而没有认真的学习，缺乏系统的知识作为思考的基础，那这种思考也许只是胡思乱想。

学习一切先进的事物与经验是如此，对今天学习企业业务流程再造这个新世纪的"管理革命"自然也不例外。

（《经济日报》2002 年 9 月 15 日）

创建名牌与国企改制

2002 年党的十六大提出要"形成一批有实力的跨国企业和著名品牌"，2003 年十六届三中全会进一步要求"增强开拓市场、技术创新和培育自主品牌的能力"。

在全球化推动下，国际竞争日益激烈。品牌作为企业的一项重大的无形资产，其作为企业核心竞争力之一的作用，正越来越突出而受到广泛关注。

近些年来，我国对品牌的重要性已提上议事日程。1996 年国务院颁发了《质量振兴纲要》，明确提出国家要制定名牌发展战略，鼓励企业创造名牌产品。

有鉴于此，国家质量监督检验检疫总局自 2001 年起，开展了名牌战略推进工作，举行一年一度的名牌产品评价。从 2001 至 2004 年四年间共对 96 类产品评出了 547 个中国名牌。由于被评上名牌后享受免检待遇，并且提高了这些产品和企业的社会知名度，而成为各行各业竞相争取的目标，也推动了社会的名牌意识。

但在国际上我们的差距还很大。2004 年由世界品牌实验室编制的《世界最具影响力的 100 个品牌》中，我国入选的品牌只有海尔是唯一一家。

在全球经济一体化的格局下，任何国家都面临着来自世界各国、各地的竞争。但诚如哈佛大学研究竞争战略的权威学者米歇尔·波特教授所说："竞争实际上不是在国家与国家之间，而是在企业与企业之间进行的。"事实证明，我们还不曾看到过哪个国家不拥有强大的企业和响亮的品牌而能在全球经济中赢得竞争的主动权的。

现在国际市场上，哪些是人所共知的美国名牌，哪些是日本名牌，哪些是德国、法国等的名牌，都比较清楚。可是国际上广为人知的中国名牌有些什么，却没有人能说得清楚。另外，就产业而言，我们有哪些产业在全球首屈一指，或在什么领域在全球经济中能占主导地位，独占鳌头呢？要是我们的企业无法在世界上处于领先地位，我们的品牌不具有全球范围的知名度和影响力，那么中国经济在世界经济中的地位就难以出类拔萃了。

因此，十六大提出要形成一批有实力的跨国企业和著名品牌，确实反映了国际经济发展的时代潮和振兴中华的现实需要和具有长远战略意义。

为此，我们需要对广大企业加大宣传力度，提倡、鼓励创建名牌产品，提高他们的名牌意识，使更多人认识到知名品牌在今后国内国际激烈竞争中的作用和意义。而另一方面更需要在政策上加以有力引导和扶持。这几年"名推委"每年评出若干中国名牌已起到了很好的推动作用，但如仅仅依靠发布评估结果，或予免检优惠是远远不够的。没有政府政策上的有力支持，已评上的名牌也可能会自生自灭。现在我们要把中国名牌进一步推向世界名牌时，政策的大力扶持尤为关键。这包括提高其研究开发费用的投入，人力资源的加强与优化，特别是企业领导层的自主经营和稳定。

其实自改革开放以来，我们已经有了为数不少的一批名牌产品。它们虽然还没有在国际上具有全球叫响的知名度，但在国内已为人们所普遍熟知。这些品牌的产生决不是偶然的，更非一朝一夕之功，而是企业的领导人，更多是其创业者花了整整一二十年的辛勤努力和精心培育的结果。这确实来之不易。这从张瑞敏对海尔、冯根生对青春宝、宗庆后对娃哈哈、李经纬对健力宝等，都已一再检证了这一点。

应该说，没有出色的企业家，就不会有知名的品牌，要培育知名的品牌，首先需要爱护和保护能培育出名牌产品的企业家和他们的团队。

要培育出一个知名品牌，需要花上多少扎扎实实的功夫和心血，然而要毁掉一个品牌，却往往会出于一些不经意的误导。例如在改制过程中使原经营者离去而把名牌夭折。

深化改革发展到今天，国有产权转让已成为国企改革的重点、热点和难点。在这改革中既要防止国有资产流失，更要促使资产的保值增值。为此，国务院国资委与财政部于2005年4月11日就企业国有产权向管理层转让作出了具体规定。为了使转让公开、公正、公平，规定要求"管理层应当与其他受让方平等竞买"。

对这一规定如加以仔细推敲，则也不是没有可商榷之处。现仅从创建名牌的一个侧面加以剖析。

这里"平等竞买"的对象，显然是指国有股的股权。在"竞买"中看谁出资高，股权就为谁所有。这种考虑的出发点自然是好的。通过拍卖等形式，谁出资最高，这部分国有产权就归属于谁，以实现上缴国库的资金实现最大化。

但是如果对这部分国有产权作进一步思考与分析，不禁使人要问，这国有资产的内涵究竟是什么？似乎不言而喻，既然是资产，这当然是指其物质财产，包括其厂房、设备、资金等等。规定要求通过中介组织评估也主要是评估这些有形资产的价值。

但是从一个企业的发展来说，要培育和创建一个知名品牌，关键不只是其有形资产，而起决定作用的则是企业经营者运筹帷幄，在市场经济大潮中审时度势、披荆斩棘的大智大勇才干。这是企业最宝贵的无形资产，也是我国经济保持持续、快速、协调、健康发展的基础。请问，这部分对企业最重要的"无形资产"，中介机构如何加以评估？"平等竞买"又如何能真正"平等"？

"管理层应与其他拟受让方平等竞买"，这一规定恰恰把"管理层"与"其他受让方"最大的差别划上了等号，这又有何"平等竞买"可言？！

谁出资多国有资产归谁，以免国有资产流失，这只是事情的一个方面。事实上，现职的管理层总的来讲经济上没有实力去和专门从事资金运作的实力派相比，更不用说去和像张海这样的"资产大鳄"抗衡（而有能力收购者的资金来源也不是一概没有可疑之处）。一旦转让之后，管理层易主，就会发生根本性变化，因为有经济实力的收购者，与有能力、有才干经营一个企业的优秀经营人才是完全不同的两个概念。一个由创业企业家兢兢业业把一个企业从小到大做强做大，创建出知名品牌谈何容易！可是如只看到目前有形资产的转让，而无视无形资产在转让中的流失，在转制中如管理层更迭，新的管理层不善经营，则随着原创业者的离去造成企业优秀经营者的流失，这种流失远比物质财富的流失损失要大得多得多！

这类事例在现实生活中已经发生，而且决非绝无仅有。健力宝这个国内知名的饮料企业，在国有企业的创业家李经纬执掌 17 年多之后，却以"改制"而被一位两手空空的资本玩家张海收购，后又几经周折引发一场风波，好不容易树立起来的健力宝品牌遭受了重大损失。

这种以偏概全的行政性"改制"应引起足够的教训。现在正大青春宝集团正面临类似情况。把国有股"拍卖"意味着这一数十年依靠创业团队的努力而未花国家一分钱投资的品牌一旦易主，将使创业管理层集体离去。

现实和历史经验都告诉我们，要真正搞好一个企业根本问题还是要以人为本，特别取决于要有一位有胆有识的创业企业家，无数事例都证明他们是改革开放后在市场经济惊涛骇浪中经过千锤百炼脱颖而出的优秀人才，这正如古人所说："山不在高，有仙则名；水不在深，有龙则灵"。这是我们发展经济、振兴中华最为宝贵的财富。

在当前的国际形势下，我们已把重视名牌、创建名牌提上了日程。但追本溯源，知名的品牌是靠优秀的企业经营者、创业家创建出来的。没有创业者就不会出现知名品牌，要大力提倡创建名牌，首先要重视、要保护我国的创业企业家，他们是我国企业界的精英，是我国经济发展的脊梁。在国有资产改制中要防止国有资产流失，首先要着眼于防止我国多年来自己培养的一大批忠心耿耿、一心为党而拼搏终生的优秀企业家的"流失"。应给予他们以鼓励、扶持，以进一步提高他们的积极性、创造性，而决不是仅着眼于有形的国有资产的"平等竞买"。

（2005 年 5 月 24 日）

自主创新何以要以企业为主体

中央关于第十一个五年规划的建议中明确要求，把增强自主创新能力作为科学技术发展的战略基点。要建立以企业为主体、市场为导向、产学研相结合的技术创新体系，形成自主创新的基本体制架构。

中央这一指示精神，为我国今后科技发展指明了前进方向，也反映了当今时代国际上发展经济与提高综合国力和国际竞争力的实际经验和必由之路。

改革开放以来，我们大力引进了国外先进技术和经营管理经验，这有力地缩短了我国与国外先进水平的差距。但在全球化形势下，国际竞争日益激烈，在涉及到一些核心技术方面，一些发达国家和跨国公司出于自身利益的考虑，不可能向我们转让他们最先进的东西。我们只有构建自主创新的技术基础，拥有更多自主知识产权的技术和知名品牌，我们方能在国际竞争中取得主动权。

我们所说的创新，包括技术创新、管理创新和体制创新。"十一五"规划强调在科学技术发展上要把战略基点放到自主创新上，这是指从科学技术的研究开发，到付诸实施并转化为先进生产力的全过程。因此研究开发实为自主创新的源头和基础。

自主创新、研究开发要以企业为主体。

从事科技研究开发的单位，通常包括科研机构、高等院校和企业。常见的行之有效的研发采取了产、学、研相结合的形式。这里"产"即企业起着关键作用。

在自主创新和研究开发中，企业要起到主体地位的作用，这是由企业本身的性质和它在社会经济中的地位所决定的。

企业的最大特点是贴近市场，了解市场的需要，尤其是能前瞻性地掌握市场发展所产生的潜在需求，使其研究开发的目标更具针对性，更能体现以市场为导向。

另一方面，随着市场竞争日趋激烈，企业只有把握住新技术的制高点，才能在竞争中处于领先地位。这也是企业自身生存发展的现实需要，同时使企业能主动使研发成果转化为生产力，从中有效地收回创新成本。

这正如美国学者熊彼得所说：厂商进行新技术开发和投资的目的，是为了追求新技术的商业价值，而这在很大程度上取决于产品在市场上的竞争力。具有市场竞争力的大型厂商不仅有着更强大的技术创新能力，而且更重要的是，正是这样的企业才能保证技术带来的足够利润，去回收创新成本。

国际上几乎所有名牌企业都有自己的领先技术和拳头产品。这正说明它们能把研究开发中取得的技术优势转化为产品优势，再进一步转化为竞争优势，从而在市场竞争中赢得主导权。

要做到这一点，就需要在研究开发方面自觉地舍得实行高投入。企业研发经费占其销售额的比重往往用来衡量企业研发的力度。一般认为，企业的研发费用占其销售额2%，企业才能基本生存，当达到5%以上时，才具有竞争力。

企业研发强度反映了企业领导人对销售收入与研发经费支出之间关系的认识，也反映了眼前利益与长远发展之间关系的认识。

下面列举2002年美国等一些知名大企业研发支出占其销售额的比重：

福特汽车公司　　　　研发支出72亿美元

　　　　　　　　　　占销售额4.9%

通用汽车公司　　　　研发支出63亿美元

　　　　　　　　　　占销售额3.6%

英特尔　　　　　　　研发支出40亿美元

　　　　　　　　　　占销售额12.0%

杜邦公司　　　　　　研发支出46亿美元

占销售额 6.2%

IBM 公司　　　　研发支出 48 亿美元

占销售额 5.8%

辉瑞制药　　　　研发支出 22 亿美元

占销售额 16%

韩国三星　　　　（2003 年）研发支出 33 亿美元

占销售额 8%

事实上，这一比值反映了企业的技术储备和发展后劲。

据统计，我国大中型企业的研发经费占其销售额比重仅为 0.5%，而发达国家则一般为 3%。

研究开发是需要大量资金的高投入的。开始阶段需要有政府的推动，但从长远来说，长期依赖政府很难取得预期效果，政府也难以长期负担。只有当企业从研发中体察到对企业发展的关键作用而形成自觉行为，使企业成为研发的投资主体，自主创新才能进入成熟的轨道，进入良性循环。而在一个国家的全部研究开发投入中企业所占比重也才能明显提高。例如美国的企业研发投入在美国全部研发费用中占 72% ~73%，德国占 66% ~67%。

研究开发的高投入所取得的成果也反映在其拥有自主知识产权的专利上。国际上一些知名的大企业都拥有大量发明专利，如 IBM 公司 2000 年有 2886 件发明专利，2001 年增至 3411 件，2002 年为 3289 件。

我国企业 2000 年全国企业职务发明专利为 1061 件，2002 年为 1461 件，即在 2002 年我们全国专利总额只占到 IBM 一家企业当年专利数的 44%。

除专利外，我国每年科技成果约有 3 万项，但只有 20% 的成果能转化为生产力，而能形成产业规模的则更只有 5%。

所以重要的不仅在于成果数和专利数的多少，更要看这些成果向生产力转化的能力，以提高一国经济的科技含量。

高新技术的研究开发以企业为主体，还更有利于企业的推广应用，并促使这些成果的商品化、产业化。例如像微电脑、机器人等这类高科技产品由于在汽车工业找到了广泛的用武之地，就既提高了汽车的技术含量，也更好地推动了高新技术的产业化发展。换句话说，高新技术不能视作"空降兵"，它需要依靠强大的老支柱产业作为其重要用户，作为其支撑，才能有更坚实的发展基础，更广阔的发展空间。这正如克莱斯勒公司前总裁艾科卡所说："没有底特律就没有硅谷"的这一道理。

高素质的专业人才是开展研究开发与自主创新的最重要资源。研发人才的来源不外三种：一是自己培养，二是招聘吸收外来人员，三是通过并购或合作获得所需专业人才。

　　自己培养人才，可以通过研发工作的实践一步步提高。在企业中培养，由于贴近企业实际，又能及时地了解市场的需求和变化，使这方面的科研人才能更好地体现理论与实际的结合，其研发成果也更易于向商品转化。

　　招聘吸收外来人才既是充实现有人才队伍的重要渠道，更是吸收利用其已有经验"为我所用"的捷径。美国在战后20年间引进了外来高科技人才达40多万人，其中华裔占三分之一。硅谷有7000多家高技术公司，其中约有2000家由华裔创办或经营。难怪有人甚至认为，没有中国人，硅谷就不成其为今天的硅谷。

　　现在，美国和其它发达国家都在投入更多研发经费以招聘外来人才。

　　当前的人才争夺战日益国际化、白热化。如果我们不能深刻认识到这一问题的严重性和紧迫性，有力地去创造真正能体现人尽其才，才尽其用的客观环境，以吸引住为强国战略所需的有用之才，那么人才的流失要比国有资产流失以及其它有形资产的流失，其损失要严重得多得多！

　　第三，企业通过并购不但可以赖以扩大其物质基础，作为进一步发展的前提，还可以获得被兼并企业的专业人才，用"以人之长，补己之短"来壮大自己而不需投入培养成本。例如美国通用汽车公司收购休斯电子公司，得到了大量高水平电子人才就是一例。

除了收购，企业也可以与有关企业以"战略联盟"的形式来达到这一目的。

在一些企业主导型进行研发的发达国家，全国的研发人才都向企业集中。例如在美国，企业集中了全国研发人才的75.4%，日本占64.8%，英国占68.5%。其它发达国家和新兴工业化国家和地区，研发人才也都有一半以上集中在企业。而我国，很大一部分科研人才仍游离于企业之外，游离于市场之外，对成果转化为生产力缺乏紧迫感，这也正是我们的创新成果不能更多地直接面向市场，面向经济建设的重要原因之一。

既然创新和开发要以企业为主体，企业就必须集中一批高素质的专业人才，形成强大的研发队伍。例如通用汽车公司在底特律有一个实力雄厚的研究中心，其员工1550人，其中三分之一是专业人才。这些专业人才要求高学历，他们有博士学位的占74%，硕士学位的占20%，而本科学历的只占6%。他们的研究课题立足当前，着眼未来，不仅针对近期需要，也包括汽车工业前景发展的目标，如太阳能驱动的汽车、超导材料等，都在其研究范围之列。

在上世纪80年代末，澳大利亚举行了一次太阳能驱动汽车竞赛，在澳3200公里的赛程上，通用车名列榜首，而位居第二的日本汽车则被拉下 650 公里之遥。

在技术力量的配置上这个中心对长期的应用研究（超过五年期的）占 45%，不足五年的短期应用研究占 36%，而把 11% 的力量投向基础研究。

自主创新要以企业为主体，这是符合事物发展规律的要求，也是为很多发达国家的实践所验证。以企业为主体才能使创新保持持久的生命力和推动力。这里所说的以企业为主体，是指企业在自主创新中应成为投资主体、研发主体和应用主体。

自主创新对我们国家来说还是一个新事物，在起步的时候尚有待政府政策的扶持和推动。例如为了鼓励企业能主动地开展研究开发，在提高企业研发经费占销售额比重中需要采取一些有力的激励措施。不但对其成果，特别是成果的实际应用，要予以重奖，更要为其在研发经费的投入上实行税收优惠，以及国家补贴。在眼前看，虽然国家减少了收入和增加了支出，但这些激励机制所产生的效果和创造的财富则远非原投入可比。

美国和一些发达国家以技术创新为中心的技术进步对一个国家经济发展的贡献率已达到 60%，而我国尚只占 33%。

技术创新和研究开发是向尚未有完全把握的未知领域进行探索，因此不能保证万无一失或一帆风顺，而是存在着一定风险。为了让高新技术发展创造一个良好的投资环境，这就需要形成一套成熟的风险投资体制，这对在客观上提供有效的研发和创新活动是很重要的。

据世界银行统计，1991～1995 年西方国家支持高科技发展的"企业风险基金"总额就达到 800 亿美元。

这为企业开展研发创造了有利的外部条件。

企业要作为自主创新主体，外部因素固然十分重要，但关键还在于企业内部。只有当全体职工，尤其是专业人才把自主创新作为自己的自觉行动时，创新才有可能出现。因此企业内部如何形成一套促使大家动脑子、不断改进工作的氛围，形成一套机制、一种企业文化，这才是推动企业成为自主创新主体的根本之道。要提倡敢冒风险，形成"奖励成功，宽容失败"的体制。创新和研发的目的当然是为了取得成果，但成果的取得往往来之不易，因此对这方面作出贡献的人要大加奖酬，这也是对在职职工起着示范作用。

但创新和研发都在客观上存在着风险，对没有取得成功的试验，或由失败导致的损失，必须采取宽容的态度，要继续给予鼓励和支持，而不是求全责备。要是对失败不能宽容，则会造成"多一事不如少一事"，使大家对创新袖手旁观，这比由于失败引起的损失会更严重得多。

美国 3M 公司始终鼓励创新，其职工在岗位上提出改进工作的建议和行动，即使失败，或因试验而付出代价，只要是为了改进工作，则也不会由其负责，仍鼓励并支持其继续努力。反之，要是谁在其任职的三年期间"做一天和尚撞一天钟"，提不出任何改进工作的意见和行动，"不求有功，但求无过"，则在裁员时将成为首选对象。

这正是3M公司久盛不衰奥秘之所在，也是"宽容失败"的一个生动例证。

（国务院研究室《决策参考》2005年12月13日）

创建名牌　保护名牌

随着改革的深化与竞争的国际化，市场竞争的格局正在发生变化。原来大家一直认为企业只要使其产品在质量和价格上胜人一筹就具有竞争力。这可称之为市场竞争的初级阶段。现在仅依靠物美价廉已不再是唯一的制胜之道了。产品的品牌、企业的形象和声誉在竞争中正起着日益重要的作用。同样一种产品，如具有相似的功能和质量，知名品牌和非知名品牌，在售价上就有着很大差距。作为名牌产品有着更高的附加价值。由于人民生活水平的不断提高，重视和追求知名品牌的消费群体也正在随之扩大。因此现在的顾客和生产者越来越重视品牌的作用，提升着品牌在竞争中的地位。市场竞争正从原来的着眼于有形的、物质的层面，转向无形的、非物质的内涵。这不仅对企业的经营管理是一个转变，更是对市场竞争在认识上的一次飞跃。

这印证了 2000 多年前我国先哲老子所说的："天下万物生于有，有生于无"（《道德经·第四十章》）的古训。这里的"有"是指有形的、物质的东西，而"无"则是无形的、非物质的内容，例如人的经验、技巧、知识、智慧、创新思维，以及产品的品牌、企业的声誉口碑等，都属"无"的范畴。有了这些无形资产就能创造出更多的物质财富。企业创建了一个知名品牌，就在市场上取得了一定的竞争优势，为企业创出更高的经济效益。

一个知名品牌的建立是靠企业职工在长期生产经营活动中不断探索、改进、创新的结果，不能一蹴而就。因此名牌来之不易，决非自封，更不是"贴牌"出来的。对于名牌产品，关键是要拥有自己的知识产权，并且要保护好自己的知识产权。

在对外开放初期，由于我们对市场经济这方面的知识不足，尚未意识到知识产权的价值，曾有些我国特产的技术诀窍被人轻易窃取或无偿获得，这方面的教训值得深刻记取。

知名品牌的称号也不是"终身制"。名牌的取得既是靠企业长期努力创新的结果，名牌的维持也要靠随市场变化继续创新。要是在产品上、工艺技术上、市场营销上停滞不前，那么后起之秀就会很快取而代之。

在创建和保护名牌的问题上，特别值得一提的是我们的民族品牌。作为有五千年文明史的中华民族，在我们的文化传统中有着不少自己的特产和名牌，其中有些冠以生产地名的产品，多年来广泛流传于民间并有着良好的口碑，例如北京的景泰兰、烤鸭，杭州的西湖龙井，云南的白药，山东东阿的阿胶，江苏宜兴的瓷器，以及像苏州的苏绣，湖南的湘绣等等，真是多不胜数、美不胜收。

这些产品就不仅体现在其经济价值上，更反映其文化底蕴，反映在其扎根于我国深厚的文化沃土之中。正是在这一点上是外国竞争者难以企及的。

生活在科学技术日新月异的时代，名牌的现代化是个现实而紧迫的问题。尤其对传统产业来说，同样有着如何与现代化结合的任务。例如我国的中药制作，千百年来一直依靠手工操作，效率低、质量不稳定、卫生条件差等等。一旦与先进技术相结合，就可马上面目一新。例如杭州正大青春宝集团有的制药车间实现了全封闭式的自动化生产，完全改变了以往对中药制作的传统概念，大大提高了效率和质量，就是传统产业与先进技术相结合的有力例证。

国际竞争发展到今天，知识产权已成为竞争中的焦点之一。一些发达国家为了施行贸易保护主义，对不同的产业或产品制订了不少苛刻的技术标准和市场准入条件。使发展中国家只能按照其标准去生产，否则便被拒之门外。因此现在谁能争取到制订产业或产品的标准和市场准入标准，就掌握了市场竞争的制高点。过去我们一直只能按人家制订的标准去行事，现在应向由我们自己去争取掌握制订标准的方向努力，把我受制于人转为人由我规范。这是市场竞争进入一个新的更高阶段，是一些发达国家正在做的，也是我国产业和企业应着眼未来为之努力的。

通过以上对知名品牌的初步分析，也许有助于我们对中央提出的"十一五"期间经济社会发展的一项主要目标能有进一步的理解和领悟。这就是："形成一批拥有自主知识产权和知名品牌、国际竞争力较强的优势企业"。

（《经济参考报》2006 年 5 月 29 日）

国情民情呼唤管理创新

自主创新已成为我国发展科学技术的战略基点。这是我国进一步快速协调健康发展的需要，也是我国屹立于世界民族之林，实现中华民族伟大复兴的必由之路。

改革开放以来，我们大力引进、消化和吸收了国际上先进的科学技术和经营管理经验，从而大大缩短了与世界先进水平的差距。由于我们起点低，尚未开发的潜力大，因之通过引进仿效见效很快。博采众长，为我所用，成为这20多年来保持我国经济持续快速发展的重要因素之一。

但是我国经济和科技发展到今天，已不能再满足于只依靠学习别人先进的东西，跟在人家后面亦步亦趋，那样我们和国际水平的差距将永远存在，并会日益扩大。尤其是随着国际竞争的加剧，拥有核心技术已成为取得竞争优势的不变之道。但核心技术是买不来的，只有靠自己去研究开发。提倡自主创新，正是从核心技术受制于人的被动局面转向自己掌握自主知识产权的主动地位，把眼睛向外更多地转为眼睛向内。

向国际先进水平学习是我们始终要坚持的，但现在我们需要更加强调拥有自己的知识产权，这正意味着我国经济发展步入了一个新的阶段。

"科学技术是第一生产力"。我们提出自主创新重点是指对科学技术的创新，使生产力通过科技创新得到更大、更迅速的发展。

但是，对经济和生产力产生影响并起到推动作用的，不只限于科技创新。体制创新、管理创新，虽然它们不像科技创新那样能用量化的办法加以衡量，但体制和管理创新对经济发展所产生的影响，与科技创新相比，也许有过之而无不及。

改革开放以来，由于我国技术落后，管理更落后，因此大力引进学习国际上先进的经营管理理论与方法。正是应用了先进的管理技巧与方法，在不增加投资的情况下，使原来由于管理不善所存在的潜力得以很快挖掘出来，这正说明管理也是生产力。"向管理要效益"一直是我国一项明确的政策和企业的经营指导方针。

但就管理体制与管理模式来说，却和科技成果不同，不能把国际上的先进管理拿来直接应用，因为管理具有两重性。对与生产力有关的管理方法与管理技巧，具有科学技术的属性，可以把人家的东西直接学来就用；而有关生产关系方面的问题，涉及管理对象的人与环境，则必须因地制宜地根据当时当地的国情民情来探索，创建适合自己的应用模式，实现管理的本土化，使之通过实践去验证其有效性。

国际上以往的经验也已证明了这一点。

战后世界上出现了不少新兴的发展中国家和地区。当时一些跨国公司看到这是实行公司扩张的大好时机，于是在这些新的潜在市场建立起他们的企业，并且把他们成熟的管理经验照搬到这些地方去。然而结果却事与愿违，经营效果远非所料。当时，这些公司认为问题不在推行总部早已行之有效的管理方式，而强调当地环境应改革到使这套方式也能像在总部那样顺利施行。但经过20世纪五六十年代的长期实践，证明这个设想难以实现。到了70年代，人们开始研究并发现，管理要在一个地区奏效，必须使之适应当地的"水土"。而不同的地区，由于人文背景各异，人们的传统文化、家庭背景、教育体制、价值观念等方面不同，即使把最先进的外来做法和经验照搬过来，也会因"水土不服"而大打折扣甚至失效。因此，自上世纪70年代开始，国际上提出了管理与文化背景的关系和管理的本土化问题。

我们学习先进的管理经验，大大提高了我们的管理水平，这主要体现在生产力方面挖掘企业潜力，提高经济效益。但我们要建设中国特色社会主义，世上还没有任何现成管理模式可以照搬。因此，我国企业界和管理学界面临的一项至关重要的任务，就是要努力探索推动经济持续发展的中国特色管理模式与经营之道。

这首先必须从我国的实际出发。

中国是拥有 13 亿人口的最大的发展中国家，中华民族又是具有五千年文明史的文化古国。此外，我们从计划经济体制向市场经济转型才 20 来年时间。这些就是我们所处的环境，就是我们的"水土"。

要适应现时代的管理理念和管理模式，有三个方面的基本要素应加以思考。

一是当前国内国际经济发展的动态与趋势，着眼于我们历经 20 多年改革的现状。在全球经济一体化的推动下，我国经济已成为世界经济的一个重要组成部分，因此要充分考虑世界经济潮流对我们经济发展的影响。在管理上作出及时反应。信息化的迅速发展对管理带来的革命性变革，就是明显一例。

二是要充分研究传统文化对管理理念的影响。中华民族悠久的文化传统，是先人留给我们得天独厚的丰厚的文化遗产和精神财富，我们应该更自觉地运用到当前的企业经营与经济发展中去。

三是要把中央一系列重大方针政策作为我们经营管理的

出发点和行动指南。国家的战略目标引领着全国一切社会经济活动。我们处于一个难得的战略机遇期，对企业来说，只有真正领会并吃透中央的大政方针，才能看到市场机遇在何处和怎样去找。如果我们仔细分析这20多年来无数企业的兴衰成败，从根本上说，都与是否遵照了或违背了中央的大政方针有关。这也正体现了我们中国特色社会主义的特点。

在构成中国特色管理的三大要素中，特别值得一提的是把我国传统文化中精辟的哲理运用于现代化管理的"古为今用"。这真正反映了在管理上的中国特色，在世界上是绝无仅有的，我们把握住这一点，就是把握了在市场经济中"人无我有"的竞争规律，反映了我们在管理上的一大优势。

当然我们提倡"古为今用"，主要在于：研究古代是着眼于现代，研究昨天是为了今天，重点放在"用"字上。我们不可能从古人的述著中找到解决面临问题的现成答案，重要的是从古人的哲理、故事、寓言、议论中，找到对我们思想上的启发，以开阔我们的眼界，搞活我们的思路。这里重要的是要一方面深刻理解古人这些哲理的含义，同时要切实掌握现在面临问题的实质。这样通过举一反三，触类旁通的思考，就会使人豁然开朗，对处理现实问题有新的认识，在"山重水复疑无路"中，达到"柳暗花明又一村"的境界。

研究表明，中华传统文化中的古代管理思想博大精深，运用得当，对当前世界上一些经济发展中的热点问题都能有所启迪。所以，这不是脱离现实需要的"坐而论道"，而是体现了我国传统文化对现代化管理"点石成金"的管理创新。

中国式管理只有在空间上放眼国内国际市场的变化，在时间上延伸到中华民族五千年文明史，同时遵循中央在深化改革、扩大开放中相应提出的一系列方针政策作为前进方向的指针，我们的管理才能真正体现中国特色。

这样的管理理念、管理模式需要我们在管理的理论和实际的结合中去不断摸索、总结、提炼，因此要形成中国式的管理，其本身就是一个创新的过程。

要实现管理创新，探索和建立有中国特色的管理，关键取决于人才。这需要既领悟中央方针政策，了解国际先进管理理论与经验，又需要熟悉我们的国情民情，掌握其现实状况与发展趋势。而这些要求又涉及到我们的管理教育问题。

这些年来，不少高校兴办了 MBA 班，很多课程建立在国外 MBA 的教材基础上。有的名校更做到国外 MBA 能开什么课，他们那儿也能开什么课，这说明我们的管理教育已迅速在与国际接轨。

　　然而，再进一步考虑，我们培养的高层次管理人才是为了要解决我们国家实际问题的，要是只知道人家现有的一套，而不熟悉我国自己的国情民情和企业的厂情，"言必称希腊"（现在有些人则成了言必称哈佛），这又如何在工作岗位上发挥人们所期盼的作用呢？而要真正从国情民情厂情的实际出发，去解决我们的实际问题，就恐怕不是像一两年就能取得一个硕士学位那么容易了。

　　所以，要实现管理创新，首先要从管理教育的创新入手。在专注国外管理学院先进教材和理论的同时，还需要使受教育者更多地接触了解我们深化改革过程中的企业现状与发展，同时在授课中增加我国传统文化对现代化管理的影响和作用，即学一点古代管理思想。要是名牌大学出来的MBA对自己国家深厚的文化遗产都知之过少，那么在国际交往与工作实践中又如何能称得上是一位名副其实的、体现中国特色的管理专业人才呢？！

　　国情民情呼唤着管理创新；管理创新呼唤着大力培养我们自己的创新型管理人才。

（《中国企业报》2006 年 8 月 7 日）

中华优秀传统文化与古为今用

结合时代精神，做到古为今用

在全球化竞争中发扬中华文化的独特优势

加强对我国优秀文化与古为今用的教育与研究

企业领导人何以需要学一点国学

结合时代精神，做到古为今用

江总书记在建党 80 周年的重要讲话中，在谈到代表中国先进文化的前进方向时，特别提到："我国几千年历史留下了丰富的文化遗产，我们应该取其精华、去其糟粕，结合时代精神加以继承和发展，做到古为今用。"

这一讲话精神的内涵是极为丰富而深刻的。

有着五千年文明史的中华民族，祖先为我们留下了博大精深的文化遗产与精神财富，要是我们能真正深刻领会其思想和哲理，结合当前的时代精神与现实要求，加以融会贯通地去思考、领悟，就有可能对面前的困惑出现"豁然开朗"，而进入一个新的思想境界。

在日益严峻的国际竞争中，这正是我国人民所具有的得天独厚的文化优势与竞争优势。

一、全球化

进入新的世纪，我国的改革正在进一步深化，开放在进一步扩大。全球化的进程由于信息技术突飞猛进的发展而在加速。我们又已成为世贸组织的正式成员，与国际经济接轨的要求更加紧迫。在这种形势下，很多企业感到内外压力越来越大，面临挑战越来越严峻。

在这样的情况下，我们到底该怎么看？又能从古人那里得到什么启迪呢？

我国战国时代纵横家的始祖鬼谷子曾说过：

"以天下之目视者，则无不见；以天下之耳听者，则无不闻；以天下之心虑者，则无不知。"（《鬼谷子·符言》）

他这话当时只是一种概念，一种哲理，但到了我们现在这个时代，在全球经济一体化与互联网已覆盖全球的新形势下，这已成为我们生活的现实。我们确实需要培养造就更多具有"天下之目"、"天下之耳"、"天下之心"的国际型人才。我们只有真正从放眼全球出发，从天下之目、之耳、之心去观察、思考、研究问题，我们才能不仅看到来自全世界四面八方对自己带来的压力与挑战，而且更能看到来自全球范围对自己提供的前所未有的新的机遇。这样就有利于把原来穷于应付、穷于招架的被动局面，转变为主动出击、主动抓住新的商机的有利心态。

二、知识经济

进入新世纪，知识经济正向我们走来。这是继农业经济、工业经济之后，在人类经济发展史上出现的第三种经济形态。它与前两种经济不同的特点之一，就是知识经济认为无形的东西比有形的更有价值、更珍贵。

从近些年国际经济发展的趋势来看，可看到要提高产品或服务的附加价值，主要不再是靠投入更多的人力、物力，而是要增加它的技术含量、知识含量。

这正是2500年前老子在其《道德经》中说的：

"天下万物生于有，有生于无。"（《道德经·第四十章》）

老子在这里说的"有"，是指有形的、看得见摸得着的东西，是物质世界；而所谓"无"则指无形的、非物质的、看不见摸不着的东西，但"无"并非其不存在。诸如经验、技巧、谋略、点子、知识、智慧，以及信誉、形象、品牌等等，都属于"无"的范畴。

事实上，只要有了上述这些"无"，便可以创造出更多物质财富的"有"。

现在的企业竞争，表面上看是经济实力的竞争，但从深层次来说则是经营谋略的竞争，是经营智慧的较量。

这正是《孙子兵法》说的：

"上兵伐谋。"（《孙子兵法·谋攻篇》）

就是说，好的将帅是以谋略来取胜的。

海尔集团2000年全球营业额为406亿人民币。出口创汇2.8亿美元，比上一年创汇增长103%，翻了一番还多。

现在我国有进出口权的企业，目标都是"出口创汇"，而海尔的战略却是"出口创牌"。他们认为，只有海尔的品牌在欧洲市场、美国市场站住脚，扎下根，就不愁创不了更多外汇。"创汇"与"创牌"虽只一字之差，却大有高下之分。外汇是有形的物质财富，而品牌则是无形的财富。树立了品牌就能创造更多的外汇这一物质财富。这既体现了当前知识经济的时代特点，也引证了"有生于无"的古人哲理与智慧。

三、市场经济秩序

自党的十一届三中全会以来，我们始终坚持以经济建设为中心。企业作为社会经济活动的细胞，它的主要任务就是要为社会创造财富，为企业谋取利润。这本是无可非议的。但过去由于对儒家思想的片面理解（"君子喻于义，小人喻于利"），似乎讲"利"就不像"君子"，就不那么"高雅"。

对于这一点司马迁在《史记》中对"利"作过高度概括，他说：

"天下熙熙，皆为利来；天下攘攘，皆为利往。"（《史记·货殖列传》）

天下人熙熙攘攘，都是为了追逐"利"这一目标。这正是推动经济发展与社会进步的原始动力。

过去人们认为君子似乎不应讲利，其实这是对儒家学说的片面理解。如果全面地读懂《论语》，就会发现孔老夫子自己也是很重视求利与求富贵的，他说：

"富而可求也，虽执鞭之士，吾亦为之"（《论语·述而》）

问题的关键在于：怎样去对待、怎样去取得它？

孔子说：

"富与贵，是人之所欲也；不以其道得之，不处也。"（《论语·里仁》）

"不义而富且贵，于我如浮云。"（《论语·述而》）

由此可见，我国的传统文化决非只讲义不讲利，而主要是强调对利要取之有道，取之以义，要见利思义，而决不能见利忘义。这对当前假冒伪劣屡禁不止，需要大力整顿市场经济秩序，提高人们的思想道德观念，以体现"以德治国"其方面，尤其具有重要的现实意义。

四、人才竞争

当前国际竞争的实质是以经济和科技实力为基础的综合国力较量。而经济与科技实力归根到底取决于人，取决于掌握经济与科技知识的专业人才。

随着我国成为世界贸易组织正式成员，实力更为雄厚的国际大企业、跨国公司将更有力地来我国抢占潜在的巨大市场，而人才争夺战亦将更趋激烈。

知识经济时代在劳动力构成中将有不断增加的人员从事知识工作。这些知识工作者的特点是他们对自己的专业知识比他们的领导、同事更熟悉，掌握得更好更深。因此在人事管理上也必须要有相应的变化。他们和领导不是上下级关系，而是伙伴关系。要他们发挥作用，不是靠发号施令，而是要通过协商、沟通、引导。首先要了解他们的价值观，如何实现他们的自我价值以发挥其最大的积极性与聪明才智。知识工作者的流动性很大。要是你没有创造合适他工作的环境和条件，那么人才就会流失。

近些年特别对国有企业已面临留不住人才的现实挑战。

对于知识工作者，或者说对怀有一技之长的专业人才来说，必要的物质条件，如薪酬，是重要的，但却不是唯一的。更重要的是，为了他能实现他的自我价值，还需要领导了解他、信任他、爱护他，为他营造一个可以体现他这一心愿的客观环境。

早在2000多年前，司马迁就对学有专长的知识分子的特点作了高度概括。他说：

"士为知己者用。"（司马迁："报任安书"）

在我国的历史文化传统中，作为知识分子的"士"，向来是只有遇到"知己"，即懂得识才、用才、惜才的人时，才能使之心悦诚服地贡献出自己的聪明才智。

春秋时代求贤若渴，选贤任能的故事很多很多。其中有一个叫虞的小国，有一姓百里名奚的小人物，他在不同环境下的不同遭遇颇有典型意义。

"百里奚居虞而虞亡，在秦而秦霸，非愚于虞而智于秦也，用与不用，听与不听也。"（《史记·淮阴侯列传》）

为什么同一个人，在虞国虞国灭亡了，到了秦国，却协助秦穆公成为春秋五霸之一。司马迁认为，不是这个人在虞时是个笨蛋，到了秦国一下子变聪明了，而关键在于"用与不用，听与不听"。

在今天我们面临更趋激烈的国内国际人才争夺战中，怎样留住人才，用好人才，古人的这些金玉良言，不是对我们仍有深刻的启迪吗？

以上仅就国际化、知识经济、市场经济秩序，及人才竞争等几个反映了时代精神与现实热点的问题，联系我们中华民族的优秀文化传统来体现古为今用对我们思想上的启发。从中不但可使我们增强作为炎黄子孙的民族自尊心、自信心、自豪感，而且更可进一步加深我们对江总书记"七一"讲话深刻意义的领会与理解。

（《企业管理》2001 年第 9 期）

在全球化竞争中发扬中华
文化的独特优势

进入新的世纪，高新科技突飞猛进的发展，正在加速着全球经济一体化的进程。加入世界贸易组织的实现，更促使要与世界经济尽快接轨。企业的内外经营环境正在发生巨大而深刻的变化。

市场的国际化已导致了竞争的国际化。

在这挑战与机遇并存的时代，企业之间的竞争，从形式上看是各自经济实力的竞争，而从深层次分析，实质上则是经营谋略的竞争，是经营智慧的较量。这正是《孙子兵法》指出的："上兵伐谋"。

正是从这个意义上说，我们有着五千年文明史的炎黄子孙，源远流长的中华文化为我们留下了极其丰富而珍贵的精神财富。如果我们善于领悟、消化其中很多哲理，并举一反三地运用于当今纷繁复杂的市场竞争之中，我们便可以获取胜人一筹的经营之道、竞争之道，而掌握竞争的主动权。这正是我们中华儿女、我们企业界得天独厚、独一无二的文化优势与竞争优势。

当今，知识经济时代正在到来，这是人类经历了农业经济、工业经济之后的第三种经济形态。它与前两种经济最大的不同点之一，就是知识经济认为无形的东西比有形的、物质的东西更珍贵，更有价值。

这正是2500年前老子在《道德经》中所说的："天下万物生于有，有生于无。"物质的"有"是从非物质的"无"中产生的。"有"是指物质财富，而"无"则是指经验、技艺、点子、知识、战略头脑、企业家精神，以及企业形象、信誉、产品品牌等等。有了这些"无"就会生产出更多物质财富的"有"。

青岛海尔集团2000年全球营业额为406亿元人民币，出口创汇2.8亿美元，比上一年创汇增加了103%。

我国有出口权的企业都是旨在"出口创汇"，而海尔的目标则是"出口创牌"。他们认为，只要海尔的品牌在美国市场、欧洲市场站住脚，则何愁不能创出更多外汇。

"创汇"与"创牌"虽只一字之差，却大有高下之分，"创牌"既体现了知识经济时代的特点，也验证了我们古老文化与哲理在现时代的重放异彩。

随着知识经济的到来，产生了从事知识工作的知识工作者。他们与原来的手工工作者的最大不同是：他们精通自己所从事的业务，他们的目标是要实现自己的自我价值。因此在人事管理上，不是领导与被领导关系，而是伙伴关系。要调动知识工作者的积极性，不是使用发号施令，而是要协商、沟通、引导，否则他们就会流向更能发挥其聪明才智的地方去。

这正反映了我们几千年来作为知识分子的"士"的特点。"士为知己者用"，早在汉代司马迁所总结的这一规律，在我们面对知识经济的新时代，正体现出它的现实意义和强大生命力。

我们正生活在全球化的进程中。作为企业家，到底该怎样看待和应对这种新的形势呢？在战国时代纵横家的始祖鬼谷子曾说过："以天下之目视者，则无不见；以天下之耳听者，则无不闻；以天下之心虑者，则无不知。"他这话在当时只是一种概念，一种哲学。但今天，在全球化时代，互联网覆盖全世界，电子商务方兴未艾，则已成为活生生的现实。所以作为当代的企业，要生存，要发展，必须"立足当地，放眼全球"，的确需要具有"天下之目"、"天下之耳"、"天下之心"来观察和考虑问题。只有这样，你就不仅可以看到来自天下的竞争对手向你提出的挑战，同时更能发现来自天下的前所未有的商机。这不就把"被动应付"转变为"主动出击"了吗？

现在很多企业产品积压，认为市场已饱和而一筹莫展。其实市场永无饱和之日，而是商机无限。关键在于你能否善于出奇，这就是《孙子兵法》讲的："故善出奇者，无穷如天地，不竭如江河。"浙江横店集团近年发展草业，利用山东的盐碱地种植苜蓿草，成为优良牧草基地，而价值数以十亿计的草业也已成为该集团的支柱产业之一。又例如，在早已饱和的洗衣机市场，海尔集团推出小型省电的"小小神童"洗衣机，在推出 20 个月内竟销售了 100 万台，你能说洗衣机市场早就饱和了吗？

这些例子都引证了出奇制胜的经营哲学。

正是中华民族博大精深的文化遗产，能为我们在培育出独特的经营智慧与竞争之道方面，提供无比丰富的营养，而这是国外竞争对手所无法具备和难以企及的。

加强对我国优秀文化与古为
今用的教育与研究

江泽民总书记在"三个代表"重要思想中，论述先进文化的前进方向时，一再强调要努力继承和弘扬中华民族的优秀文化，要结合时代精神加以继承和发展，做到古为今用。

当今世界全球化进程正在加速，我国入世后与国际经济接轨的要求更为紧迫。在挑战与机遇并存的形势下，这一指示精神显得尤为重要、及时。

中华民族五千年文明史为炎黄子孙留下了无数极为珍贵的文化遗产与智慧结晶。要是我们能正确领会那些哲理、思路，并融会贯通加以运用，这是任何别的国家、别的竞争对手所难以企及的。这是中华民族得天独厚的文化优势，如能领会得当则能转化为我们的竞争优势。

我们当前所面临的一些热点问题，很多都可以从古人的论述中得到启迪，从而开阔我们的思路。

例如，我国入世后对国外投资者来说我国不仅是其推销产品与服务的巨大潜在市场，同时也是能为其所用的巨大人才市场。人才竞争已发展为国际范围的争夺战。如何吸引人才、留住人才、用好人才是我们面临的一大挑战。我们在薪酬上虽尚难与国外企业抗衡，但对专业人才来说物质报酬并非其唯一要求，更重要的是要能使其实现自我价值。早在2000年前司马迁就高度概括地提出："士为知己者用"的名言。在今天，用人之道更要重视，领导能真正成为其所需人才的"知己"，关心他、尊重他、爱护他，为其发展创造条件与氛围。因此这一古训迄今仍有着十分现实的意义。

跨入新世纪，知识经济正向我们走来。知识经济与农业经济、工业经济最大的不同之一，即知识经济认为无形的东西比有形的东西更为珍贵，更有价值。例如有了经验、技能、谋略、点子、智慧以及企业的形象、产品的品牌、诚信的口碑等这些无形的东西，可以生产出更多有形的物质财富。而在2500年前，老子在《道德经》中早就提出："天下万物生于有，有生于无"的哲理。经过2000多年之后，在今日知识经济时代，这话得到了有力的验证。

全球化是我国面临的又一挑战，入世之后很多企业感到压力越来越大，挑战越益严峻。究竟我们怎样去看全球化对我们的影响？春秋末期纵横家始祖鬼谷子讲过："以天下之目视者，则无不见；以天下之耳听者，则无不闻；以天下之心虑者，则无不知。"这话用于今天，正是让人们要以"天下之目"、"天下之耳"、"天下之心"来对待全球化。这就不是只看到压力与挑战，更可看到面对全球市场正为你提供前所未有的巨大机遇。

以上例子只是想说明我们现在提倡弘扬民族优秀文化，不是为古而古，而是利用古人千百年来所积累的经验与智慧来更好地看待和处理我们所面临的问题。提倡要"古为今用"，重点在于"用"，只有扎根于现实生活中，这一研究活动才有生命力，今天它更是大有用武之地。

我们在改革开放 20 多年来，大力引进了国外先进的科学技术与经营管理，从而大大缩短了我们与国际先进水平的差距，这是完全必要的。但进入新世纪，如仍只一味跟踪模仿已不行了，这将不仅难以消除差距，甚至可能进一步扩大。"人无我有"是市场竞争中一条不变的制胜之道，我们要振兴中华，必须在科技与管理领域拥有自己的知识产权与核心竞争力。在经营管理方面尤应体现我们国情、民情的特色。

自上世纪 90 年代以来，教育界开始十分重视引进国外先进教材，管理学院大力加强了 MBA 教育，报名人数之踊跃反映社会对此的需求。大家都以哈佛、MIT 马首是瞻，这是十分可喜的现象。这说明在我们转向市场经济中，原有的知识、经验已远远适应不了日益加剧的竞争形势，需要用国际先进的管理科学理论来武装我们的头脑。

然而我们从以往的计划经济转向社会主义市场经济才只短短几年，而人家市场经济已有成百年的历史和经验。因此我们既需要努力学习国外先进的经营管理理论和经验，但至少还应留下一点空间补上我国国情、民情这一课，否则如只是照搬别人的一套，就不见得能完全奏效。

这正如《晏子春秋》中所说：

"桔生淮南则为桔，生于淮北则为枳。叶徒相似，其实味不同。所以然者何？水土异也。"

在科技领域，采取"拿来主义"当无问题，但在管理领域，要使哈佛、MIT 的先进管理理论能在我国土地上生根开花，没有一个"洋为中用"的过程是不行的，这涉及到我们传统文化的影响。我国无比丰富的文化遗产，国人也切莫妄自菲薄，正可谓"尺有所短，寸有所长"。我们管理落后，但也不是一切都不如人家，如能真正从我们经、史、子、集中进行举一反三、融会贯通的思考，对我们思路的开阔、谋略的感悟不会亚于现代管理理论的收益。

为了体现江泽民同志"三个代表"重要思想所一再强调的弘扬民族优秀文化与"古为今用"的精神，以提高我们在国际市场中的竞争力，并使祖先文化瑰宝能后继有人，这里特郑重提出如下建议：

1. 首先教育系统的各级领导应认真理解、重视并具体贯彻落实江总书记"三个代表"重要思想关于要努力继承和弘扬中华民族优秀文化的指示精神，并在有关教学改革中得到体现。

2. 对我国传统文化与古代管理思想的宣传教育要从学生抓起，建议要像现在抓学生外语学习那样抓我们传统文化的教育。这实际上也是一次爱国主义教育，以提高我们的民族自尊心、自信心、自豪感。

在中学课程中宜增加我国古代的一些较通俗易懂的名作、名篇，如《古文观止》、《左传》、《战国策》、《唐诗》、《宋词》等分量。

3. 高校本科生应在一、二年级继续开设语文课，增加学生对古代文化的知识面与欣赏能力，以提高学生的文化修养与文化品位。

4. 在 MBA 课程中，应把"中国古代管理思想"列为必修课。在教师与教材方面大力加以扶植、培养、完善。但这不是脱离当前改革开放现实的纯研究古人的东西，而应强调必须联系实际，要能学以致用。

5. 在有条件的高校应设立"中国古代管理思想研究所"，逐步形成我国在这方面自己的权威研究力量，在国际上能独树一帜，这也正是我国高校力争跻身世界一流大学的一个战略要地。

6. 为了引起各级领导对此的了解与重视，建议在中央和地方各级党校、行政学院等党政领导干部的培训班、学习班中，增加一些古为今用的专题讲座。

（《中国企业报》2002 年 6 月 4 日）

企业领导人何以需要学一点国学

现在社会上对国学的热议正成为一个时尚话题。

企业领导人也需要学一点国学，以便从我国古代管理思想中汲取营养，汲取经营智慧，通过古为今用来推动自己的思路创新，提高自身的文化素养。

随着我国改革开放的深入与经济全球化进程的发展，各行各业正面临着日益严峻激烈的国内国际市场竞争的挑战与压力。企业要生存，要发展，首先需要其领导人审时度势，"乐观时变"，掌握抓住机遇，迎接挑战的主动权。

经济的发展和人民生活水平的提高，一方面促使市场竞争日趋激烈，同时市场又为企业提供了无限商机。企业的兴衰成败在一定程度上取决于它能否先人一步发现市场上新出现的需求，并抢先一步将其开发，使潜在顾客成为本企业的现实顾客群，抢占并扩大自己的市场份额。这就要求企业的领导层和决策层必须比从事执行和操作的一般员工站得更高、看得更远，不能局限于埋头处理日常事务，而应把更多的时间和精力花在考虑企业发展的经营战略上，把握好企业在经济全球化浪潮中的前进航向。

企业在国内国际的竞市场争中以否取胜，表面看体现在经济实力上，即谁的资金雄厚，技术先进，谁就占有竞争优势。但若进一步分析，竞争实质上是企业经营谋略的竞争。更深一层说，是经营智慧的较量。你的谋略、你的点子比你的竞争对手高明，你就可以战而胜之。这正如《孙子兵法》所说："上兵伐谋"，即第一流的将帅，作战是靠谋略来取胜的。经营企业也一样，要是缺乏远见卓识，没有经营谋略，当前物质上的优势也会逐渐流失，走向由盛到衰。反之，要是你能足智多谋，战略上胜人一筹，你就会脱颖而出，后来居上。

提高领导水平、领导艺术，因素和要求很多，其中重要的是在经济全球化时代及时了解国内外社会经济技术的发展动向，跟上时代步伐，并且认真领悟我国有关方针政策对企业发展的导向作用。此外，另一个重要方面，是从我国古人的教诲、哲理、案例中获取智慧、获取灵感，以开阔我们的视野，搞活经营思路。国学正是我们炎黄子孙得天独厚的文化遗产和精神财富，是我们的竞争对手难以匹敌的竞争优势。

研究表明，当今世界一些经济管理方面的热门话题，诸如经济全球化、知识经济、人力资源开发、企业文化、学习型组织等等，在我国的经、史、子、集，尤其在先秦诸子的著述中，都可找到类似的深刻表述。当时古人只是提出了一种概念、一种哲理，没想到经历二三千年之后，在我们现实生活中却给人以难能可贵的启迪。

例如，说到市场竞争，商战中的很多规律皆可以借鉴春秋末期著名的兵书，世界公认现存最早的"兵学圣典"《孙子兵法》；矛盾对立面的转换，有形与无形之间的变化，先秦哲学典籍《老子》（又名《道德经》）讲得意味深长；现在时兴的"学习型组织"，早在2500年的《论语》中提出的"学而不思则罔，思而不学则殆"的古训，把学习与思考的辩证关系解剖得入木三分；生活在当今经济全球化时代，重温先秦纵横家著作《鬼谷子》的以"天下之目"、"天下之耳"、"天下之心"的观点，令人肃然起敬。至于用人之道，在我国的历史长河中，这方面成功和失败的经验教训更不胜枚举，对现在实施人才强国战略具有独特的借鉴价值。先秦重要典籍《周易》对从复杂多变客观世界的"变易"中，寻求其不变规律的"不易"，正是启发我们应该在市场经济的多变性中总结、提炼其客观规律的不变性。此外很多治国理念与经营之道，都可从我国历史文化宝库中得到有益的信息资源和教益。

由此可见，我们今天提倡学一点国学，学点古代管理思想，不是在"坐而论道"，而主要是着眼于古为今用，关键是在"用"字上，使国学为现代化建设提供智力支持，为企业提高其文化素养与竞争力服务。

在扩大开放形势下，将有更多企业跨出国门走向世界，企业领导人与国际同行的接触机会将越来越多。学点国学，领会一点我国优秀文化，在与外方谈吐交流中介绍一些我国相关的古代思想与哲理，会引发对方对中国古文化的了解与兴趣，领略到什么叫东方智慧，也会使其对我们自身的文化品位与素质给予积极评价的同时加以钦佩。在互相尊重的基础上必将推动双方合作与谈判顺利开展。这是企业领导人需要学点国学的时代要求。

在讨论了学习国学的目的和作用后，需要进一步明确学习的方法。学习国学，不能也不可能从国学中去寻找解决眼前现实问题的现成答案。重要的是要真正理解并吃透古训的深刻含义，同时又要灵活掌握企业面临的市场竞争形势与企业实际。通过举一反三，触类旁通的思考、分析、联系，在思路上受到"点拨"而豁然开朗，进入一个新的境界，从原来受现实问题困扰的"山重水复疑无路"中，看到"柳暗花明又一村"，看到解决问题的新办法、新思路、新机遇。从而认识到我国传统文化对推动思维创新的魅力，体验到古为今用的现实意义。

中国国学博大精深，企业经营者不是历史学家，不可能也设必要系统地学习研究国学的各有关方面，而要本着学以致用的目的，把从国学中学到的某些观点联系自己实际，在思路上能得到启发。国学和古代管理思想只有在古为今用中显示它的作用，才能扎根于广大群众和企业，国学才能有生命力。与此同时，要是古为今用能引起企业领导人的重视和兴趣，又将推动古为今用的发展，为培育人才，提高企业员工的文化素质，进而提高企业的市场竞争力。在"润物细无声"中，起到"滴水穿石"的巨大作用。

（《企业管理》2007 年第 8 期）

企业文化

企业文化必须植根于我国企业实际才能有生命力

我国企业文化的昨天与明天

企业文化必须植根于我国企业实际才能有生命力

在改革开放不断深入，市场竞争日趋激烈和日益国际化的形势下，作为加强企业职工凝聚力和共同价值观的企业文化，正越来越受到我们全社会尤其是广大企业界的关注和重视。

企业文化是在实现管理现代化进程中逐步被提上议事日程的。自1982年《公司文化》（Corporate Culture）一书面世并成为畅销书后，上世纪80年代，企业文化就成为国际上管理学界与企业界的热门话题。近10多年来，在我国对企业文化的研究和报导也在广度和深度上不断发展。但要使企业文化在经济建设中发挥积极作用，真正体现以人为本的基本理念，我们就不仅需要在理论研究上结合国情、民情下更大功夫，而不能止于坐而论道，还更需要使广大企业认识、接受并自觉主动地去创建和运用企业文化来推动企业的文化建设，以提高企业素质，促进企业发展。

企业文化只有深深扎根在我国广大企业实践的土壤中才

能持续发展提高，也才能有生命力。

要创建有中国特色的企业文化也必须从企业的实践中去总结、提炼，从中归纳出一些带有规律性的东西，藉以指导企业文化在更大范围的创建和应用。

"企业文化"一词虽是从外文翻译过来的，在改革开放后才渐为国人所知和重视，但要是对其实质和作用进行深入理解，对我们也就并不新鲜、并不陌生。

企业文化是要在企业职工群众中营造一种氛围、一种风气，使大家形成共同的价值取向、道德风范、信念、抱负和共同的语言，从而更好地团结群众，转化为对企业的向心力和凝聚力，以推动企业持续发展。这正是大家所熟知的：一个好的企业有其长期形成的好的厂风、店风；一个好的学校也有其好的校风。其实任何群体，如能形成一种好的风气，就能充分调动大家的积极性，大家同心协力，和谐相处，这样任何困难都易于克服，任何问题都易于解决。从这儿可以看到企业文化、或叫厂风、店风等在实际生活中的重要作用。

只要企业文化能从企业的实际出发，又能有助于处理企业所关心的问题，那么企业文化对企业来说，就不是外界加于企业的外来之物，而是企业自身感到正是它本身所非常需要的，这样才能在企业中真正扎根。

　　20多年来，中央随着国内国际形势的发展变化，不断出台一系列的方针政策，引导我国全面建设小康社会，实现中华民族的伟大复兴。这些方针政策也正是引导全国广大企业沿着中央所指明的航向前进。因此这也正是企业应最关注的头号课题，也是企业文化应聚焦的核心趋向。

　　为此，企业文化建设应把国家的方针大计联系企业的有关经营活动作为建设企业文化的主要切入点。

　　以2005年为例，十六届五中全会提出，要把增强自主创新能力作为科学技术发展的战略基点。在2006年1月9日的全国科技大会上，胡锦涛同志更号召要建设创新型国家。

　　这一新的形势是在十一五期间摆在所有企业面前的重大课题和关键任务，因为五中全会明确提出，自主创新要以企业为主体，以市场为导向。

　　自主创新，不同于直接模仿或引进人家已有的现成东西，而是要在自己的实践中去探求拥有自主知识产权的成果。创新从何而来？它不是天上掉下来的，也不是凭少数几个人的"灵感"就能出现的。企业的自主创新蕴藏于广大企业职工的聪明才智之中。企业要成为自主创新的主体，关键在于怎样在广大职工群众中激活大家创新的潜力。这就必须在企业内部形成一种使人人勤于和善于思考，动脑筋、想办法，为不断改进工作提出建议和革新的风尚。这样从大家点点滴滴的小改小革中，通过筛选、提炼出具有新意的成果，逐步改进提高到有价值的创新成果。

要大力提倡大家大胆试验，就要鼓励敢冒风险的精神。创新实质上是对某些未知领域进行探索，这就不可能一帆风顺，不可能马到成功，而必然存在风险。因此对来之不易的成功，理应大力鼓励与奖酬，这也是在群众中起到示范作用。

但创新既有风险，也就可能导致失败。如何对待失败，是创新能否在企业内继续开展不被扼杀的关键所在。

要是一遇到失败，或因试验而造成损失就求全责备，则只能造成"多一事不如少一事"，或"不求有功，但求无过"的气氛，让大家产生袖手旁观的消极态度。这种损失远比由于失败造成的损失要大得多得多。

为了正确对待创新的实验，我们既要鼓励成功，更要宽容失败。只要确实是为了改进工作所作的试验，即使失败或造成某些损失也应给以鼓励和支持，并创造条件使之继续努力，以推动其一步步走向成功。

在把创新的想法付诸实施过程中，应对鼓励成功与宽容失败并重。

企业营造这样一种有利于自主创新的氛围，就是具有现实意义的企业文化。

这就是企业文化既要面对中央所关注的大政方针，又要能扎根于企业的一个例子。

又例如，同样在 2005 年，国务院发布了《关于鼓励支持和引导个体私营非公有制经济发展的若干意见》，简称"36 条"。它为我国民营企业的加快发展提供了更为宽松的政策环境。同时这也反映了当前中央对发展民营企业的关注。

我国民营企业经过 20 多年的发展，在整个国民经济中发挥着越来越重要的作用，这自不待言。对民企自身来说，其创业者经过这些年的艰苦努力，能生存下来存活到今天的，都面临着交接班的问题，这也是很多民企十分关心的共性问题。老一代创业者发展到今天，这一摊事业究竟交给谁来继承，谁来接替？有不少知名的民营企业创业者都已由其儿子担任总经理，而自己则任董事局主席，使下一代在上代的扶持关爱下走向自主经营。

自改革开放从无到有，从小到大发展起来的民企，在进入新世纪后都或迟或早要面临如何"传宗接代"的共同问题。

很多创业者都希望自己所创建的事业能代代相传，久盛不衰，因此在思路上沿袭着我国传统文化的子承父业，传子传孙的亲情上。然而我国俗话说"富不过三代"。我国现在对民企的统计显示，我国当前民企的实际平均寿命只有2.9年，还不到3年，可见父子相传，并不能保证你的事业一定能后继有人，因为关键在于要经营好一个企业的"企业家素质"是无法完全靠"传宗接代"能够实现得了的。

然而，我们也不乏百年老厂、百年老店，而一些知名的"老字号"则更遍布各地，美不胜数。

这么大的反差，说明什么问题呢？

现在人们已越来越意识到，要使企业经营历久不衰，决不能停留在就事论事地就经营论经营。经济必须扎根在文化的沃土中才能持久。

因此对"传宗接代"要有一个正确认识，就不能局限于亲情相传，更重要、也是能更持久的"传宗接代"应该是文化，是形成一套能代代相传的良好风气，这就是企业文化。

我们的百年老厂、百年老店，事实上都已形成一套百年相传的厂风、店风。有了这种已较为定型的厂风、店风，那么即使领导人离去，或企业遇到什么外来变化，只要企业文化常在常青，企业就不会丢失它的核心竞争力。

当很多民企老总为传宗接代发愁的时候，把企业文化这一概念送上门去，应该说是适逢其时。加大企业文化的宣传力度，也正面临着新的机遇。

要是能深刻领会中央重大方针政策的精神实质，同时又结合企业所面临和关注的重大问题，就可以使企业文化成为上下沟通、促进文化力、推进经济发展的有力杠杆。

（《中国企业报》2006 年 2 月 16 日）

我国企业文化的昨天与明天

2008 年，是我国改革开放的 30 周年，也是我们专门从事研究企业文化的民间团体——中国企业文化研究会创建的 20 周年。

在中国特色社会主义伟大旗帜的指引下，现在需要回顾过去 20 年研究会所经历的历程，同时需要瞻望企业文化的前进方向。

企业文化这一名词，是在对外开放以后才盛行起来的。可以说，它也是改革开放的产物。

在这一名词出现初期，曾有些人听了觉得很反感。他们认为，做思想政治工作历来是我们共产党的传统优势。难道党的这一优良传统竟要从国外引进，向外国人学习吗？

这话不错。企业文化就其实质和作用来说是在一个地方、一个单位，形成团结力、凝聚力，在人群中形成共识，形成共同的语言，共同的价值观，以便使员工都齐心协办地为一个共同目标而奋斗。从这一点而言，我们党的思想政治工作就早已这样做了。所以听起来，企业文化虽然是个新名词，但其实质却早在我们党的长期实践中为人们所熟知了。

但现在的企业文化也不完全等同于党以往传统的思想政治工作。过去做思想政治工作往往是单向的，是灌输式的。你有思想问题，找党组织或行政领导，打开心扉向他们汇报。他们通过推心置腹的开导，解开你的思想疙瘩。那时是教育人者与被教育者的关系。生活在上世纪五六十年代的年青人，在吃忆苦饭，听学习焦裕禄、雷锋的动人故事时，会感动得热泪盈眶。但现在时代变了，出生于八九十年代的年青一代，再运用原来一套方法去进行教育，就难以像几十年前那样奏效了。而企业文化正是适应时代的变化凝聚人心的一种科学方法和文化氛围。把思想教育贯彻到人们生产经营和日常生活之中，使人在无形中感染并自觉接受共同价值观，这正是起到了"润物细无声"的作用。

企业文化成为世界各国的热门话题是从 80 年代初出现的。1982 年美《公司文化》一书成为国际畅销书有其历史原因，西方 1973 年经历了石油危机导致长达 10 年之久的经济衰退后，到了 80 年代初，人们发现一个企业要能生存发展，关键在于企业内部在全体员工中要有共同的信念，共同的努力方向与奋斗目标，而这正是企业文化产生的客观需要。

该书中有这样一段描述：企业文化不是写在纸上的东

西，而是存在于人们心目中的共同意识，人们正是围绕着这一意识和信念为核心而旋转。

很有意思的是，西方这一最现代化的理念，我们在2500年前《论语》中早有过类似的说法，孔老夫子说："为政以德，譬如北辰，居其所，而众星拱之"。他说，北极星（"北辰"）在天上是不动的，所有星星都围绕着北极星旋转。

好的领导、好的领导德行，所示范和体现出来的企业文化，"为政以德"，正是使全体员工产生团结力、凝聚力的重要源泉。

由此可见，今天我们讲企业文化，既是改革开放以来出现的新事物，又是早就植根于我党传统优势与中华民族传统文化的沃土之中的理念，正如我们早就重视厂风、店风、校风这些由来已久的理念一样，对我们十分熟悉。现在主要是适应了时代发展所表现的新的形式与方法而已。

企业文化是为了使一个单位的员工能形成共识，以便心往一处想，劲往一处使，所以必须使人人能听得懂，并且能自觉付诸行动。因此既不能流于口号式的空话，又不能是学院式高不可攀的理论。它必须深入浅出，易于理解。例如深圳一家现代化大型合资企业康佳电气公司，那儿需要进行简单操作的装配工人。他们从山区招来很多年青女工，这些人一直生活在小农经济的环境中，如何使之适应现代化大生产要求？当时提出的企业文化是："你为我，我为他，大家为康佳，康佳为国家"。这几句话讲起来朗朗上口，通俗易懂，把个人、企业、国家的三者关系都清楚地表达了，而且也使员工明白了自己在这三者之间的定位。

从三十年改革开放的长期实践中，人们，特别是广大企业，从自己和别人的成败得失中领悟出一个道理，就是不能就经营论经营，就经济论经济，而要使企业经营和经济发展久盛不衰，经济必须扎根于文化之中。这些年来，凡是能持续成长，能抵御市场风浪冲击的企业，都是有其深厚的文化功底的。国际经验也表明，一些好的企业，在企业文化上真正下功夫加以巩固深化的，即便领导班子换了，环境变了，但企业的一套优良传统不变，能代代相传，这个企业就不会突然倒下。企业文化所体现的风气，既不是一朝一夕所能形成，也不是一朝一夕就会"一风吹"。

党的十七大指出："当今时代，文化越来越成为民族凝聚力和创造力的重要源泉，越来越成为综合国力竞争的重要因素。"

对企业来说，企业文化就正起着这样的作用。

经过二三十年的创建发展，我们企业文化将如何深入开展，使之在中国特色社会主义建设中，为企业发挥更大作用而作出新的贡献呢?

瞻望前景,企业文化要在"文化"上下功夫,关键要致力于两个方面,一是要"学贯中西",二是要"博古通今"。

我们现在生活在全球化时代,中国已成为全球经济发展中的重要成员。企业文化要反映时代特点,要有助于推动企业走向世界,就首先要做到"知己知彼"。既要了解"中",也要了解"西"。要是只知道我们自己,不了解外部世界,不了解世界潮流及其发展趋势,还是像过去那样闭目塞听,固步自封,则很快会被时代淘汰。但也不能只知道人家,不真正熟悉自己,把人家的经验和做法,生搬硬套到自己的土地上,也同样不能成功。现在一些管理方面的高等教育,很多都只采用国外的先进教材,而不同时提倡了解国情民情,不是着眼于立足当地,放眼世界,去解决我们的实际问题,那么再好的管理理念、企业文化,也无法落脚到我国的土地、我国的企业。因此,现代的企业文化,既要博采众长,更要使之中国化、本土化,做到洋为中用。

另一方面,企业文化要培植文化功底,还需要博古通今。具有五千年文明史的中华民族,祖先留给我们丰富的文化遗产和精神财富,是我们得天独厚,外人难以仿效的文化优势。这应充分体现在我们的企业文化中。而这正是我国的企业文化具有的中国特色。我们需要"博古"，从古人丰富的论述、案例、哲理中去找寻和不断完善我们企业文化的根，但"博古"不是为古而古，更不是食古不化。"博古"是为了"通今"，做到古为今用。只有扎根于我们博大精深的优秀传统文化之中，才能使我们的企业文化独树一帜，更具魅力。

学贯中西，要求放眼世界，着眼于洋为中用，以体现中国特色企业文化的时代性。

博古通今，要求融合古今，着眼于古为今用，以保持中国特色企业文化的民族性。

这正是深入企业文化发展的两大文化支柱。

（中国企业文化研究会
《中国企业文化研究》2008 年第三辑）

用人之道

人才强国贵在识才用才

中国特色人才观浅议

人才强国贵在识才用才

现在我国已进入必须更多地依靠科技进步和创新推动经济社会发展的历史阶段。在全面建设小康社会的进程中，要坚定地立足科学发展观，坚持以人为本，深入实施和加快推动人才强国战略。

国内国际的经济发展与日益加剧的市场竞争都使人们深刻认识到，从企业的竞争到综合国力的竞争，说到底都是人才的竞争。我们要树立人才资源是第一资源的观念。为此我们需要大力加强教育培训，以提高人员素质。与此同时更要在用人问题上转变观念，统一思想，并形成一套有效的机制，使有用之才真正能够脱颖而出，以实现人尽其才，才尽其用的目标。

随着经济的迅速发展与科技日新月异的进步，各类战线都普遍感到人才紧缺。可是另一方面却又有许多学有所长的人员得不到施展才华的空间。这种矛盾的存在，正反映了我们不是没有人才，而是缺乏识才用才的机制与能力。

汽车工业研究开发人才的境遇就给人颇有启发。

我国自 1953 年开始建立自己的汽车工业，但半个世纪来却没有形成拥有自己知识产权的知名汽车品牌。近些年来汽车工业虽有了巨大发展，但都是与国外汽车公司合资或独资，贴用的是外国的名牌公司。我们由自己培养的汽车研发人才不在少数，但他们在几大汽车集团却无能为力，因为在外国汽车品牌上没有我们自主开发的立足之地。然而近年来在我们自己土地上诞生的、名不见经传的小企业把这些人才吸引过去后，却从无到有地逐渐研发出了自己的品牌并且还走出国门。事实上，像奇瑞、吉利这类企业的规模和实力远远难以与一汽、二汽集团可比。研发人员的待遇在这些小厂也远低于原来所在的大企业。可是这些人从难以有所作为到大有作为，不正说明我们不是没有人才，而是他们需要得到可以体现自我价值的环境。

老子说："圣人常善救人，故无弃人，常善救物，故无弃物。"（《道德经·第二十七章》）

这是说，在好的领导者眼里，世界上没有无用之物，只有放错了地方的东西。我们现在提倡循环经济，正印证了这个观点。例如钢铁行业的废弃物，可以成为水泥行业的原材料使用。天下也没有无用之才，只有放错了位置的人才。上述汽车行业研发人才不正是一个例证吗？

具有五千年文明史的中华儿女，现在要实施人才强国战略，一方面需要借鉴吸收国际上人家的丰富经验，博采众长，为我所用。同时在祖国丰富的文化遗产中，可以汲取祖先许多发人深思的识才用才方面的用人之道，从中使我们得到更深启发。而这正是我们中华民族灿烂文化的独特优势。

中国历史上这类事例多得不可胜数，这里仅以楚汉之争为例，使我们从古人用人之道中感悟到其中的现实意义。

我国历史上著名的楚汉之争，最后以项羽惨败，刘邦全胜并建立汉王朝而告终。决定楚汉之争成败的关键因素，是项羽和刘邦不同的人才观和他们的用人之道。

"项羽妒贤嫉能，有功者害之，贤者疑之"，"有一范增而不能用。"（《史记·高祖本纪》）最后这位"力拔山兮气盖世"的一世枭雄，最后竟落得自刎乌江的悲惨下场。

而刘邦在谈到他能"得天下"的根本原因时说：在战略部署、战略指挥上我比不上张子房张良（"夫运筹帷幄之中，决胜于千里之外，吾不如子房"）。在后勤管理、保证供给方面，我比不上萧何（"镇国家，抚百姓，给馈饷，不绝粮道，吾不如萧何"）。在"横扫千军如卷席"的作战能力上，我比不上韩信（"连百万之军，战必胜，攻必克，吾不如韩信"）。

这体现了刘邦的为人正如老子所说："知人者智、自知者明。"（《道德经·第三十三章》）他清楚地了解别人之所长，所以他是聪明人；他又清醒地知道自己之所短，所以他又是明白人。

接着刘邦讲了他所以取胜的根本原因："此三子皆人杰也。吾能用之，此吾所以得天下也"。（引文同前）

他首先肯定张良、萧何、韩信这三个人都是人间豪杰。关键在于"吾能用之"，才使他们能发挥各自所长，而使刘邦得天下。这正说明刘邦识才用才方面比项羽更胜一筹之处。刘邦敢于并善于启用比自己在某些方面更高明的人才为其所用，对今天全国上下实施人才强国战略上确实值得令人深思。

近些年来，我国教育事业的发展，在我们职工队伍中高学历人员的比重正在不断增加，这给各级领导带来了新的考验。当你所领导的部下在学历上或其它能力上比自己更强时，你作为领导将作何考虑？是为其创造更有利的工作条件使之能更好施展其才华，还是有意无意地设置某些障碍，以减轻部下对自己形成的挑战或压力？

在实际生活中也不乏这样的事例，一些缺乏自知之明的人，有时把自己的失意归咎于别人的存在，就像天空中由于月球或地球的阴影、遮蔽了太阳或月亮的光芒，造成日食或月食那样。其实作为发光体是永远遮不住的，怪罪于外因，只反映自己实力之不足。

在领导与被领导谁更高明的问题上，主要是看你怎样去衡量。刘邦和韩信有一段对话，也给人以有益启发。

刘邦有一次问韩信，像我这样的人你看我能带领多少士兵？韩信回答：超不过十万人。刘邦说：那你呢？韩信说：多多益善。刘邦笑了：你能多多益善，那怎么还是被我抓了呢？韩信说：你不善率领兵卒，却善于领导将士，这就是我韩信为你所抓的原因。（《史记·淮阴侯列传》）

这里韩信提出了关于"善将兵"的"将才"和"善将将"的"帅才"的概念。张良、萧何、韩信这三个"人杰"都属将才，正是在刘邦这位帅才的领导下，才能充分各显其能而使刘邦得天下。要是将才没有帅才的领导，他们也发挥不了最大作用，所以将才的业绩归根到底还离不开帅才的英明领导。

由此可见，部下在某些方面比其领导强，这不应看做是对领导的挑战甚至"威胁"，而只说明，能领导将才的属于帅才一级，正是在你领导之下，才使你的部下能有所作为，这不正说明你比部下发挥更大作用，部下的功绩不正是你作为领导者为之创造条件的结果吗？

当然要是你有了能人而不会用，只从消极方面去处理，那么当不了"帅才"，领导不了"将才"的人，在优胜劣汰的客观规律下，就只能"让贤"由别的帅才取而代之了，这就怪不得别人而只能反思自己了。

在《史记·淮阴侯列传》中，韩信提到的有关百里奚的境遇也是意味深长的。

"百里奚居虞而虞亡，在秦则秦霸，非愚于虞而智于秦也，用与不用，听与不听也。"

同样是百里奚这个人，他在春秋时的小国虞国时，虞国灭亡了，而到了秦国，正值秦穆公当政，他辅佐穆公完成霸业，秦穆公成了春秋五霸之一。

为什么同一个百里奚，在不同处境下其业绩有如此强烈的反差？这不是由于他本人在虞国时愚蠢，而到了秦国变成了智者，关键在于"用与不用，听与不听"。

这个小故事对中外古今不同的用人之道刻画得可谓入木三分。

像百里奚这样的例子在我们现实生活中确实也屡见不鲜。我们不是也常听到或看到，某一个人在这个单位是条"虫"，而到了另一个单位却成了"龙"的事例吗？究其原因，不同样也是"用与不用，听与不听"吗？

由此可见，我们不是没有人才，重要的是一个群体、一个组织其领导者到底有没有识才用才的眼力、智慧、胆略和胸怀。

现在，当我们正在加快推进人才强国战略时，2000 多年前我们祖先留下的"用与不用，听与不听"这八个大字的遗训，对我们识才用才仍有着画龙点睛的鲜明现实意义。

（《经济参考报》2006 年 4 月 24 日）

中国特色人才观浅议

在我国改革发展关键阶段召开的党的十七大对今后一个时期党的治国理政、中国发展进步的一系列重大问题作出了全面部署。

在新的历史起点上，继续发展中国特色社会主义，必须深入贯彻落实科学发展观，其第一要义是发展，核心是以人为本。

我国改革发展需要依靠人才，提升综合国力和国际竞争力更取决于人才。为此需要更好地实施人才强国战略，建设人力资源强国。

但是，现在的实际情况是，既有大批人员，包括受过高等教育的人才找不到工作，社会就业压力很大；同时，又有很多岗位处于人才短缺，到处找不到所需的合适人才。

造成这种矛盾现象的因素很多、很复杂。但根本原因是两条：一是用人单位缺乏识别千里马的"慧眼"，二是我们的教育在体制上尚未形成一套培养造就既了解熟悉我国国情民情，又能处理实际问题所需的"适销对路"的人才。

现在世界已进入了知识经济时代。新世纪推动经济发展主要要依靠知识和技术。提高产品和服务的附加价值，重要的是提高其知识含量和技术含量。从事知识经济工作的人才正显示其日益显著的作用，在这方面人才竞争正越来越国际化、白热化。

对知识工作者的管理，怎样引来人才、用好人才、留住人才，也有异于以往单纯从事人事管理的理念与方法。

管理大师彼得·德鲁克在其1999年所著《21世纪对管理的挑战》一书中就说：对知识工作的管理，不同于以往的领导与被领导关系，即他们只能按照领导的指示办事，而要转变为伙伴关系。领导要用好知识工作者，首先要通过对他们信任和交流、沟通，了解他们在想什么、需要什么，他们的价值观念是什么，怎样去实现他们的自我价值。领导者要想充分调动知识工作者的积极性，就需要营造一个环境使他们的聪明才智有一个充分发挥的条件和氛围，并使"鼓励创新"与"宽容失败"并举，而不是求全责备。对知识工作者更需要的是尊重和关爱。他们对真正能有所作为，实现其自我价值比对物质待遇的追求更为重视。

在有关用人艺术上，有着五千年文明史的中华民族，祖先留给我们许多意味深长，发人深思的故事和哲理。

古人说过："圣人常善救人，故无弃人，常善救物，故无弃物。"（《道德经·第二十七章》)，这是说，好的领导人（"圣人"）往往善于正确使用人和物，在他们眼中，没有无用之才，也没有无用之物。事实上只有放错了位置的人，放错了地方的物。如春秋秦穆公使用百里奚的事例以及冶金行业的生产废弃物，可以拿来用作水泥行业的原料，即循环经济，这正是没有弃人，没有弃物的生动事例。

德鲁克对知识工作者的用人之道，可以追溯到我国二千年前司马迁所高度概括的"士为知己者用"（司马迁：《报任安书》)。对知识分子、知识工作者，即昔日的"士"的理解、使用的理念，中外古今几千年竟是一脉相承的！

当前对于人才的需求与供应对不上号，除了领导者在思想认识上要把原来的"管人"转变为"人力资源开发"，真正认识到人才是第一也是最重要的资源和生产力。此外，供需矛盾的一个重要原因则在教育体制上。即怎样培养出大批真正符合中国特色社会主义所需要的人才，他们既要了解世界、放眼世界，又要熟悉国情民情，立足当时当地实际，具有能处理和解决我们自己实际问题能力的人才。

我国自上世纪80年代初开始，随着经济发展引入了竞争机制与市场机制，人们开始认识到管理的重要性，全国各地各行各业开始举办各种有关管理专题的培训班、进修班，高校也先后成立了管理专业的系和学科以及随后的管理学院。为了学习国际先进的经营管理理论和经验，大家都采用了国外的先进管理教材，这对挖掘我们原来由于管理落后所掩盖的生产潜力，发挥了很大作用。往往在不增加投资和人力物力投入的情况下，采用了具体的先进管理技术和管理方法，就可使原来的产品产量质量得到提高，成本得以下降，所以从这个意义来看，管理也是生产力。

但管理具有两重性，与生产力有关的方面，和技术科学、数理化之类性质类似，可以直接采用国际上已有的方法和成果。但管理又是通过人去实现的，又有着与生产关系相联系的一面，这就无法照搬人家已有的模式，而要从各自国家的国情民情、历史文化背景出发，去探索适合自己发展的方式方法。

这些年来，由于以往我们管理科学缺乏基础，重点放在学习国外经验是完全必要，也是正确的。但引进人家的东西，不经过自己的吸收消化，形成能在我国土地上生根开花的管理理念和能行之有效的方式方法，则还是解决不了我们自己的实际问题。

人才的适销不对路，正是因为"所学"不能完全针对"所用"之需。

我们现在的管理教育和培训，对先进理论讲得多，如何把这些理论中国化、本土化，如何更好地把理论和实际结合，这是一个尚有待进一步深入思考和改革的课题。

我们的现实情况是，在管理上学有专长的人才走进实际工作，发现现实并非他们原来期望的能使他们一展身手；而用人单位对这些高学历的人的期望值也很高，希望他们来大展鸿图，可是发现他们很多想法和建议，脱离了企业的实际，无法实施采用。这正是供需矛盾的症结所在。

中国特色社会主义，在管理教育上也必须形成中国特色的教育体制，扎扎实实通过"洋为中用"和"古为今用"，理论联系实际，把着眼中国国情民情，解决中国实际问题作为教育体制改革的出发点和落脚点。

中国特色的高级管理人才，应力求做到学贯中西，博古通今。只知道"中"，不知道"西"，闭目塞听，固步自封，在全球化形势下必将很快被淘汰。但只知"西"不知"中"，讲起来理论一大套，但落脚不到我国实际，那也只是在坐而论道。同时，我们还需要博古通今，"博古"是为了"通今"，要古为今用，借古人智慧，来提高我们自身素养。中华文化博大精深，源远流长，十七大报告指出："中华文化是中华民族生生不息、团结奋进的不竭动力"。我们的祖先留给炎黄子孙无比丰富的文化遗产和精神财富，这是任何一个我们的竞争对手无法比拟、难以企及的。弘扬中华优秀文化是中国特色社会主义，也是中国特色文化教育体制的重要组成部分。当今世界许多经济发展中的热点课题，诸如全球化、知识经济、企业文化、企业家素质、学习型组织、市场竞争法则等等，在我们诸子百家、经史子集中，都可找到相应的深刻哲理和案例，对开拓和搞活我们的思路，开阔我们的视野，都会深有启发。

建立孔子学院正在世界各地兴起，这反映中华文化正为世界所瞩目，也反映了中华文化的国际影响。如果我们对自己老祖宗都知之甚少，甚至一无所知，这岂不是一大讽刺?!

近几年全民学习外语已蔚然成风，受到各方面的关注和鼓励，这是十分可喜的现象。在新的形势下为我们与国际交流交往，走向世界极为必要。但我们对从青少年开始学习祖国传统优秀文化的努力却没有像学外语那样受到重视。要是我们的社会，特别是教育系统对国人学习中华文化能像学外语那样，哪怕只有一半甚至十分之一的力量去重视，去抓，那情况就会有所不同。这首先要从青少年教育开始，在中学课程中，增加学习古代文化的分量，让学生背诵一些寓意深刻的古代著作，背诵一些古典诗词，对提高年青人的文化品位，文化素养，并在以后的生活实践中融会贯通，则必将使之终生受益。现在强调素质教育，学点古文，使之更好领悟古人的智慧和做人的道理，这难道不正是重要的素质教育内容吗?

奥运来了，这是全民的盛大节日，让世界更好了解中国，让中国更好走向世界。来自世界各地的成千上万客人，到中国来不仅让他们看到今天蒸蒸日上的中国，看到高楼林立的北京，要是也能让他们了解一点我们这个文明古国的悠久文化，让他们听到有关中国传统文化的故事、案例、成语、哲理，让他们领悟到一点什么是东方智慧，这肯定会使客人们感到东方文化的魅力和得到更有意义的收益。这也正是向世界展示我们有文化、有教养的人文奥运的一大亮点。然而文化功底是要靠积累的，要从娃娃抓起，这可不造像学外语那样"突击"得了的。关键还在于从教育体制的改革抓起，即如何全面而正确地认识素质教育的内涵与如何具体加以体现。

培养和造就一批又一批发展中国特色社会主义所需的有用之才，是全面建设小康社会，实现中华民族伟大复兴的必由之路，也是当务之急。

（《中国企业报》2007 年 12 月 13 日）

案例研究

案例教学是管理教育的重要组成部分

西进序曲的启示

海航十年发展的启示

百年老港换新颜

　　　——青岛港改革和发展的启示

二十春秋话海尔

张瑞敏创业之路

"自主管理"质疑

商机何处寻？

　　　——杭州娃哈哈集团推出非常可乐的启示

探析集团兴衰

案例教学是管理教育的
重要组成部分

　　案例教学是管理教育的一个很重要的组成部分。十五届四中全会提出要"建设高素质的经营管理者队伍"，要"培育一大批优秀企业家"。当前，国内改革不断深化，国际上全球化的步伐正在加速，因此作为一个经营管理者，他怎样面对和适应这种急剧变化的环境，这是一个非常现实的问题。要培养高素质的经营管理者队伍，恐怕不仅仅是到了工作岗位后再去培养的问题，而是应该从学校学这个专业的时候就开始培养。但我们过去的教育体制基本上都是单向的，老师怎么讲你就怎么接受。这样的教育体制培养出来的学生参加工作之后，缺少一种独立思考能力，也就是缺乏对不断变化的环境作出反应的能力。所以说，现在我们要培养高素质的经营管理者队伍，首先要求我们的人才能够对急剧变化的环境作出自己的反应，这种训练、这种基本功应该是在学校学习的时候培养起来的，通过案例教学的办法正是提高的有效途径。与传统的灌输式教学不同的是，案例教学要让学生对具体的管理情境作出反应。案例教育的特点之一是，不管你怎么想，你必须对所讨论的案例有自己的看法和见解。面对新世纪，在国内、国际大环境不断变化的情况下，我觉得这一点对于培养高素质的经营管理者队伍是一个非常重要的条件。

关于案例教育，我有两点看法：第一点，我们现在中国的教学案例，它不应该仅仅是就事论事地对事情本身的描述，而且应该从矛盾的特殊性上升到矛盾的一般性。每一个案例，不管是成功还是失败，它都是由一系列具体的原因造成的，应该进一步考虑到造成这种成功或失败的背后的东西是什么。改革开放20年来，无数的企业生生灭灭，但如果我们仔细加以考察，会发现每一个具体的成功或失败背后，都是遵守了或者违背了社会主义市场经济的某些客观规律。所以说，案例除了描述事情本身之外，还要进一步提炼出一些共性的东西。《中国企业管理教学案例》这本书中有一篇谈到海尔在80年代早就饱和的洗衣机市场上，成功地推出了"小小神童"洗衣机。把这个写成教学案例，其背后具有共性的东西就是：如果真正贴近顾客，把顾客潜在的那种要求、希望、欲望转化成开发新产品、开拓新市场的灵感的源泉，在饱和市场上也可以打开缺口。所以案例教育在这方面，能够让学习者通过具体的案例达到触类旁通、举一反三，看到带有共性的、规律性的东西。第二点，我觉得搞案例教学对老师恐怕有更高的要求。有一年，我在哈佛大学听讲了两个小时的案例教学课。我发现，管理科学不像自然科学、技术科学，输进去一定的变量，一定有一个唯一解出来。案例教学中，各人的见解没有绝对的对或错。在那堂课上，大家七嘴八舌，最后教授三言两语地点评一下，将思路引导到有关管理的基本理论上去。但讲课的那个教授介绍说，准备两个小时的案例教学，比准备平常的两小时的讲课要花费更大精力。所以我们要搞好案例教学，首先对师资队伍应该有更高的要求。老师首先要真正吃透案例，弄清楚案例背后到底有哪些符合基本规律的东西。所以我觉得中国企业管理案例库的组建工程确实是一个大的工程，而且是一个长期的工程，但这对于我们实现"建设高素质的经营管理者队伍"的目标，确实是一个非常重要的打基础的工程，也是功德无量的事情。

（《光明日报》1999 年 12 月 10 日）

西进序曲的启示

　　近日中国企业报连续刊登了"从重庆企业看西部开发"的三篇系列报道，介绍了当地三家企业的发展历程，读来颇引人深思。这三家企业的生产性质不同，所有制各异，而且都是在西部大开发的号角吹响之前在当时十分艰苦的条件下开始创业和发展起来的。他们是西进的先行者，他们的经历，可称之为"西进序曲"。这些企业的经营思路，对后来人，尤其对准备西进的企业来说，应该是一笔弥足珍贵的精神财富，它给人的启迪是深刻的。

　　早在 1992 年，位于黄海之滨的青岛红星化工集团公司面临经营困境时，企业领导就高瞻远瞩地实施了西进发展战略，把一个东部的资源型企业，通过东西结合，实现优势互补。这不仅使该集团得以发展腾飞，而且对于地处西部的重庆，引进了成熟的生产技术，科学合理开发资源，变资源优势为经济优势，可谓利国利民，取得真正的"双赢"效果。

　　位于三峡库区的索特集团，在当地都是负债累累的工矿企业群中，竟然拔地而起，成为全国井矿盐行业的样板和地方经济的擎天柱。之后索特集团先后兼并整合了库区 5 家盐业企业，为国为地方分了忧。更把被视为"夕阳产业"的盐业，通过对外开放将盐产品出口到美洲、亚洲等地区，并在进行与国际产业巨头的携手合作中，走出一条中国盐业的朝阳路。

重庆宗申摩托车集团这家后起之秀，是一家民营企业。面对当地像嘉陵集团、建设集团这些摩托车行业中实力雄厚的国有企业，宗申集团通过提高品牌知名度，建立和扩大自己的销售网点，自 1996 年起步后的短短几年间，行业排名已位居前 5 名，堪称我国摩托行业杀出来的一匹"黑马"。

综观这些在西部扎根、开花、结果的企业，它们都各有自己的经营之道、成功之道。但从他们所走过的历程、所留下的轨迹中，我们仍能发现有着一些共同的东西，正是这些符合当前社会主义市场经济所要求的规律性东西，将留给我国更多企业以思考，以启发。

当红星集团在铜梁投资建厂的时候，当地一些群众一时不能理解，使他们会随时遭受打击。但当地县委、县政府全力以赴加以支持，并尽全力协助解决困难，正如迟总所说："好在我们遇到的是明白事理的父母官。"努力争取当地政府的理解与支持是开展工作的第一步和前提条件。现在西部大开发已成为中央在新世纪的重大战略部署，进军西部的条件将比以往更为有利。

但企业能不能在西进中有所作为，重要的还在于企业自己。这里，举足轻重的是企业战略。索特集团在当时重庆陷于四面楚歌的盐业市场上提出了企业扩张重组的发展战略，抓好原盐产销，开发下延产品，发展多角经营，把企业做大做强。宗申集团彻底改变以往传统的营销方式，走出一条自己的创新之路。红星集团更是从"大球""小球"的对比中得到启发：中国的大球如足球，这么多年努力也没有打进世界杯，而小小的乒乓球却在世界上称霸多年，为国争了光。企业也有类似情况，恰恰有些小行业中的企业能在世界上名列前茅。红星就在"小球"上下功夫。这正是体现了要清醒地认识自己的优势与劣势，"知己知彼"，做到"以己之长，攻人之短"的战略思想。

企业的兴衰成败，在一定意义上取决于企业领导，取决于企业领导者的水平与素质。这三家企业所以能走出一条西进的成功之路，都反映了他们在崛起和发展过程中历尽坎坷，可是凭着企业领导坚忍不拔的毅力，对发展前景的坚定信心，一往无前地带领全体员工团结一致，高标准、严要求地奔向企业的既定目标。

面对新的世纪，知识经济正在继农业经济、工业经济之后向我们迎面走来。人才已成为国家和企业最宝贵的财富和无形资产。索特集团的两任老总都视人才如生命，并不惜工本地加强职工培训，这也许正是集团得以腾飞的真正"奥秘"，这对我们也都应大有启发。

现在全球经济一体化的进程正在加快。我们即将成为世贸组织一员，更需要加快与国际经济接轨。企业要生存，要发展，只有自觉地、主动地与国际上的同行携手合作，以便取人之长，补己之短，才能在竞争中赢得主动。索特集团的体会是：只有走出国门才会真正感到我国盐业企业与世界的差距。能意识到这一点，就意味着看到了一个新的起点。

在西部开发中，不少西进的企业都可能会遇到类似的问题，这也是红星集团感受最深的，即最大的障碍就是人的思想观念。这是有其历史原因的，但这又是进行现代化建设与融入国际社会所绕不过去的关键问题，也是留给我们的一个重大课题，值得各级组织重视和加快研究解决。

这几篇系列报导，从不同角度介绍了这三家企业走过的不同道路，但他们留给我们思考的共性的东西，都值得我们所有企业，而且不局限于西进企业，为迎接挑战，抓住机遇而加以深思。

（《中国企业报》2001 年 2 月 13 日）

海航十年发展的启示

　　海南航空股份有限公司（以下简称"海航"）于1993年5月2日正式运营以来，已整整10年过去了。这家由海南省以1000万元启动资金，通过融资租赁和经营租赁方式引进4架波音737飞机起步的航空运输企业，经过10年的运筹帷幄、因势利导，到2002年底，已拥有飞机76架，通航80多个城市，480多条航线，并形成具有航空运输、机场和酒店旅游三大板块的海航集团，2002年底资产总额达到247亿元，成为国内仅次于国航、东航、南航的第四大航空运输企业。

　　海航10年高速发展的历程，留下了许多丰富经验与发人深思的启迪，它不仅对我国航空运输业，对国有企业的改革与持续发展提供了不少新的思路，同时也向世界展示了中国企业在面对国内国际竞争中，在经营管理上所体现的中国特色。

一、机遇

　　海航发展所留下的足迹，每一步都紧紧伴随着我国改革开放所提供的机遇。

1988 年海南建省并成为我国最大的经济特区是海航能出现、存在、发展的重要前提条件。海南四面环海，地域偏远，交通不便。为解决特区对外交通，省政府于 1989 年决定成立海南省航空公司。而随着经济的发展，人民生活水平的提高，海南旅游特色的显现，更为海航以海南为依托飞向全国，扩展到酒店旅游与机场管理，推动其事业蒸蒸日上。

但显然，省政府的 1000 万元启动资金对一个航空运输企业来说真正可谓杯水车薪。资金成了最大关键。正在这时，1991 年国家批准在部分国有企业中实行股份制试点。而航空运输业正符合试点要求。海航领导抓住时机，走资本扩张道路，向省政府申请实行股份制试点，并获批准。1993年 1 月海航在海南省工商行政管理局登记，成为全国第一家规范化的股份制航空运输企业。

有了股份制企业的体制，就得以顺利以定向募集方式在三个月内募集到 2.5 亿元股本金。凭借这 2.5 亿元股本，从交通银行贷款 6800 多万美元，购买了两架飞机，再向美国租赁公司又租了两架，为海航的真正启动创造了物质基础。

这样，1993 年 5 月海航就以这 4 架飞机开始正式运营。

1994 年 5 月，国家加大开放力度，同意外资有条件地投资民航运输业，这在海航面前又提供了一次新 0 的商机，他们提出了募集外资股的新思路。董事长陈峰多次前往美国华尔街，向国际金融投资家宣传我国改革开放形势与政策，以及海航1993年当年运营、当年盈利的业绩，有力地说服了国外投资商，包括让"金融大鳄"索罗斯信服，使海航在向国际贷款时都不需担保。

1995年9月美国航空有限公司与海航签署了外资购股协议，海航在华尔街发行了1亿外资股，占当时总股本的25%，海航随后在国家工商行政管理局重新登记注册，成为唯一一家中外合资航空公司。

1997年海航B股在上交所上市，这又是首家境内上市外资股的民航运输企业。1999年海航A股又在上交所挂牌上市。A股、B股的成功发行，为公司可持续发展提供了有力的资金支持。

海航正是充分利用了股份制改造的契机，对资本运作这个许多企业当时还比较陌生和尚在探索之中的市场经济重要手段，做到了抓住资本市场机遇，运用自如地来不断发展壮大自己。

党的十五大提出"对国有企业实施战略性改组。以资本为纽带，通过市场形成具有较强竞争力的跨地区、跨行业、跨所有制和跨国经营的大企业集团"。

这为海航的进一步发展指明了新的前进方向。

他们抓住这一契机，两年内先后重组了长安航空、新华航空、山西航空，控股海口美兰机场，并受省政府委托代管三亚的凤凰机场。

中央提出西部大开发的战略，为海航积极参与西部建设，发展支线运输出现了一次新的机遇。2000 年 8 月海航对长安航空责任有限公司实行联合重组。海航出资 6.9 亿元，使这个原来在陕西省内外 10 余个城市 30 多条航线的支线企业，在重组两年间，公司资本总额由 1.4 亿元发展到 11 亿元，大大加强了运力，航线增至 130 多条，由原来局限于陕西省附近扩展到国内由北到南的支线运输。

西部地域广阔，航空运输对改善西部投资环境意义重大。长安航的重组，既是海航为西部大开发作出的一项实实在在的贡献，为陕西省国有企业的改制提供了一个成功范例，而海航也在前景广阔的西部有了自己的据点。

接着于 2001 年 2 月又重组了新华航空公司，海航出资 10.98 亿元，占注册资本的 60%，新华航注册资本增至 18.3 亿元，航线由过去 40 多条增加到 120 多条。重组后 2001 年总收入比改制前的 2000 年增加了近 50%，并在重组后的一年之内扭亏为盈，海航在北京也有了自己的中转基地。

2001 年 7 月，海航重组了山西航空，海航控股

89.06%，并在太原有了自己的中转基地。

海航在重组长安、新华、山西航基础上，为提高航班货运载运率和货运收益，联合上海机场集团成立扬子江快运航空公司，提供航空货运服务，并开发快运与物流市场。2001年8月经民航总局批准，成为除中国货运航空公司外的全国第二家专业货运航空公司。海航集团下属四个主要航空公司将客机腹仓货运运力提供扬子江快运使用，形成覆盖全国80多个主要城市，480多条航线的航空货运网络。

除了上述航空运输板块外，海航于2002年8月又重组长期亏损的海口美兰机场，并于2002年11月将海口美兰机场股份有限公司H股在香港联交所上市，成为境内第一家在香港上市的地区机场。之后又成功托管海南机场股份有限公司和三亚凤凰机场。

此外，海航又于1997年11月成立了海航酒店集团，下辖9家酒店，并跻身于全国十大酒店集团之内。

这样就使海航的航空运输服务、机场服务与酒店服务延伸结合，并从中日益显示出它的品牌效应。

从海航这十年的发展历程，可以清楚地看到，海航的每一步发展都反映了我国在深化改革、扩大开放的政策指引下所出现的新的机遇。海航正是高瞻远瞩地每次先人一步看到了刚出现的新机遇，并及时抓住了这些新机遇，而使海航在原有基础上得到了一次又一次新的跨越，登上了一个又一个新的台阶。因此海航的十年，也可看做是改革开放在我国民航发展史上的一个缩影。

二、素质

海航十年的发展，充分体现了这期间我国在改革开放中的一系列政策为其提供了机遇。这些机遇是客观地在所有企业面前都是同样存在的。关键是在机遇面前能否及时察觉到，进而是否不失时机地将其抓住，这才是借助机遇来发展自己的核心。因为机遇毕竟只是外因，而外因是要通过内因才能起作用。海航能利用机遇得到发展，其内因正在于海航人的素质。

这些素质主要体现在以下几个方面：

1. 要有能捕捉机遇的敏锐眼力

既然机遇对任何人都一视同仁、机会均等，那么只有具有深刻洞察力与敏锐眼力的人才能先人一步看到它并抓住它。这种洞察力与眼力首先取决于你对周围环境及时全面的观察了解与深入细致的分析研究，从中根据企业的实际去考察是否存在可利用之机。这里十分重要的是对中央、地方和本产业的方针政策中哪些正为本企业提供了机遇。这些年来中央和地方的政策不断出台，但仅学习、了解还不够，要在真正深刻领会之后结合企业当前实际进行深入思考，才能捕捉到新的商机。反之,如对政策的了解仅停留在表面上、口头上,那就根本起不到指导自己实践的作用。

这正是反映企业经营者的高下之分的因素之一。

海南建省并成全国经济特区之一正是海航面临的第一次机遇。而后中央提出国有企业股份制改造,外资可以有条件地投资民航运输业,以及建立现代企业制度的要求,资本运作舞台的兴起,对国有企业的战略性改组等等,每一次新政策的出台,都使海航抓住所提供的新的机遇而得到进一步发展,并使海航多次成为民航业的第一家,要是没有这些政策引导,并及时从中抓住出现的机遇,海航也就不会取得今天这样的成就了。

在全球化形势下,机遇不仅只来源于政策。国内国际大环境的变化也正在为企业的发展提供更多更大的机遇。以往企业的经营,更多地是注意和重视企业的内部信息,以便使自己有限资源用到最有效的地方去。但现在,特别在入世之后,国内国际市场的界线正在淡化,外来信息对企业的影响越来越重要,其中新的机遇、新的商机也越来越多。因此需要眼观六路,耳听八方,把以往所习惯的封闭式的思路打开,面向外部,面向世界。企业经营者的头脑,他的"触角"应该像雷达一样不断在空间作360°旋转,以便及时吸收来自任何方向的信息,并加以过滤,看究竟哪些为本企业发展提供新的商机。海航董事长陈峰十下华尔街说服国际投资家为海航出资购股就是一个生动的例子。

2. 要有敢冒风险与甘冒风险的胆略与智慧

在市场经济中，优胜劣汰的客观规律永远在起作用。市场竞争中时时处处都存在风险。商战如同兵战，都不会有常胜将军。只有敢于并甘于冒风险的人，才能在竞争中胜人一筹取得胜利。

当你看到了机遇并且抓住了机遇，要使之落实，为企业提供实效，这其中就包含着风险。如按过去计划经济时代所形成的思路，只有一切都"十拿九稳"，一切都"万无一失"才敢拿主意，才敢拍板，那市场机遇早就失之交臂，不可复得。要及时抓住机遇，付诸行动，就要有"第一个吃螃蟹"的胆略。在市场经济中没有无风险的"买卖"，而且，一般来说，风险越大，如处理得当，往往其回报也越大。

但我们说要敢于冒风险决非意味着盲目冒险、"蛮干"。要避免风险，或使风险所带来的负面影响降到最低限度，就需要对前景可能出现的风险进行冷静的、客观的分析，并且对各种可能出现的情况事先周密地分别研究对策，"如果出现什么情况，那么我该采取什么措施去应付"。这样才能在风险真的出现时不致措手不及、疲于应付，而能转变为未雨绸缪，早有准备，从而掌握应对风险的主动权。因此，敢冒和甘冒风险不仅要有胆略，更要有对付风险的智慧。

海航的发展，海航的履次取得全国第一家的位置，正反映海航敢为天下先的勇气、胆略和智慧。

3. 要有深谋远虑的冷静思考

现在的企业正面临着越来越复杂、越来越严峻的国内国际市场竞争的挑战与压力。因此如何把企业该做的事情做好（Doing things right）十分必要，但显然已经不够。更重要的是要作出正确的判断、选择，考虑要去从事的事情本身该不该去做、决策是否正确（Doing right things）。要是你花了很大力气去做一件本来不该做的事，那么再没有比这个决策更误事，损失更大的了。

尤其是现在随着全球化与网络化的出现，市场的变化越来越快。如果战略决策一旦失误，那么在市场上就没有回旋余地，就会很快陷入被动而不可自拔。

因此对企业来说，固然需要全体职工全都兢兢业业、埋头苦干。但对领导者来说，尤其对领航的一把手来说，成天埋头于热火朝天的事务性工作显然是不行的。环境越复杂，越需要有人以冷静的头脑，站得更高，看得更远，为企业的前途命运作深谋远虑的深入思考。因为这决定着企业的明天，企业的未来。他要站在潮头，把稳航向，带领全体员工越过急流险滩，使企业这艘航船能顺利驶向彼岸。

如果没有这样一位高瞻远瞩的关键人物在指明航向，而仅以做好当前事务为满足，那么在如今这种激烈竞争形势下，这个企业的前景也许是可悲的。

海航董事长陈峰戏称自己"不务正业"，把自己主要精力用于读书育人，其实是以更多时间用于思考、学习和研究经营管理的哲理。他又称自己已"退居二线"，很多工作交由他的副手去承担。其实他所说的"不务正业"才是真正的"正业"。这使他能更好地"冷眼向洋看世界"，静观国内国际市场的风云变化与发展的走向，从中捕捉商机，为海航的战略发展服务。要是海航没有像陈峰这样一位"不务正业"的最高领导人能比较超脱地为企业前途命运不断进行谋划与深入冷静思考，而只满足于日常事务，那么可能在机遇面前视而不见，海航也许就不是今天的海航了。

"退居二线"，把许多事交给副手，这反映海航领导的领导艺术。我们可以看到不少企业的领导人"事必躬亲"，成为成天忙忙碌碌的事务主义者。这种工作作风，在一个企业的初生期，用这种手工作坊式的领导方式如果说一时尚可的话，那么在企业发展了之后，这只能妨碍大家积极性、创造性的发挥。授权作为一种领导艺术，首先是建立在对副手或部下的信任上。而当然授权也离不开监督。但只有通过授权，才能使自己从日常事务中超脱出来。在当今全球化形势下，真正需要处于"身在局中，心在局外"。这诚如古人所说："以天下之目视者，则无不见；以天下之耳听者，则无不闻；以天下之心虑者，则无不知。"（《鬼谷子·符言》）。海航领导人不正是以"天下之目"、"天下之耳"、"天下之心"在审时度势，为海航的战略发展进行着冷静而具有远见的思考吗？这不正是一个企业，特别是一个大型企业一把手最大的"正业"吗？

客观上出现的各种机遇，只有在企业领导具备市场经济所需要的素质时才能及时察觉，及时抓住。但如果这些高素质只在领导层、决策层中存在，对整个企业的顺利运作还是会力不从心。因此提高企业员工的整体素质就成为一个企业腾飞的基石。当然，对企业领导层素质的要求与对一般员工的素质要求是不尽相同的。但要使上下沟通，取得共同语言，首先必须要有共同的价值观，要做到这一点，提高全体员工的文化素养就成为最根本的因素和要求了。

三、文化

党的十六大提出："文化的力量，深深熔铸在民族的生命力、创造力和凝聚力之中。"

人们从实践中已逐渐体会到，企业的长盛不衰，与其文化建设息息相关。

对一个企业来说，能反映该企业特点的企业文化，同样也深深熔铸在该企业全体员工的生命力、创造力和凝聚力之中。凡是一个能持续存在、持续发展的企业，必须在其长期经营实践中积累、提炼、倡导出一套符合该企业特色的企业文化。我国百年老厂、百年老店都有自己的厂风、店风代代相传就是明证。

许多企业其员工来自五湖四海，不同的家庭背景、教育背景，往往形成不同的价值观。走到一起如何使大家能做到心往一处想，劲往一处使，共同为本企业的发展与兴旺发达贡献各自的聪明才智，这不能只靠制度的约束，而更要靠文化的力量，才能通过潜移默化成为深入人心的自觉行动。

海航十年发展靠的是客观上出现的各种机遇。能抓住机遇为其所用，靠的是海航决策层及员工的素质。而把机遇化作具体行动，使决策得以贯彻实施，更靠的是海航独特而鲜明的企业文化。

为取得共同语言，为形成共识，进入海航的员工首先都必需熟读熟记《管理干部守则》（《海航员工守则》）。新来员工听讲的第一课都由董事长陈峰亲自传授，使大家了解海航的发展史、海航的目标、海航的要求，以及共同的价值观。被大家称作"校长"的陈峰强调，一个人一生无非就是做两件事，一是做人，二是做事。而做人则更为根本。海航企业文化和企业理念告诉世人：人应该怎样活着，一个人的人生应该怎样度过。这具体体现在"同仁共勉十条"之中，其中生动反映了我国的传统道德文化，如要求员工"和睦"、"谦恭"、"宽恕"、"慈爱"等等，而且以"健康以慎食为良药"列为"同仁共勉"十条之一，充分体现对人、对员工的关爱，这也是不多见的。海航尤其强调领导者要以"德"为基本素质的要求，以"德"来统一大家的思想与行动，成为无声的命令。

企业文化的塑造和形成，往往是领导者，尤其是创业者自身的投影。以身作则，为员工作出榜样，身教重于言教，才能真正形成企业有力的文化氛围。而陈峰本人对儒、佛、道三家的深入研究与领悟，将此三家的治心诚意用世之学，取其精华反映到海航的治厂之道中。这在我国企业与企业文化中是颇为独特的。

为了提高海航员工的文化素质与道德修养，海航印发了相应的《中国传统文化导读》，让大家从古人的哲理中更好地汲取怎样做人和做事的养料。主要内涵是正确处理义与利。待人处事要讲道德、讲义气，要对所作所为负责。海航认为，一个人如果在家连父母都不能孝敬，对妻儿子女都不负责任，那如何能要求他成为对企业、对工作负责的员工？所以这样的人海航是不会接受的。

海航文化还反映在它重奖重罚的一套激励机制上。专门设立的董事长奖励基金对有特殊贡献者予以重奖，对违纪者则予以重罚，毫不留情。有经验的飞行员犯了错误被立即降为搬运工的事例并非绝无仅有。但是这些都是对事不对人，只要改正，就可复位甚至得到提升。陈峰说，这是以霹雳手段行菩萨心肠，目的是教育人，"惩一以儆百"，使更多人从中受到教益。同时也是在人们心目中强化对企业文化的自觉意识与理解。

这正如 IBM 在世界各地有一百多个分支、几十万员工，如何统一大家的认识与行动，就是靠它的企业文化，具体体现为三条：把每一员工当作成年人对待；IBM 就是服务；以及要求在每个岗位上精益求精，追求卓越。在一般情况下，IBM 员工也是长期雇佣不轻易辞退的，但要是谁违反了它的企业文化就会毫不留情地请他走人。

海航提倡"内修中华传统文化精粹，外融西方先进科学技术"的中西合璧的企业文化精神。这确实是博采众长，自成一家之举。

进入新世纪，科学技术突飞猛进的发展对社会生活的方方面面，包括对企业的经营运作正产生着日益深刻的影响。如不及时跟上，与时俱进，则很快就会变得落后而被淘汰。但是我们的企业是在我们的土地上生存的，我们的员工与服务对象是中国人，都受到我国传统文化的直接间接影响。中华民族五千年文明史更是博大精深，是我们得天独厚的文化优势，如果我们能领悟得深，运用得好，便将成为我们在全球化形势下独树一帜的竞争优势。海航把中华传统文化的精粹，紧密地与西方先进科学技术融为一体所形成的海航文化，已经初步显示了这种中西合璧所显示的巨大生命力。

从这20多年来我国在改革开放下企业的生生灭灭中可以看到，一个能保持持续发展的企业，固然其具体因素各不相同，但其中确实存在的共性因素之一，就是这类企业必然在"洋为中用"和"古为今用"方面都予以充分的重视并使之完善结合作出了不懈努力。学习国外的先进经营理念与方法，而不是全盘照搬照抄，要结合我国国情、民情加以"加工改造"，使之适应我国土壤，真正要做到"洋为中用"。从我国传统文化中汲取养料，也不是向古人求取现成答案，而是从古人的相关哲理、学说、理念中，结合当前现实和实际，进行举一反三、触类旁通的思考，以领悟出新的思路，做到"古为今用"。

海航的实践已为我们提供了一个例证。

海航的企业文化是一笔珍贵的思想财富和精神财富，是一笔丰厚的无形资产。正如《道德经》中所说："天下万物生于有，有生于无"，即有形的、物质的财富"有"，是从无形的、非物质的"无"中产生出来的。海航今天拥有200多亿资产，正是由于这些年来通过海航文化所培育出来的一代新人，经过艰苦努力、踏踏实实地创造出来的。

我们相信，在今后的实践中，海航必将不断丰富海航企业文化的内涵，在全体职工中加深对海航文化的领悟，使整个海航集团向更高的精神境界攀登，为我国民航运输业、为祖国全面建设小康社会作出更大的贡献。

（国务院国资委"国资委工作交流"第1期2003年5月13日）

百年老港换新颜

——青岛港改革和发展的启示

编者按

我国在深化改革中，中央一再强调坚持公有制的主体地位。此文旨在通过青岛港这一国有企业的具体实例，试图从一个侧面回答国有企业到底能否搞好和怎样才能搞好的问题。青岛港的主要经验体现在：转变观念、抓住机遇、提高士气和团结奋斗的领导班子。看来这对其它国企和不同所有制企业也具有一定的借鉴参考价值。

自 1892 年青岛人自己建设"栈桥"这个小码头起，青岛港已走过了 111 年的历史。1897 年德国占领了青岛，并于 1898 年起用了 6 年时间建成一号、二号码头。到 1949 年解放历时 57 年，全港年吞吐量仅达到 72 万吨。自 1949 年至 1988 年的近 40 年，由于设备落后，原设施老化，虽通过老港区改造，吞吐量虽有所提高，但都未能突破 3000 万吨。

1989 年开始，新的领导班子上任，他们迎接市场经济的挑战和机遇，站在改革开放的时代潮头，运筹帷幄，团结全体职工，一步一个台阶不断向高峰攀登，开创港口建设发展的新局面。到 2002 年全港吞吐量已超过 1.2 亿吨，预计 2003 年将达到 1.4 亿吨以上，连续第二年实现每年增加两个千万吨级的大台阶。集装箱吞吐量也以每年 30% 的速度递增，于 2002 年达到 341 万标准箱，成为东北亚第二，世界第 14 位的集装箱大港。

青岛港近十多年来的跨越式发展，使一个原来默默无闻的小港跻身国际大港行列，其中许多思路、做法和经验，对我国国有企业的改革发展具有借鉴的价值，是我国国企改革的一笔宝贵财富。

变坐商为行商

港口码头建设，一向属于国家基础设施投资，长期以来，计划经济色彩浓重，即历来是坐等送货上门，只有货主求港口，而港口则无求于人，正如过去的铁路被称为"铁老大"一样，港口以前也被人称为"港老大"。

1992 年党的十四大提出：我国经济体制改革的目标是建立社会主义市场经济体制。港领导先人一步领会到面临的巨大变革，引发了思想观念上的深刻变化。他们认识到，企业今后的生存发展，必须以市场为依托，明确今后港务的主战场在外、在市场。青岛港不能再是在家等货上门的"坐商"，而必须转变为走出门去，走向市场的"行商"。并且陆续在全国 22 个省、自治区、直辖市设立了自己的据点，主动在当地寻找需要运输的货源，了解货物的种类、运抵的目的地，并为货主设计通过怎样的陆路、水路，以较短捷的路线、节约的运价，来实现其目标。这样就大大扩大了运输货源，开拓了潜在市场，同时在货主中树立了自己的信誉。由于青岛港在原油、矿石、煤炭、集装箱、粮食等物资的运输上具有专用码头，又有长期的装运经验，独具优势，从而使其在全国范围有了覆盖面较为广泛的货主。

青岛港在一手抓货源的同时，另一手抓运货船只的协调搭配。例如对某一货物其运量小于某船的载货容量时，青岛港搭配的同一方向的其它货物，尽量使货船满载，这样也使船主满意。

由于抓了货主、船主这两头，使港口的业务在国内国际航运市场上得以扩展延伸，体现了作为"行商"在市场经济中的积极主动作用。

港口运输不是生产单位，基本上是服务性质。生产单位的工作质量可以用产品合格率等具体指标衡量，但服务的质量却难以量化。青岛港提出把客户的满意度作为衡量工作质量的标准。他们认为，客户的事再小也是大事，再困难也要去帮助解决。1995 年在某煤矿托运的 6 万吨煤炭中，货主发现在煤炭中丢失了一把搬手，这事被提出后，港口负责将这6万吨煤用了近一个月时间全部翻了一遍，终于将这把搬手找了出来，保证了这批煤炭的质量，成为广为流传的经营佳话。

又比如，运送的煤炭发热量有高有低。发热量高的价格高，低的则较便宜。有些用户，如发电厂，不需要全是高发热量的煤作燃料。于是青岛港又免费为客户承担了配煤任务，即把高发热量与低发热量的不同煤炭按要求加以重新搭配，虽然这样做为港口增加了配发场地，增添了许多麻烦，但对客户有利，不但降低了成本，也减少了发热量资源的浪费。

从这些事例中可以看出，青岛港对待客户真正体现了想客户之所想，急客户之所急，这就抓住了市场经济下企业竞争的要害，也从一个重要侧面反映了青岛港这些年来所以保持不断发展，欣欣向荣的奥秘之所在。

对服务型国有企业来说，由坐商变行商，是进入市场经济后的观念转变和付诸行动的第一步，而这却是至关重要的一步。

抓住机遇谋发展

发展是硬道理，而机遇则为发展提供了客观可能性。

随着改革的不断深化，企业的生存与发展，越来越取决于企业自己，这对国有企业也不例外。在同样的客观环境下，为什么有的企业由盛到衰，有的却蒸蒸日上？究其原因，无不与其是否适应环境变化作出正确的战略决策与经营决策有关。青岛港这些年来的发展，再一次验证了决策对企业兴衰的重要作用。

青岛港领导认为，决策与风气是搞好一个企业的两条根本之道。

例如，青岛按国家要求，为保证原油出口，建设了一个20万吨级的油码头。但建成后，某油田未能达到原计划的产油能力，导致这个油码头长期无法利用，处于年久失修、被废弃状态。仅清除管道锈蚀每年就要耗费巨资。这种损失属于国家，国有企业并不负什么责任。但青岛港领导不是这么想。他们从国家宏观发展的高度，看到随着我国经济高速发展，原油的需要量日益增加，出口会变成进口。这样他们就把原来只供出口的原油码头改造为可供进口原油的码头，并增建了一批每个容量5万吨原油的储油罐，使储油能力达180万吨。当时不是没有遭到非议，有人认为已有的设施已用不上，怎能继续投资，然而不出几年，这个原油进口码头为满足我国不断增加的原油进口需要作出了重要贡献。

要使决策正确，绝不是凭主观愿望或想象，而首先要"情况明"，才能"决心大"。一个正确的决策，必然是站在时代潮流的前沿，对国内国际市场的变化，尤其是对这种变化的发展趋势做到心中有数。要高瞻远瞩地抓住市场风云变化而提前作好准备，这就是青岛港能使全国最大的集装箱码头、原油码头、矿石码头、国际一流的煤炭码头、散粮接卸码头全部落户在这里的原因。世界上有多大的船舶，他们就有多大的码头。这样就为青岛港迈向国际航运中心的目标提供了必要的物质基础并赢得了主动。

变革是当今世界的主旋律。随着变革的加速，对企业来说不仅挑战越来越严峻，压力越来越大，而同时机遇也越来越多。好的企业能够把握时机，抓住转眼即逝的机遇来发展自己。青岛港在这方面也为我们提供了发人深思的实例。

1995 年 1 月 17 日，日本神户大地震使这个国际集装箱中转基地失去了作用。青岛港及时觉察到这一变化，迅速采取行动，与中国远洋运输公司达成共识，青岛港可取代神户港为其提供全部运量和服务。从而一跃而出使亚洲地区的国际集装箱中转基地由日本转到了中国，落户到青岛港，使青岛港跨上了一个新的台阶。

在当前全球化进程加速发展中，机遇随时都在出现。机遇是客观存在，对任何企业都是一视同仁的，只有具有远见卓识的企业领导人才能及时以识到面临的机遇，只有具有胆略的领导人才能迅速抓住这种机遇。这就取决于企业领导人的素质，即要从战略高度来观察和思考问题，养成战略思维的能力。要认真分析改革开放以来无数企业的兴衰成败，抓住企业可资利用的各种机遇。青岛港今日所取得的令人瞩目的业绩，在很大程度上正反映了他们能及时迅速地识别与抓住机遇，作出正确决策，来为自己的发展服务。

人气兴港显威力

作为企业，总是要追求使客户或顾客满意。其实顾客有着内外之分。要使企业取得它外部顾客的满意，首先要使其内部顾客，即企业自己的员工满意。不能想象，在一个职工心存不满、满腹牢骚的企业，如何能为其客户或顾客提供令人满意的工作和服务。

要经营好一个企业，要办好任何事情，都必须依靠全体员工，充分发挥大家的积极性与聪明才智。现在无论国内国外，都已认识到人不仅是劳动力，更是最活跃的生产要素、资源。因此企业管理的一切活动，其出发点和落脚点必须以人为本。对人的管理职能，过去人事部门是管人的，现在都已改为对人力资源的开发了。

虽然认识上目前对以人为本已有共识，但真正落实在行动上，体现在现实生活中，却并不都像口头上说的那么简单。

青岛港务局对其 16000 名员工的尊重、关怀、爱护，以及由此而焕发出来的力量，给人以新的启迪。

首先从最基层的码头装卸工人的变化就可看到这种以人为本的缩影。

提起装卸工,使人想到的一般会是一群浑身污浊泥泞、汗流浃背的形象。可是当人们走到这个港的候工间,即装卸工人换装休息的地方,却仿佛走进了一个星级宾馆。每个装卸组都占有楼面的若干房间,不但有更衣室,还各有自己的会议室、阅览室、休息室,并都由工人自己去布置,形成各组之间的比较和竞争。更衣室过去是一个方形更衣箱,后来港领导说现在生活水平提高了,冬日要穿大衣,要让衣服能挂起来,于是每人改成一个长的更衣箱,上面一个方形小箱可以放帽子、衣物,下面一个方形小箱可以放鞋袜,衣物都整整齐齐。墙上贴着每个人的标志,上面有本人照片、姓名,以及一句他自己的警句或信条。走廊里挂满了镶在玻璃镜柜里工人自己创作的字画。这里体现的不仅是装卸工的物质生活面貌,更反映了现在工人们的精神面貌。

这正是青岛港多年来开展深入细致的思想政治工作的成果,而这也正是国有企业的独特优势。

同样是这16000名员工,为什么经过十多年的努力,会使青岛港旧貌换新颜?是什么唤发了职工们内心的动力?是对人的尊重、关心和爱护,是以人为本的观念在实际行动中的体现。

港领导提出，关系到职工的事无小事，再小的事也是大事，再困难也要加以解决。在这种精神感召下，职工的回答是：港口的事再小也是大事，工作任务再难也要完成。在填海造地兴建新码头时，不只是职工本人，连其家属，老人孩子也是车推手提，把一筐筐一箩箩石块投向海边的动人场面，就是职工工作积极性的鲜活写照。

一个投资 18 亿元的 20 万吨级矿石码头，就这样仅用了 18 个月便建成的奇迹，反映了建设者们的高效与干劲。

青岛港的企业文化是八个字：信念、感情、珍惜、奉献。这里企业文化不是空洞的口号，而是有针对性的行为准则。首先要树立"信念"，使大家相信，青岛港在大家共同努力下，一定会建设得更好，国有企业一定能发扬自己的优势在竞争中发展。对人的关爱主要体现在"感情"上，使人意识到青岛港之有今天，实来之不易，应倍加"珍惜"。而最后则落脚到"奉献"上。

这种反映一个企业自己特色的企业文化，正是别人无法照搬、模仿，也无从窃取的核心竞争力之所在。这里不仅是在职工之间、干群之间、领导班子之间，而是在企业中处处都体现了中国传统文化"和为贵"的气氛。仿佛一个大家庭，"家和万事兴"。这里不只是讲"人本"，更进一步把它提升到人的精神、理念、意志、共同价值观的"士气"的高度，正是这种"人气"成为兴港的重要动力。

职工将自己受到的关爱化作对青岛港作出更多奉献的回答，而青岛港也把职工创造的财富变成实实在在的回报。他们的收入年年有所递增，生活水平不断改善。青岛港的职工的精神是饱满的，他们的腰包也是饱满的。职工人均住房面积已从原来的 4 平方米增到今天的 28 平方米，资产总值从 1988 年的 5 亿多元已增加到今天的 103 亿元，令人信服地展示了"人气兴港的威力"。

要调动大家积极性，必须充分发扬民主。这里每周六为领导接待日，职工有任何问题都可直接与领导面对面提出。职工的话可以有地方说，有渠道可以表达，这就防止了只能在下面议论、发牢骚，形成不团结的局面。

青岛港把对职工的关爱，表现在福利待遇的规定上。这里不仅对现职职工，还包括离退休人员与家属。对过去为港口的建设作出过贡献的离退休人员，始终坚持对他们冬送温暖，夏送清凉，使这里的人处处感受到浓浓的人情味，也体现了我国传统文化的"老吾老，以及人之老；幼吾幼，以及人之幼"的传统美德。

在有着一种如沐浴在和煦春风中上下一心的"人气"催化下，一个港口，一个国有企业，如何会不振兴，会不变得日益兴旺发达?!

带头人的风范

一个原来码头年久失修、设备陈旧的百年老港，自 20 世纪 80 年代末开始经过短短十几年时间面目焕然一新，一跃而在原油、煤炭、矿石、集装箱和粮食运输上成为全国名列前茅的港口，并逐步跻身于国际大港。这种奇迹般的发展是如何实现的？其中原因很多，但最根本的原因之一是：现在青岛港有着一个坚强、团结的领导班子，这个班子有一位受人崇敬的好带头人——常德传同志。

常德传 1968 年毕业于大连海运学院后便来到青岛港，在一线从事装卸作业。1981 年起当港务局副局长，1988 年任局长。2003 年 1 月 8 日青岛港正式组建为青岛港（集团）有限公司。常德传被推举为集团董事局主席、总裁、党委副书记。在他带领下，青岛港的发展迈出了新的步伐。

常德传同志严以律己，宽以待人，对在港的职工，不论是在职的还是不在职的，不论是专业人员还是装卸工都是关怀备至，考虑周全，而对自己却看做是职工中的普通一员，他任局长十几年，为全局职工构建住房 7000 多套，实现了人人有房住，而他才最后一个调整了自己的原有住房。办公大楼也是已使用多年，而从不加以装修。

港口职工为了表达他们对领导关爱的回报，自动捐款 25 万元通过职代会决定作为给港领导的"奖励"，领导却分文不收。这反映了领导与职工之间的鱼水深情。

在港口党政领导班子的努力下，全港 16000 名员工没有一个人因下岗而被推向社会。他们在港范围内千方百计开辟新的就业渠道，使人人得到安置。

随着全球化的发展，作为港领导，更能做到与时俱进。面对全球化，青岛港不是被动应付，而是主动出击，把青岛港放到世界航运的大背景下来为自己定位。走出去的战略不只是指走向全国，把 960 万平方公里都看做是自己的市场，还要主动地开展国际合作。目前已建立合资企业 20 家。世界 500 强企业有 6 家落户青岛港。在与世界第二大航运公司英国铁行集团成功合作青岛前湾二期项目之后，2003 年 7 月又与世界第一大航运公司丹麦马士基集团、英国铁行集团，以及我国最大的航运公司中国远洋运输公司中远集团进行了青岛港前湾集装箱码头的三国四方合作签约，总投资 8.87 亿美元，它打破了中国大陆沿海港口一向采用的两方合资经营码头的惯例，开创了多方合作的先河。

这些反映了青岛港领导在进行重大决策上深谋远虑和胜人一筹之处。

要贯彻落实正确的决策，必须依靠全体员工步调一致、十多年来，青岛港年年围绕党的中心工作和港口实际，进行主题思想教育，为港口发展注入了强大的精神动力。青岛港不仅是一个亿吨大港，而且已成了一个大熔炉、大学校。例如装卸煤炭的码头一般印象都是又脏又乱，可是这里却是干干净净、井井有条，这是近些年大力抓了港口的技术改造，以机械化代替重体力劳动的结果。现在青岛港之后更进一步推进信息化，"以鼠标代替铁锹"，体现了管理的严格和港口与时俱进的发展。

在码头的一座建筑物上刻着"工人伟大，劳动光荣"八个大字。这是在一些国有企业今天已不太多见的口号，反映了青岛港对工人劳力价值的重视。青岛港领导正是以自己身体力行，以榜样的力量，形成无声的命令在指挥着、感染着这 16000 名员工的风气和行动。这正如过去流传过的：领导迈什么步，群众走什么路。要搞好一个企业，说到底，关键还是在领导。要探究青岛港这些年所走过的发展之路，从带头人到一班人的风范上会给我们一种新的启迪。

青岛港（集团）有限公司，这个过去叫青岛港务局的 16000 人的国有企业，短短十多年"旧貌换新颜"的深刻变化引人深思。它说明在社会主义市场经济下一个企业的兴衰成败并不完全取决于它的所有制。现在社会上有些人认为国有企业没有前途的论点显然失之偏颇。关键问题还在企业内部，因为内因毕竟是变化的根据，而外因只是变化的条件。国有企业如果首先能转变观念，并且能真正发挥它固有的优势，通过强大的思想政治工作真正依靠工人阶级，依靠全体员工，把大家的积极性、创造性充分调动起来，依靠一个坚强的、团结一致、"执政为民"的领导班子，就必然能克服种种困难，不断开拓前进，创造国有企业的辉煌。

青岛港的历程，青岛港的现实，已经给了我们一个明白无误的回答。

（国务院研究室《送阅件》2003 年 10 月 20 日）

（附 1）

山东省韩寓群省长的批示

"青岛港的实践有力地证明，在社会主义市场经济条件下，国有企业是可以搞得好的，关键是要有一个好的领导班子，能够适应市场经济的发展变化，不断解放思想，转变观念，大胆推进改革，创新管理体制和运行机制，及时认识和抓住发展机遇，并且能够充分发挥国有企业固有的优势，通过强大的思想政治工作，真正把广大员工的积极性调动、发挥出来。青岛港的许多思路、做法和经验，对深化国有企业发展具有借鉴的价值。"

（附2）

青岛港（集团）有限公司总裁常德传
2003年11月12日给潘承烈的复信

您好！您寄来的国务院研究室"送阅件"我已收悉，并再次认真学习拜读，使我从理论上对青岛港十几年来走过的道路有了新的认识。我更感谢您为青岛港全力鼓劲加油，使青岛港的情况在中央最高领导层中广泛传播，这是对青岛港无比的关怀和最有力的支持，是许多企业梦寐以求而难以得到的荣誉。我代表青岛港全体员工再次对您表示最衷心的感谢！

说实话，青岛港能够有今天，除了全体员工的共同努力以外，更重要的是中央、省、市和交通部的正确领导，是各级领导的大力支持和亲切关怀。特别是您不辞辛苦，千里迢迢来到青岛港，深入基层，广泛调研，并从理论的高度上对我们的作法给予总结，撰写了长篇调查报告，最近又送到了国家最高层领导，我们深受感动，很受教育。我们无以回报，只有不偷懒不耍滑努力工作，加快青岛港的发展，为国家做出更大的贡献，不辜负您对青岛港无私的关怀和殷切的期望。

潘教授，在您和各级领导的亲切关怀和大力支持下，继9月20日港口吞吐量再次超越1亿吨，10月27日集装箱吞吐量超过去年341万标准箱全年总量之后，截至11月14日，港口又完成吞吐量12216万吨，超过去年全年总量，预计全年将完成1.4亿吨，连续第三年实现一年跨超两个千万吨级大台阶；预计全年可完成集装箱420万标准箱，比去年净增80万标准箱。

另，您寄来的国务院研究室"送阅件"，我已复印呈报给山东省、交通部和青岛市的有关领导。

二十春秋话海尔

2004 年 12 月 26 日，海尔迎来了她的二十华诞。

从 20 年前负债 147 万元起步的海尔集团，发展成为国内国际高知名度的我国企业的排头兵。20 年历程给人的启迪是深刻的、意味深长的，实际上已远远超出了一个企业的范畴。

一、时势造英雄和英雄造时势

海尔创立于 1984 年 12 月，是党中央于 1978 年 12 月召开的十一届三中全会后的第六个年头。

海尔是我国改革开放的产物。

从十一届三中全会开始的"解放思想，实事求是"的思想路线，开启了我国经济发展的一个历史性的新时期。

没有改革开放的大环境，没有改革开放的"时势"，再有天赋，再有才干的人，也难以充分施展自己的才华。正是"以经济建设为中心"的"时势"，在我国大地上催生和造就了一批批像海尔，像张瑞敏这样的优秀企业和优秀企业家，造就了我们的时代"英雄"。

与此同时，在改革开放的20多年间，中国经济有了前所未有的快速发展，综合国力有了令世人瞩目的增强。在世界经济处于低迷的长时期中，中国经济保持着一枝独秀。这一成就的取得，究其原因，当然首先是中央坚持以经济建设为中心的一系列正确的方针政策的实施贯彻，而从经济发展的基因来说，企业是经济的细胞，细胞不活，经济整体也就不会有活力。而像海尔等一批优秀企业正是处于经济发展的基础层面，充分利用改革开放的有利时机，抓住机遇，大展宏图，不但使企业自身不断壮大，竞争力不断提升，而且在这样形势下涌现出来的一批又一批优秀的企业和企业家，他们所形成的总体实力，推动了我国经济得以取得强劲的发展，使我国国际地位也得到空前提高。

从这个意义上说，改革开放的时势既造就了一批批像张瑞敏这样的"英雄"，而越来越在竞争中锻炼成长的企业和企业家，这些时代的"英雄"一定会在今后使我国经济保持持续、快速、协调、健康发展方面，做出自己应有的贡献，从而构筑和造就我国日益强劲的"时势"。

从海尔20个春秋的实践，可以让人信服地看到，在我们这个时代，"时势"和"英雄"是相辅相成，相互促进的。

二、从"变易"中提炼"不易"

海尔诞生、成长、发展的20年，正是我国改革不断深化、开放不断扩大，市场机制的作用日趋明显，国内国际市场竞争日益激烈的 20 年。这 20 年对所有企业来说，都面临了前所未有的压力与挑战，许多企业在拼搏中败下阵来，负伤下马，有的更是昙花一现，销声匿迹了。

可是在同样客观环境下，海尔却从困境中走出来，一步一个脚印地从胜利走向辉煌。

这究竟为什么？海尔能独步群芳的奥秘何在？——这正是大家所最关注的一个主要问题。

事实上，世界上从来不存在无缘无故的成功，也没有无缘无故的失败。对每一个具体的成功或失败的案例，如追本溯源，都能从深层次上找到某些带有普遍意义的原因。

这就是自然界和人类社会都存在着某些不以人们意志为转移的客观规律。在市场经济、市场竞争中，规律也是客观地同样存在的。

从实践中逐步探索并认识了这些规律，并通过掌握这些规律去指导人们的行动，你就赢得了活动的主动权、竞争的主动权，你就可能不战而胜，否则在竞争中会处处穷于应付，陷于被动，而茫然不知所措。

这正是我国最古老的宝典《周易》所给人的启示。

我国古代周文王被殷纣囚于羑里而演《周易》，把八卦推演为六十四卦。几千年来对《周易》加以研究和解释的著作，可谓汗牛充栋，可见其内容之丰富与深奥。其中东汉理学家郑玄把《周易》归结为变易、不易、简易的"三易"给人以独特的启发。他认为，宇宙万物变化无穷，永不静止，永不重复，《周易》正是研究这些无尽变幻的现象的，所以称之为"变易"。但是这些变化是遵循着某些客观规律的，而这些规律则是不变的，所以称之为"不易"。当你掌握了这些客观规律之后，再来重新看世界，就不再令人眼花缭乱、神秘莫测，而是有规可循，变得简单了，所以称之为"简易"。

郑玄的"三易"之说，不正好解释当今市场经济的现象和规律吗？市场千变万化，与宇宙万物一样，正是属于"变易"的范畴。但市场变化也有其自己的规律，这些正属于"不易"，我们只要从实践中，从变幻莫测的市场变化中去找这些变化的规律性东西，我们就会在扑朔迷离的环境中，在思想上豁然开朗，看到了"简易"，而取得竞争的主动权了。

海尔的20年，正是在改革开放的年代，在内外环境不断变化的"变易"中走过来的，他们不断去探索寻求在我国当前发展阶段的客观规律，并遵循这些"不易"的规律去发展。因此能在市场竞争的风浪中始终屹立浪尖，主动出击去夺取一个又一个胜利。

例如，企业的发展首先要依靠一个正确的发展战略的指导。海尔从品牌战略到"海尔的国际化"、到"国际化的海尔"引导了海尔20年的历程。经过多年努力，2004年终于在国际上最具影响力的100个世界品牌中榜上有名，而且是我国本土的唯一品牌。这说明它的战略是符合时代潮流的客观规律的，而且是具有前瞻性的。

又例如，海尔从初创时的"砸冰箱"开始，"质量第一"、"质量就是生命"的观念就深入每一职工的心，而且从产品质量到服务质量一直成为赢得社会赞誉和口碑的重要因素。

又例如，加强基础管理是一个企业提高其应变能力的基础，否则外界环境一变，你要想变也变不了。海尔这些年从"日清日高"发展到让每一职工直接面对市场成为战略业务单位（SBU）。如果没有多年来不断加强的基础管理的基本功作根基，要实现这样的目标是难以想象的。

又比如，一个企业的生存发展，掌握企业命运的是市场，是市场上的顾客。这些年来，海尔始终坚持"以人为本"的基本思路，"以顾客之心为心"，想顾客之所想，急顾客之所急，千方百计满足顾客的要求。为四川农民生产出可洗瓜菜的洗衣机就是这一思想的生动体现。

以上只是列举了几个例子：战略、质量、基础管理、以顾客为本等等，正反映了海尔在不断变化的市场竞争中抓住了市场经济的某些基本规律，从"变易"中找到了并掌握了社会主义市场经济的一些基本规律"不易"的结果，因此能经得起竞争浪潮的各种冲击而能巍然不动。

从海尔实践中所验证了的这些"不易"为例，对我国广大的其它企业也应具有可资借鉴的价值。

所以，海尔 20 年的经历与积累起来的理念和经验，不只属于一个企业，而是我国企业界的共同财富。

三、继续前进的航标

海尔在经历了 20 年不断发展壮大的历程之后，让世人关注的是海尔的明天将是怎样。

20 多年来，我国经济突飞猛进的发展，使我国社会生活发生了前所未有的深刻变化。海尔的崛起正是这时代潮流中一颗闪光的明珠。

这些变化都源于 1978 年 12 月党的十一届三中全会所开创的历史新时代。经过 20 多年的实践，今天再重温这 20 多年前的三中全会公报，令人更感其意义深远，并且备感亲切。

十一届三中全会公报中有这样一段话：

"实践四个现代化，要求大幅度地提高生产力，也就必然要求多方面地改变同生产力发展不相适应的生产关系和上层建筑，改变一切不适应的管理方式、活动方式和思想方式，因而是一场广泛、深刻的革命。"

这些年来无数企业兴衰成败，在一定意义上确实取决于其是否改变了与改革开放要求不相适应的管理方式、活动方式和思想方式。从更深层次上说，关键更在于企业领导人是否在自己思想上真正进行了"一切广泛、深刻的革命"。

对此，张瑞敏在 1999 年曾深有体会地说过：改革开放 20 年，我个人感受最大的变化和收获就是思想观念上的转变和革命。它适用于任何领域，尤其是企业界。面对同样的挑战和困难，企业的经营效果、效益产生那么大的差别，其深层次的原因就在于其思想解放程度的差距。

"改变一切不适应"的管理、活动和思想方式，关键在于改变思想方式。

我们所处的时代，内外环境都在不断变化，而且变化速度越来越快。所谓适应不适应，这是一个动态的概念。今天你的管理、活动和思想方式适应了，明天环境变了，又变为不适应了。

这说明任何已经取得的成就，已有的经验，并不是一成不变的。因此决不能安于现状，固步自封，而应着眼于如何适应前进道路上不断变化着的新情况，改变这管理、活动和思想的三种方式的内容也应该是不断适应才行。换言之，为了使这三种方式能保持不断适应变化了的客观环境，其内涵应是与时俱进的，而决不能是一成不变的，这样才能在竞争中变被动为主动。

为了不断适应变化了的客观环境与客观要求，这里重要的是要突出不断创新。创新正是海尔经验的核心，海尔竞争力的核心。海尔提出"创新的实质是创造性破坏"，这正反映了海尔从不满足于已有成绩而止步不前，而是勇于突破原有模式，不断寻找事物真正的发展规律。海尔的这一"创新实质是创造性破坏"具有深刻的哲理，说明在已有成功的基础上进行"破坏"，去探索新的、更具有竞争力的方法或途径。打破原有的平衡以求取新的平衡，这样就使工作跃上一个新的台阶。

回顾海尔20年的创业发展之路，可以看到这是海尔遵循十一届三中全会提出的不断"改变一切不适应的管理方式、活动方式和思想方式"的结果。展望将来，不断适应变化着的内外环境所要求的这三种方式，海尔定将沿着这条由三中全会所设定的航标，继续乘风破浪、勇往直前地驶向更美好的未来。

（《社会观察》月刊2005年第1期）

张瑞敏创业之路

2004 年 12 月 26 日，海尔集团迎来了她的二十华诞。

海尔给自己送的最好的"寿礼"是这一年她的全球营业额突破了 1000 亿元人民币。

同在这 2004 年，在 1 月 31 日由世界品牌实验室编制的《世界最具影响力的 100 个品牌》揭晓，海尔品牌名列其中，而且是我国唯一入选的本土品牌。

在这 20 年的创业期间，海尔从一个濒临倒闭的小集体企业从小到大，走向国际市场的经历，为我国企业如何做强做大，由国内走向世界提供了一个生动的范例。而当人们提到海尔总离不开张瑞敏的名字，提到张瑞敏也自然而然地和海尔的名字联在一起。张瑞敏和海尔几乎已成为一个同义词，一个真正是荣辱与共、不可分割的整体。

张瑞敏的创业史反映的正是我国企业在改革开放形势下走向世界的一个缩影。

奉命于危难之间

1984 年青岛一家日用电气厂又从上面派来了一位新厂

长，全厂职工以惶惑而期待的心情注视着这位刚上任的新领导，不禁怀疑：这个厂已先后换了好几位厂长了，情况未见好转，反而越来越糟。生产的洗衣机根本卖不出去，后来又生产过一些电冰箱，质量也总过不了关，负债日益增加，目前这个集体所有制小企业已经亏损了147万元，连按月发工资都困难重重了。频繁更换领导，就能解决问题了吗？

这位从这个厂的上级机构青岛市家电公司副经理岗位上被派来当厂长的就是张瑞敏。

面对困难重重的这么一个企业，让他来收拾残局谈何容易！这时他不禁油然想起诸葛亮在《前出师表》中表白的："受任于败军之际，奉命于危难之间。"这不正是当时张瑞敏处境和心情的活生生的写照吗？面对已陷入如此局面的企业去力挽狂澜，是需要什么样的大智大勇啊！

但对这位风华正茂的共和国同龄人来说，企业和企业管理对他并不陌生，早期他曾在青岛一个建筑五金厂当过车间主任和共青团支部书记。由于他好学不倦的努力和毅力，对生产第一线的质量管理，逐渐积累了不少经验与心得，并在厂里向职工传播这方面的知识。后来被市轻工系统选中向本系统其他企业去宣讲质量管理，并因之而提升到副厂长的岗位。接着从该厂调到青岛市家电公司担任办公室主任，继而任公司副经理，负责企业管理和质量管理的指导和协调。正是在这时，张瑞敏被派到这个问题成堆的日用电气厂去主持工作。

张瑞敏用他擅长抓质量管理的敏锐目光去巡视四周，发现质量并不单指产品，更重要的是指企业整体管理的质量。没有最起码的环境质量，没有最基本的管理要求和管理质量，又何能谈得上生产出符合质量要求的产品？

张瑞敏上任后的第一件事，他宣布的第一条纪律，就是不许任何人在车间随地大小便。

这样的纪律要求听起来几乎像一个玩笑，但当时在这个厂却又是具有讽刺意味的现实。从这件事不难看到张瑞敏所接管的这个企业已混乱到了什么地步！

和张瑞敏一同由公司来厂的，还有公司技术部门负责人、工程师杨绵绵，和从事行政管理的邵明津。他们俩人作为张的副手，一块儿由青岛市家电公司派到日用电气厂。

正在这时，上级轻工系统有了一个引进电冰箱生产技术的项目，安排给这个厂立项。按规定，项目主任必须是企业的领导人。这个项目就是德国的利勃海尔冰箱生产技术。而日用电气厂也更名为青岛电冰箱总厂。

这为这个厂提供了发展的新机遇。

于是，张瑞敏和他两位副手所组成的新的领导班子，乘改革开放的东风，和全厂职工团结一致，开始了他们的创业之路。

这一锤意味着什么

海尔"砸冰箱"的故事流传甚广。人们提到海尔的时候，往往会与其砸冰箱的案例联系在一起。但是当大家听到或想起这个故事时，并不都能理解张瑞敏的这一"壮举"的深层含义和对海尔发展的影响。

这事发生在张瑞敏上任不久的时候。

改革开放了，80 年代中期像青岛电冰箱总厂这样的小厂也有权引进国外先进技术了，对像这个由几个合作社合并起来的、起点低的企业，是引进一般水平的适用技术，还是抓住机遇引进高水平的技术使企业登上一个更高的台阶？他们决定采取后一方案，把引进德国利勃海尔的制造冰箱技术作为目标。

正在这时，他们发现在原生产的"瑞雪"牌电冰箱的库存中有 76 台不合格品。厂里决定把不合格零部件拆下来开个展览会，让职工们参观，说明这些不合格品是在他们的手里制造出来的。之后召开了全厂职工大会，把这 76 台不合格冰箱当着大家的面用大锤砸成一堆废铁。

这事在当时引起舆论哗然。因为在那个时候电冰箱尚属紧俏商品，有时要凭票供应。在这样的情况下，把不合格零部件换上合格品，不是一样可以在市场上销售吗？这一砸等于使多少万人民币付诸东流了。

持有这种观点的人，从有形的、物质财富来看是对的，因为"投入"的是76台不合格冰箱，而"产出"的则是一堆废铁。废铁能值多少钱一斤?! 这只能看做是一桩极大的浪费。

但是持这样观点的人却忽视了，或者没有想到，在产出一堆有形的废铁时，还同时出现了一个无形的巨大"产出"，这就是为全厂每一职工上了一堂生动而深刻的"质量第一"的课，使大家深深懂得质量是生命，质量有多么重要。

正是在这个思想基础上，在引进高标准的德国利勃海尔技术后，人人兢兢业业，牢把质量关，使那时的琴岛利勃海尔品牌一直以优质取胜，并在联合国世界卫生组织的几次招标中，击败了国外竞争对手而中标。

从严格要求产品质量，引伸到后来在家电行业日益激烈的市场竞争中，海尔突出的服务质量，使其具有非同一般的竞争力。

当时以76台不合格冰箱为代价的付出，在日后创造出了不知高出多少倍的收益。这说明职工的质量意识是无形的，但这无形资产却可以转化，创造出更多有价值的物质财富。

要是没有牢牢抓住产品质量、服务质量这个根本，那么海尔的名牌战略也可能只是空中楼阁了。

随着对外开放的扩大，我国有越来越多的企业取得了出口经营权。一般有权出口产品的企业都把目标放在"出口创汇"上，可是海尔的出口却把目标定为"出口创牌"。海尔认为，只要把海尔的品牌在美国市场、欧洲市场，以及其它国际市场上扎下根，就不愁创不了更多外汇。"创汇"与"创牌"虽只一字之差，却大有高下之分。"汇"是有形的、物质的；而"牌"是无形的、非物质的。一个企业树立了自己的品牌，就必然能取得持续的发展，创造出更多财富，包括出口创汇。

这恰恰印证了 2500 年前老子在《道德经》中提出的"有生于无"的哲理。有形的物质财富的"有"，来源于无形的、非物质的"无"。你所具有的经验、掌握的技巧和思路、点子、战略思维、知识、智慧，以及企业的文化、形象、产品的品牌、诚信的口碑等等，这些都属"无"的范畴，但有了这些"无"就能创造出更多的"有"。海尔"出口创牌"的思路，不正是中华民族传统文化中这一古老哲理在今日企业经营中的一个活生生的例证吗？

人类经历了几千年的农业经济时代，又在工业革命后出现了几百年的工业经济。现在第三种经济形态，即知识经济正在世界上兴起。知识、技术已成为新世纪推动世界经济发展的原动力。知识经济不同于农业、工业经济其特点是：知识、技术是无形资产。今后经济的发展将更依靠这类无形的知识。海尔从砸冰箱在员工中突出的质量意识、服务意识，到出口"创牌"，其实其思路是一脉相承的，即他们深刻领会无形资产的价值和无形资产与有形资产的转化的辩证关系。

这说明，一个希望自己久盛不衰的企业，其领导人需要有一定的哲学思想为指导。

同时从海尔的这一锤中，也给我们提供一点启发：一个好的企业必然在其经营理念中反映了当今国际时代潮流的新趋势，又汲取了中华文化的精粹，体现了"洋为中用"与"古为今用"的巧妙、完美的结合。

没有思路就没有出路

这是张瑞敏从经营海尔的长期实践中所领悟和提炼出来的一条哲理，是他的一句名言，并为海尔所取得的业绩所证实，而更成为改革开放以来无数企业在竞争中成功与失败的分水岭。

中国20多年来所发生的翻天覆地的变化，都渊源于中共十一届三中全会所开创的历史新时代。现在我们经历了20多年的亲身经历，再重温当时全会公报，人人都会对此有更深刻的认识。

1978 年 12 月 22 日公布的十一届三中全会公报中有这样一段话：

"实现四个现代化，要求大幅度地提高生产力，也就必然要求多方面地改变同生产力发展不适应的生产关系和上层建筑，改变一切不适应的管理方式、活动方式和思想方式，因而是一场广泛、深刻的革命。"

这些年来无数企业的兴衰成败，在一定意义上确实取决于其是否改变了与改革开放时代所要求的管理方式、活动方式和思想方式。在更深层次上说，企业领导人是否在自己思想上真正进行了"一场广泛、深刻的革命"。

对此，张瑞敏于 1999 年曾深有体会地说过：改革开放 20 年，我个人感受最大的变化和收获就是思想观念上的转变和革命。它适用于任何领域，尤其是企业界。面对同样的挑战和困难，企业的经营效果、效益产生出那么大的差别，其深层次的原因就在于其思想解放程度的差距。

张瑞敏所说的首先要有"思路"，正是以这样一场"革命"为基础、为前提的。没有符合时代要求的思想方式，就不会出现相应的管理方式和活动方式，就不会有企业的"出路"。

海尔这些年的成功经验表明，在深化改革、扩大开放进程中他们具有不断创新、与时俱进的思路为先导。

1. 思路从何而来

符合时代要求并且能指导企业发展前进的思路不是凭任何个人的主观想象产生的。张瑞敏的很多新的思路、新的"点子",不少是在人所共知的一些信息和知识中经过他的"加工改造"而具有了新意,并对海尔有了可操作性。这反映了他能吸收、利用来自各种不同渠道的信息,结合海尔的实际加以思考整合后,得出能为海尔的发展服务的观点、哲理或措施。

这是作为一个优秀企业家难能可贵的素质。

例如:根据力学原理,一个斜面上的球体,共受到两个分力的作用,一是球体自身重力向下的分力,一是沿斜面方向的分力,正是这后一种分力使球体会自动沿斜面下滑。

海尔把企业比作这个球体。要使球不下滑,必须有一个与斜面分力大小相等方向相反的力才能阻止其下滑。大于这个分力才能使球体沿着斜面向上移动。这就是张瑞敏从力学上得到的启发而提出的"斜坡"理论,"不进则退",只有加强管理,严格要求,充分激励,才能使企业不致走下坡而能不断向前推动。

又比如,广为流传的韩愈的"相马术":"世有伯乐,然后有千里马",张瑞敏反其意而用之,认为人才的脱颖而出要通过竞争去选拔，把由伯乐、由领导决定人才命运的"相马"变为"赛马"，给用人之道赋予了新的含义。

市场竞争的规律，过去一般都视为"大鱼吃小鱼，小鱼吃虾米"。但客观现实是鱼的生命力并不一定取决于鱼的大小，而在于鱼的活力，因此生命力强的鱼吃弱的更为普遍。这就是"活鱼吃死鱼"。此外，强强联合兼并则形成"鲨鱼吃鲨鱼"，即具有更大竞争力的格局是时代的新趋势。由于国际环境变化越来越快，到90年代后期一个变化速度跟不上形势发展的"慢鱼"会被后来居上的"快鱼"吃掉。

张瑞敏从对鱼的各种不同吃法的比较中得到启发，他根据鱼的状态发展出了"休克鱼"理论。"休克鱼"不缺头少尾，鱼体（硬件）是完整的，只是处于休克状态，即由于管理不善而濒临危机。海尔收购或兼并的企业正是这些"休克鱼"。厂房、设备都基本可用，通过贯彻实施海尔的一套成熟的经营理念、管理方式，就可使休克鱼激活、苏醒过来，实现扭亏为盈。这不是靠投入资金，而靠的是海尔文化。

"海尔文化激活休克鱼"成了哈佛大学第一个中国企业的教学案例。

一个企业要永远向前发展，必须要有自己的企业文化。这不是一句空洞的口号，而是从企业自身实践中提炼出来的理念、价值观、行为准则和行动纲领，是全体员工的共同信念与共同语言。没有这一切，对内就没有内聚力，对外就没有战斗力，没有了灵魂，成为散兵游勇，永远成不了气候。

海尔这些年来的发展与成功，其中一个重要因素，就是创造了有鲜明海尔特色的企业文化。这是别人无法照抄照搬，或轻易模仿的。这是一个企业的核心竞争力，是一个企业最珍贵的精神财富和无形资产。与此同时，张瑞敏又抓了非常重要的两条：一是宣传贯彻海尔文化，使人人皆知，成为海尔的思想武器；二是创新发展，不断提出新思路。

我国在入世和处于全球化加速发展的形势下，来自国内国际的信息越来越多，一个好的企业领导人要善于从纷繁复杂的信息中筛选、提炼对自己有用的信息，从中形成新的思路，发现新的机遇，来为发展壮大自己的企业服务。

张瑞敏在这方面的举措给了我们新的启迪。

2. 战略思维体现在有一个符合时代潮，具有前瞻性的发展战略

新的思路、新的点子对推动企业发展十分重要，但要真正体现这些零散的思路或点子的威力，必须落脚和集中到企业的发展战略上。

海尔集团 20 年来在张瑞敏领导下一直沿着一条正确的发展战略前进。企业战略具有全局性，对生产经营的方方面

面起着指导作用。战略既要从企业的实际出发，把有限的人、财、物资源用到最能产生效益的刀刃上，又要符合国内国际发展的大势和对企业今后可能产生的影响。因此发展战略能否具有前瞻性反映了企业领导人在定位上是否具有超前意识。

海尔80年代首先提出名牌战略，把海尔这个品牌打出去、打响。这是以后进一步发展的前提。为了创名牌，就要大力抓产品质量和服务质量，并努力做到精益求精，以赢得顾客，赢得市场。

经过20年坚持不懈的努力，终于其名牌战略在国际上结出了硕果，在2004年1月海尔入选世界最具影响力的100个品牌排行榜，说明此非一朝一夕之功，而是抓名牌战略10多年努力的结果。

随着改革的深化，有更多企业取得了出口经营权，张瑞敏不失时机地提出了海尔国际化战略，即把眼界从局限于国内市场打开通向国际市场，从80年代末国际上大企业提出的"立足当地，放眼全球"的思路去考虑发展。海尔的国际化战略不仅把海尔产品推向国际，更从中了解和熟悉了如何在国际上营销，以及对不同市场、不同国家和消费者的特定要求，为进一步实现国际化的海尔打下了基础。

张瑞敏提出的国际化海尔战略，意味着海尔从一个国家的企业迈向跨国的企业，为我国企业尝试跨国经营作出了贡献。海尔在不同地区设厂，实现海尔在当地的本土化，以适应当地的消费需求与风土人情，发挥出在当地市场的真正主动权。

经过努力，海尔有的产品已实现了既定目标：在国内生产销售、向国外出口销售，及在国外设厂国外销售各达到其总销售额的三分之一。

当我国"入世"，很多企业深感挑战的严峻与压力的增大时，海尔已在与国际竞争对手的较量中游刃有余了。

海尔从 1984 至 1991 年的名牌战略，到 1992 至 1998 年的以无形资产激活有形资产，实现低成本扩张和海尔的国际化战略，直到 1999 年迄今的国际化的海尔战略，一直是从海尔的实际出发，提出迎合时代潮流的且具有前瞻性的发展战略，这充分反映张瑞敏的科学发展观。同时通过海尔这些年来的成功实践，又进一步验证了科学发展观对指导企业的前进方向是何等重要，何等令人信服。

3. 思路建立在如何去"赢得顾客之心"上

企业要生存、要发展，必须在市场上能站住脚。而市场是由顾客组成的。因此掌握和决定企业兴衰成败命运的是顾客。"以人为本"的基本理念，对企业来说应该是"以顾客为本"。企业经营活动的出发点和落脚点都应放在最大限度地去满足顾客的现实需求和潜在需求上。

海尔在短短 20 年的时间里,从濒临破产的小企业发展成最具影响力的世界品牌之一,正雄辩地证明了海尔以其不懈的努力实实在在地想顾客之所想,急顾客之所急,从而不断赢得国内到国际广大消费者的心。

四川有的农民买了海尔洗衣机抱怨它不能用来洗菜、洗地瓜。海尔的技术员认为他们要求不当,但张瑞敏却批评了技术人员,并坚持应满足这些顾客的特殊要求,设计了出水管加大的洗衣机去适应了这部分顾客,并开发了这部分特定的潜在市场。

这成为当时传为佳话的一个生动事例。

还有一次青岛一位住在高层楼房的老太太受其上班邻居的委托,去商店为他取回一台已付了款的海尔空调。坐了出租车开到楼前,老太太上楼找人下来帮着搬,可是这时车已逃之夭夭。老太太焦急万分,这下如何向邻居交代?!海尔得悉这事后,认为宁可自己蒙受点损失,而不能让顾客受害,于是给这位老太太赔了一台。并由此发现了进一步提高服务质量的切入点:所有海尔产品实行"无搬动服务"把麻烦留给自己,把方便带给用户。

这类细小而感人的事例不少,从中透视出张瑞敏的"思路"是怎样真正聚焦在以顾客为本作为海尔经营之道的核心上的。

随着人民生活水平的不断提高，各种家电产品源源不断进入千家万户。国内外家电行业在我国市场上的竞争早已白热化。价格大战由来已久，但海尔强调竞争不在价格，而在价值。海尔通过售后服务，用他们热情、周到、快速的行动，体现他们"以顾客之心为心"的精神，用实际行动去赢得广大顾客的赞誉。

4. 创新的实质就是创造性破坏

在近些年的经济快速发展中，"创新"是最频繁出现的词汇之一。在竞争日益激烈的内外形势下，无论是国家还是企业，只有在原有基础上不断创新，才能不断开拓前进。

以往人们往往容易把创新只与科学技术的创造发明联系起来，但创新远非局限于科技创新，制度创新与管理创新对国家和企业的发展更具全局性影响。

改革开放以来，我们一直致力于探索突破原计划经济体制，激活经济活力的体制和制度。实施现代企业制度正是一项重大的制度创新。

关于管理创新，1985年管理大师彼得·杜拉克在他的《创新与企业家精神》一书中说过：战后几十年管理创新对社会经济发展的影响比任何科学技术上的"突破"更来得大。

海尔的发展正是反映了它在科技创新、制度创新，尤其是在管理创新上的成果。而其实质归根到底是在思路上的不断创新。张瑞敏说，创新也是思想观念的一部分，海尔集团多年来坚持创新不停步，无论在生产、技术，还是在基础管理上，勇于突破既有模式，不断寻找事物真正的发展规律，并逐步取得了成功。

创新成为海尔文化的核心。

创新本身意味着不是安于现状，不是固步自封，满足已取得的成绩，而是着眼于如何适应前进道路上更复杂多变的内外环境与更严峻的竞争压力，为迎接挑战作好准备。这样才能使企业变被动为主动。海尔提出的"创新实质是创造性破坏"，具有深刻的哲理，也正说明在已有成功基础上对之进行"破坏"，探索新的、更有竞争力的途径。打破原有平衡以求取新的平衡，工作就上了一个新的台阶。张瑞敏对"否定之否定"的辩证法规律真正融会贯通到了运用自如的地步。所以虽然大家都在提倡创新，处处都强调创新，但真正领会创新的实质并落实在行动上，并见诸实效，却毕竟是凤毛麟角。

几年前张瑞敏就提出，企业要拆掉内外两堵墙。对外拆掉与国内外市场之间的墙，以利于直接与市场沟通、联结。对内拆掉企业内各职能部门与生产环节之间的墙，使以往企业传统的金字塔结构改变为扁平化，部门之间实现横向直接联系，并进一步把生产上、业务上有先后次序的环节都变成供求关系，上一环节应按下一环节的要求供应。这样整个生产过程、业务流程便都转变为市场供求关系，形成市场链，这就大大提高了工作效率、管理水平，缩短了生产周期，特别是增强了工作人员的紧迫感和竞争意识。

之后，海尔又探索业务流程再造的重大管理创新，目标是使职工人人都成为"战略事业单位"（SBU），即人人都直接面临市场变化，独立作出反应。这是一个更为大胆的"创造性破坏"，其难度非常大，海尔在其实践中不断探索，如能实现，就既能体现职工人人都能当家作主，更使企业整体在集体积极性、创造性基础上跃上一个更具竞争力的新台阶。

所有这些管理上的变革都是以坚实有效的基础管理为前提的。没有扎实的基础管理，那就想变也变不了，甚至只会形成混乱。海尔从一开始就十分重视在管理上打基础，后来推行和实施的"日清日高"就很说明问题。这要求每一职工及时了解自己当天的工作结果，并与前一天对照是否有所提高，同时也为下一天的工作明确了目标。管理工作细致到个人，这决非一朝一夕之功。没有坚持不懈的努力，不下苦功夫，要达到这一步又谈何容易！

这种别人难以照搬、难以模仿的做法和经验，正是一个企业核心竞争力之所在。这也是海尔长期以来始终坚持"创造性破坏"的创新，以符合时代潮流的发展，与时俱进地寻找新的"出路"。这一切正源于张瑞敏在领导海尔过程中，不断提出和适用新的"思路"去指导实践的结果和"奥秘"之所在。

知人者智，自知者明

生活在市场经济下的企业家，不但承受着生存发展的压力，市场竞争的压力，有时还要承受社会舆论的压力。

"枪打出头鸟"是中国一句传统成语，作为"出头鸟"，它反映了在其众多同类中脱颖而出，崭头露角的一面，会受到大家的特别关注。这种关注，很多出自真心的关爱，有时则也许由于不了解真情，或甚至出于忌妒或竞争的"需要"，而使"出头鸟"遭到"枪打"，受到负面的冲击。这时，作为企业家，有无海纳百川的胸怀就成为继续前进的动力还是阻力的试金石了。

十多年来，海尔从小到大地奇迹般发展的表现突出，张瑞敏一直是媒体聚焦的对象，报导连篇累牍，介绍的多为海尔经验和张瑞敏作为一代企业家的个人魅力。

2002 年一家海外媒体对海尔一些做法的质疑，引发了很多报刊、研讨会把海尔和张瑞敏再一次推向关注的焦点。

与以往不同的是，这次对海尔的负面报道更多。不少作者出于对海尔的关爱，看到中国改革开放，经过大浪淘沙好不容易出现像海尔这样的成功企业和张瑞敏这样出色企业家，希望能克服缺点和失误，继续健康发展，达到新的胜利。但这些舆论中也不乏曲解和责难。

议论较多的观点之一是：海尔不该在发达国家设厂。国外劳动力比国内贵得多，去国外经营冒的风险更大，为什么不首先把国内的基础打得更坚实？

其实早在我国正式加入世界贸易组织之前，国内很多企业都在惊呼"狼来了"，张瑞敏说：问题在于你怎样看待自己。要是你把自己看做一头羊，那就等着被狼来吃掉。只有你自己也成为"狼"，才能真正"与狼共舞"。海尔在美国设厂正是出于这一考虑。

海尔战略从"海尔的国际化"，即把海尔产品推向国际市场，进而发展为"国际化的海尔"，那样中国有中国的海尔，美国有美国的海尔，欧洲有欧洲的海尔。只有深入到这一国家的内部，在那里进行研究开发、制造、销售，才能真正摸透当地消费者的需要，生产出本土化的产品来赢得当地顾客的心。这是实实在在的"不入虎穴，焉得虎子"的经营战略。至于风险，张瑞敏说：建厂建到国外，作为第一个吃螃蟹的人，当然会有风险。然而中国企业有条件的迟早总要走出去，早出去的风险远比晚出去的风险要小，这几年在美国南卡州的海尔已证明是成功的，尤其是除物质的回报外，作为一家中国企业在美国当地及其对市场的影响，所产生的无形收益更非金钱所能衡量。

而那些认为这是得不偿失的观点，反映其思路没有跟上全球化形势下的时代步伐，用自己的观点去要求和衡量别人的是非得失。从某种意义上说，这也许可谓"燕雀安知鸿鹄之志哉！"

面对形形色色无意的或有意的曲解和责难，对长期以来听惯正面评价的张瑞敏来说，对自己也是一种新的考验。但是海尔始终不曾对这些流言进行任何辩解或澄清。张瑞敏一方面认真阅读了所有的负面报道，抱着"有则改之，无则加勉"的态度反思自己，另一方面则集中精力加快内部的改革和外部市场上的竞争力。张瑞敏说：对负面报道的最好回应毕竟还是取决于稳定、高速、良性的发展结果。

我国著名的经济管理界老前辈袁宝华同志对海尔也一直十分关爱。他在 2002 年 8 月 12 日作了如下批示：

"对海尔的一些议论，我已注意到。出了名的企业为人们所关注，有不同看法是正常的，除了恶意中伤，一切不同意见都有参考价值。这是所有企业领导人应采取的态度。"

这体现了老一辈领导在企业家面临困难所作的语重心长

的叮嘱是多么亲切和意味深远！

在社会舆论的风沙飘零前，张瑞敏更明确了一个信念，即海尔不会受外来影响而被打倒，要打倒海尔的只有海尔自己，因此只有万众一心，团结一致，有一个共同为之奋斗的明确目标，海尔就能在任何风浪中屹立而巍然不动。

一个企业在改革开放中拼搏过来取得今天这样的业绩确实是来之不易。向前看，到底其前景如何？这是大家所关心的问题，更是创业者尤为关注的焦点，在这一点上，张瑞敏有着胜人一筹的预见性。他说过：海尔今后最大的风险莫过于他张瑞敏犯战略性错误，这就可能导致海尔的最大危机。为什么这么说？因为这些年来由于他的正确领导使企业从胜利走向胜利。这在职工心目中就逐渐形成了只要跟着他走，自己就不用再操什么心了，其结果就可能形成唯张瑞敏是从。其优点是一呼百应，在广大职工中树立了无可替代的威信，但另一方面也就使领导与群众之间的交流渠道渐渐变得不够通畅，大家不需多动脑筋，或者是有了不同意见也不便表达或难于沟通。这就造成领导与群众之间在思路上产生距离，在职工心目中，领导已变得渐渐远去，是否还能知无不言，言无不尽？领导是否还能真正洗耳恭听、博采众长？就会成为现实中不易贯彻的障碍了。

其实，这种情况具有一定的普遍性，不少企业在创业期群策群力，共同奋斗，但随着事业的成功，领导人威信的不断提高，就会有意无意地造成群众的惟命是从。但正如打仗不会有常胜将军一样，经营企业也不会有万无一失的企业家。如果一个企业完全只凭创业者个人的聪明才智去运作，那么"智者千虑，终有一失"，就会使企业陷入"一着不慎，全盘皆输"的危险境地。

张瑞敏已经自觉地意识到了这一点，这正是他比其他很多企业创业者也处于类似处境但尚未意识到的要来得高明。

2500 年前老子提出的"知人者智，自知者明"，即了解别人的人是聪明人，而了解自己的人是明白人这一哲理。张瑞敏意识到了这一点，说明他有自知之明。但意识到和解决好这个问题并不是一回事。海尔和张瑞敏也正在采取有力措施以图解决好这个问题。如何在实践中真正防止和避免因领导人一人失误引起全局危机是当前一个具有某种共性的有待研究解决的新课题和大课题。

创业者不但要正确地掌握好企业的航向，把握好企业的战略发展，更要考虑企业如何能保持可持续发展，铺好通向未来的基石。为了使创立的事业后继有人，关于接班人的问题现在已成为我国各级组织极为关注的重点。大力培养接班人，并通过实践在竞争中使能者脱颖而出，这不是一件轻易能实现的大事，也是创业者的历史使命。

我国百年老厂、百年老店久盛不衰的经验说明，创业者在自己掌权期间，还应尽力培植并不断加强和完善其厂风、店风，即本单位的企业文化，使之在职工中真正深入人心，形成共同的价值观。这样，就不会因领导人的变更，而改变或削弱企业的竞争力和魅力，这些优良风气仍能代代相传，使企业能青春常驻。

这里张瑞敏为自己，也为大家提出了有关一个成功企业在前景发展中的大问题。如何正确处理和解决好这个问题尚有待在今后实践中进行探索和验证。但其结果不但对海尔，而且对我国更广大企业保持可持续发展将会是个重大贡献。

"自主管理"质疑

前言

近日《中国石油企业》杂志社有人向我提供了一份题为"自主管理还是自由化管理?"的材料,是有关黄海石化公司推行自主管理的案例,要求我对这一案例进行点评。本人没有到过黄海石化,对这一做法未曾进行过现场调查研究。但从案例所反映的情况而言,还是颇想谈一点个人对此的看法。一孔之见,片面和疏漏在所难免,在这里坦承己见,无非是为了引起大家对类似问题的进一步探讨。

错了位的"自主"

黄海石化公司的主要领导,本着"以人为本"的初衷,在全公司推行自主管理。"倡导不需检查,不靠监督,充分发挥员工主观能动性,依靠企业管理制度和标准,自觉干好本职工作的管理新机制。"案例材料的原话如是说。

实践是检验真理的唯一标准。在这一"新机制"下,在调动了工人积极性,并使干部认为"干部好当了,工人好管了"的同时,也在企业内部屡见不鲜地出现管理人员不敢管，不会管理的现实难题。管严了认为缺乏"人性化"，妨碍了被管理者的"自主"性。

对于像石油化工这样一个大型现代化企业，其工艺流程环环紧相扣，质量要求丝丝不能差，一个环节的失调或失误，对这种连续生产型的企业来说，就会立即影响到全局。这是石化企业多少不同于其它制造业的特点，也就是我们思考问题的出发点。

在这样的企业如只是片面地理解"自主"，片面地只依靠工人的"自觉"去做好工作，而形成各行其是，各自为政的局面，那么对整个企业来说，其管理将会是个什么样子？这样的"人性化"又会给企业带来什么后果？

一个耐人寻味的例子，如案例中所说，在产品储运厂装卸车间一个叉车司机，竟可以在必须严禁烟火的石油化工的现场吸烟而竟无人过问、无人阻止，一旦出事，对整个企业来说，其后果将不堪设想。在车间现场随便喝酒、打牌的现象，更为屡见不鲜。这种看似"自主"的管理，"宽松"的管理，只是严肃地反映了像石油化工这样的大型现代化企业，在"自主管理"的光环下，其管理的混乱已达到了何等惊人的地步！

在讨论"自主管理"之前，首先要弄清楚究竟什么是管理和为什么要管理。

从理论上来说，管理是一门科学；从业务上来说，管理是一种职能。自人类有集体活动以来，管理就一直存在着。虽然现在尚没有对管理到底是什么有着绝对权威的定义，但总体来说，在任何有群体的地方（不只限于企业），都得为这个群体设定一个目标，动员、组织、协调群体内的所有成员共同为实现这个目标而奋斗，贡献自己的力量和聪明才智，而这正是通过管理去实现的。

经济越发展，分工越细，各环节之间的配合协调就变得越重要，因此管理的作用也就越突出。

要是只着眼于每个员工的"自主管理"，忽视了企业整体的目标、利益和要求，缺乏统一指挥，没有高标准严要求的规范化管理标准和可操作性，这就无法将员工个人的积极性、创造性汇集到企业发展目标的洪流中去。在"自主管理"的名义下，哪儿还谈得上企业的发展前途?!

中央对"十一五"规划的建议中，把自主创新作为发展我国科学技术的战略基点。在管理领域，我们现在需要的是探索适应企业发展的"管理创新"，而不是"自主管理"。我们需要深刻理解中央提出的"自主创新"对"自主"与"创新"的真正含义，而决不能错了位。

正确深入地理解和落实以人为本

黄海石化公司提出自主管理的基本出发点是为了体现以

人为本的理念。人才资源是第一资源。要振兴经济，要办好企业，都必须依靠人才资源，坚持以人为本，这些本来是不言自明的。

但是企业到底如何去正确体现以人为本？怎样正确调动员工的积极性、创造性？怎样把员工的积极性建立在企业长远发展的基础上？这些就值得加以深入思考了。

自主管理虽然看起来为员工提供了一个更加宽松的环境，使大家可以尽情发挥自己的才干，满足自我实现的需要。然而"自主"缺乏了必要的规范、制约、标准，就会使管理与自主的初衷变得面目全非。

企业员工是企业这个有组织的团体中的成员，而不是乌合之众，员工在企业不只是干活，不只是单纯的劳动力，更需要通过在企业的工作得到锻炼，在技术业务和思想境界上得到提高。企业的任务并不只是满足于出产品，而还应同时出人才。因此企业应成为一个大学校、大熔炉，在为社会提供物质产品，创造财富的同时，还应为社会、为国家，培育有觉悟、有知识、有技能和有纪律的有用之才。这两者决不可偏废。

而在提出自主管理的指导思想上，恰正是片面强调了依靠员工的自觉行动，而忽略了对员工加以培养教育使之成为对企业、对社会所需的具有较高素质的有用之才。这样企业就辜负了它对国家、对社会应承担的责任。这种对以人为本的片面理解，正是导致企业管理人员不敢管、不会管的深层次原因。

要从中国国情民情和企业厂情的实际出发

改革开放以来，我国大力引进并吸收消化了国际上先进的科学技术和经营管理经验，从而大大提高了生产力，也加快缩短了与国际先进水平的差距。

对理论科学与技术科学来说，我们可以直接把人家的先进成果拿来为我所用，但对管理而言，由于它的对象是人，而不同地区和环境的人文背景不同，所以要使管理行之有效，就必须考虑不同的文化根源带来的影响。别人先进的经验和做法，不能完全照搬照抄，而必须结合自己实际，使之"本土化"，才能在实践中奏效。否则人家再好的东西，原封不动地照搬到自己土地上，也会"水土不服"。

我国的企业在当前全球化形势下要实现现代化，具有市场竞争力，首先需要立足本地，放眼世界，着眼于国内国际经济技术的动态与市场的变化和发展趋势，并在管理上及时作出相应的反应。企业要是安于现状，固步自封，墨守成规，那就很快会落后，会被淘汰。

再次是要考虑我们自己的特点。我们是有13亿人口的发展中国家，又是有五千年文明史的古国，传统的习惯与思维方法有意无意地影响着我们的日常行动和处事方式。此外，我们从计划经济向市场经济转型才短短 20 来年时间。把人家几百年市场经济下的经验拿来要想立等见效有时是不现实的。因此学习别人先进的东西，重要的是要对其实质进行由浅入深、由表及里的深入研究分析，取其精华，结合我们的具体实际，探索和形成一套适合我们国情民情及企业厂情的管理理念与管理模式，而这本身就是一个管理创新的过程。

　　企业尤为重要的是要从企业自己厂情的实际出发，包括企业的产业性质、生产类型、人员构成及其素质、管理体制等等。不能认为外面先进的，人家行之有效的，简单拿来如法炮制也一定能成功。其实，没有两个成功的企业或失败的企业会完全一样，因为构成和影响各个企业的因素错综复杂，没有任何两个企业会完全一模一样。这里勤于思考，善于思考，而不是停留或满足于表层的一知半解上是解决问题的关键，也是领导好一个企业的关键。

　　"自主管理"的提出及其实践结果为我们带来了不少涉及管理领域的令人深思的问题，这些问题已不只限于黄海石化公司，而更对我们更多企业与管理学界提出了一些新的思路与新的挑战。

（《中国石油企业》2006 年第 10 期）

商机何处寻？

——杭州娃哈哈集团推出非常可乐的启示

我国加入世贸组织后的 5 年过渡期业已结束。中国的经济贸易现正更直接地融合到国际竞争的巨大洪流中。

对我国企业来说，市场竞争的形势越来越严峻，压力越来越大，寻找和抓住新的商机，是企业赖以生存和发展的基础。如果说，在改革开放初期，当我国尚处于短缺经济时代，市场还留有较大空间可供企业随先行者的脚步在市场上去争得一席之地的话，那么现在市场对后来者已绝不再留有立足之地。换言之，现在再想完全仿效别的成功企业的足迹，去利用同一商机，这条路已走不通了。

在我国对外开放后，国外大量商品蜂拥而入抢占中国这个巨大的潜在市场，使我们企业在市场上的迴旋余地越益受到限制。不少企业感叹：商机早已被人抢占。哪儿还有自己的份儿？

这儿就提出一个问题：企业的商机到底何处去寻？

现实生活中，在市场经济条件下，只要哪儿存在需求，哪儿就出现商机。但到了国内外竞争日益激烈的今天，商机对于能比别人早一步察觉，早一步捕获的企业才有现实意义。

如果我们认真剖析每一个成功企业或成功项目的案例，就会发现虽然其制胜之道各有千秋，无一雷同，但他们都具有"独具慧眼"先人一步看到并抓住尚未被别人发现的商机的才能。

举例来说，在我国开放之初，我饮料市场就被国际上两大饮料业巨头可口可乐与百事可乐所抢占，在这种情况下，中国的饮料业是否还能有自己的家园？

创建于1987年的杭州娃哈哈集团在1998年推出了自己的非常可乐，他们的经营战略与成功实践是意味深长的。

要是我们仔细分析两大可乐巨头霸占中国饮料市场的局面，就会看到他们主要抢占的是我国的大中城市市场。但在中国，农村在面积和人口上都占全国的大部分，这是我们的国情。经改革开放以来的这些年，农民生活水平有了较大提高，在得到温饱之后，很多农民也有享用饮料的需求，这就是我们当前的民情。

着眼于我们自己的国情民情，就会发现饮料业在我国农村存在着前所未有的可以大有作为的商机。

但是强大的国际竞争对手并没有把他们的手伸向我国广

大农村。

娃哈哈集团正是从"知己知彼"地深刻了解我国国情民情的实际出发，并利用多年来已形成的覆盖我国广大地区的营销网络，把农村作为推出非常可乐的基点逐步发展壮大。这一"农村包围城市"的战略思想，绕过了在人强我弱形势下与国际强大竞争对手的直接对抗，而是另辟蹊径采取了迂回战术，结果使非常可乐在国内饮料市场上站住了脚，从农村开始形成三个"可乐"共存的三足鼎立之势。

农村包围城市正是指引我国革命由星星之火从胜利走向胜利的伟大革命战略。我国幅员辽阔，人口众多，但主要都集中在农村，这是中国国情。广大农民深受三座大山压迫，革命的要求最迫切、革命的意志最坚定，这是我国当时的民情。采取农村包围城市的战略就为革命的胜利奠定了坚实基础，也反映了从中国实际出发，实事求是的中国特色。

这一宝贵的战略思路，应用到商战上，对企业具有重大意义。娃哈哈集团从农村开始推出非常可乐的战略正体现了以农村包围城市这一伟大革命战略在商战中的启发与应用。因此其价值并不仅在于对某一产品的具体操作，而更在于企业在当前情况下如何看待市场，如何寻求商机的经营思路。

娃哈哈集团 2006 年度以非常可乐为主的碳酸饮料的年产量达到 63 万吨。这个集团的年营业额从 2005 年的 140 亿元人民币，增加到 2006 年的 187 亿元，增幅达 33%。这令人信服地证明，娃哈哈集团在其创业企业家宗庆后同志领导下，在激烈竞争中超凡脱俗的远见卓识。

在全球化形势下，挑战与机遇并存。就机遇而言，应该说市场上商机无限。然而现实是商机已不再可以重复，不再可以照别人的去"克隆"，而只能依靠自己去寻获，这就要求企业从自己的实际出发，眼观六路，耳听八方，对来自方方面面的信息加以收集、思考、提炼，去筛选出对自己有用的内容为企业发展服务。

经营思路的创新正是寻获新的商机的前提和关键。

（《经济参考报》2007 年 5 月 14 日）

探析集团兴衰

这些年来，我国原有企业演变发展为企业集团正越来越多。但组建企业集团对我们毕竟是件新事物，对企业集团的实质和作用，特别在初期，认识上还存在一些误区。人们有时认为，原有的一个企业在横向联合了若干企业之后，就把其原产值增加到形成集团后各个企业产值的总和，把这认为体现了横向联合、形成企业集团的巨大成就。这种用简单的算术加法为目的，而不以更大精力去研究落实如何使集团内部组合成整体实力，以及集团内各成员到底对集团发挥整体实力能起到什么样的积极作用，以提高集团的竞争力。这样的集团必然难以持久。

更有甚者，在联合兼并初期，有些地方政府为使当地一些亏损企业"解困"，就以行政办法要求当地经营较好的企业加以兼并，把组建企业集团当作是"有难同当"的"义举"。结果往往让原来一个好端端的企业平白增添了难以承受的负担，直到把好的也给拖垮为止。这既无助于亏损企业，反使本来可为地方财政作出贡献的来源也给断送了。

由此可见，改革开放以来我们组建的形形色色企业集团的兴衰成败，是具有一定客观规律的，而并不是挂上了一块"企业集团"的牌子就标志着企业发展跨上了一个新的台阶。这些年来不少企业一下改称企业集团几乎已成了一种"时尚"。这里丝毫没有低估企业集团的重要性，而只是强调要实事求是，要名副其实。

某国有纺织企业乘改革开放的东风，早在1985年便集合各地的9家同行企业在自愿基础上成立了企业集团。这在国内是相当早的，在纺织行业更属最早的集团之一，因此备受各方关注。

这个集团通过横向联合，把纺织、印染、服装加工聚成一体，形成新的生产力，达到优势互补、互利共赢。这在当时正反映了横向联合的生命力。

集团随后不断扩大，在两年多后，据1987年年底统计，已成为横跨26个省、区、市和香港特区的207家企事业单位所组成。工业总产值达到75亿元，出口创汇2.4亿美元，上缴国家利税达5.07亿元。之后，集团成员又扩大到超过400家。

企业集团是企业，而不是行业协会。对于社团组织的协会，其会员或理事单位多多益善，并不使协会本身发生多大变化。但是作为企业集团，只求"做大"，在组织管理上没有去形成一套有效的管理体制，使之作为一个整体去运转，尤其是把各成员企业各行其是的经营业绩用简单的"相加"成为集团的成绩而引以自豪，这就把集团的走向引偏了。

这种只顾"做大"的指导思想，并不少见。在饮料领域，也有一家有着知名品牌的企业，在其有一任企业领导的心目中，把追求企业规模的最大化定为企业战略目标，于是从北到南，在全国到处去兼并收购同行的弱势企业，并让他们的产品贴上自己的品牌，然而产品质量却远远无法与其品牌相称。这只是他们没有，也难以使这些被兼并企业提高其管理与技术水平，使其产量上升到规模经济的高度。如要对每一企业进行投资改造又谈何容易！这种只顾"做大"，不顾"做强"，实际上是犯了战略性错误，幸而在其下一任领导上任后觉察到这一危险倾向而"挽狂澜于将倒"。

我们应该认识到，组成企业集团的各成员企业，该是在发挥作用上融为一体的"化合物"，而不是机械地合在一起的"混合物"，否则就决不能起到一加一大于二的效果，也将形成不了新的生产力了。

上世纪八九十年代企业集团的兴起，是在我国新旧体制交替的背景下进行的。很多旧体制的弊端仍然存在，例如条块分割、地区封锁、行政干预等等，使横向联合的优势难以充分发挥，企业的经营自主权也还远未落实，因而往往贻误商机。国内国际对纺织行业竞争的巨大压力，需要纺织行业坚决淘汰落后生产力，在技术上上一个新的台阶。但资金短缺，贷款利息越滚越大，使企业不胜负担。种种因素，使这个纺织集团到了90年代后期便陷入困境，原来松散的联合也渐渐形同虚设了。总部从总经理到每一职工不得不上下一致地每月只领取500元生活费，但还是有不少职工本着与集团同呼吸共命运的意志坚持下来，没有另谋出路，这也反映来自国有企业职工对集团事业的信念与胸怀。

企业和企业集团的发展壮大和由盛到衰，都有其自身的原因和规律。这既有外部国内外市场环境的变化、新旧体制交替等客观原因；更有企业内部的应变能力与战略规划以及审时度势的领导素质问题。由于各企业内外情况无一雷同，所以不可能从外界找到一个具体的现成答案，而要企业自身去剖析发展之路。

再说这个纺织集团，经过新世纪初的几年各方艰苦努力，终于找到一家同行帮助它还清了债务，并对集团领导层进行了重组。

在这新的起点上，摆在集团新领导层面前的是如何继续前进。面对的问题千头万绪，客观环境也与20多年前初创时发生了巨大变化。在诸多矛盾中什么是主要矛盾呢？

一个延续存在了20多年的企业，其成功的经验和失误的教训，对今后发展来说都是一笔宝贵财富，需要加以认真梳理。例如，就其留下来的队伍而言，他们那种艰苦创业、不畏艰险的意志；兢兢业业、脚踏实地的传统；以大局为重，牺牲小我和暂时利益为明天的振兴而奋斗的精神风貌，都体现了我国工人阶级，尤其是来自原国有企业职工的优良品质，需要得到充分肯定和继续发扬。

另一方面，也应看到，不同于创业时的环境，国内国际的竞争格局变了，本行业竞争的技术基础变了，管理的手段与方法变了。因此，十分重要的是，在集团新的起点上，管理理念首先要作相应的变更。

最重要的是，任何企业的存在，都是立足于市场，市场商机如何去寻？这是一切问题的根本。过去国企长期形成的思维方式，是在外来提供商机的基础上才能去经营和求发展。正如现在仍有领导希望有人能为企业提供商机，这实际上仍是过去的一套思路。如果不在经营思路上进行彻底转变，只看到企业面临的压力，看不到在全球化与我国入世后所出现的新的商机；看不到在网络化条件下在眼前出现的大量信息，从中可以筛选、提炼出可资企业发展利用的许多机遇；看不到随着人民生活水平的不断提高，对纺织品出现很多新的潜在需求有待企业去研究开发；看不到这个集团昔年其品牌也曾名扬一时，目前如何在新的起点上使其品牌重振雄风等等；要是看不到这些新的发展契机，只是一味依靠外部力量为其提供一些一次性项目，企业仍难以主动迈出前进的步伐。

现在经营企业，领导层、决策层不能再满足于埋头从事眼前的事务性工作，而必须眼观六路，耳听八方，尤其要了解当前经营企业的国际新经验、新趋势。例如在世界经济论坛的达沃斯年会上，早在几年前，就有专门研究报告提出，在日益加剧的竞争形势下，企业应注意做好三件事，即：一是要建立一套适应外界环境迅速变化的、以变应变的管理体制；二是要开发出国内外知名品牌；三是要有一套在互联网上进行营销的战略。

在我们纪念改革开放 30 周年的今天，不论是处境顺利还是面临困境的企业和企业集团，为了继续前进，都必须牢记和深刻领会 30 年前十一届三中全会中所指明的方向。这确实是为企业解困和前进的一把金钥匙。要是我们不从管理、活动和思想上进行改变，还是沿着过去计划经济时代所形成的思维定式去看世界、去要求客观条件符合自己的主观愿望，而不是从思想上真正转变到市场经济所要求的思维方式，那么在新形势下即使眼前出现无数潜在商机也会视而不见。这样就难以摆脱困境，而且会越陷越深。

要是从深层次来分析企业集团的"兴"与"衰"，就会发现其中存在着一些共性规律，这就是 30 年前十一届三中会会公报早就指出的，要"改变一切不适应的管理方式、活动方式和思想方式"这一至理名言。

这里值得注意的是，"不适应"或"适应"不是绝对的。市场永远在不断变化，因此必须紧扣市场动态，以科学发展观，与时俱进地研究在当时具体情况下对这三种方式如何适应的内涵。

当你自觉或不自觉地遵照了或违背了这一客观规律，就决定了企业前途命运的成败得失。特别是思想方式的转变，从依赖外来力量转向自己主动到市场中去拼搏找出路，这已为30年来无数企业的实践所反复验证，也为企业和企业集团今后的发展指明了前进的道路。

（《企业管理》2008 年第 4 期）

时　论

成功是失败之母

是"零和"还是"双赢"

一桩一举两失的败笔

"按揭"——扩大内需的助推剂

汉语面临挑战

　　——对当前经济生活中维护汉语纯洁性的呼吁

战略与细节孰重要

和谐企业是构建社会主义和谐社会的重要基础

成功是失败之母

这些年来，我们确实看到不少成功企业，当时曾那么红红火火，名噪一时，突然走向下坡，甚至销声匿迹。究其原因，固然各有各的因素，可是其中很重要的共性是，沿袭了企业自身以往取得成功的一套做法，把它僵化、固化，以为过去的成功之道会一直行之有效，可以以不变应万变。

"失败是成功之母"这句话虽已流传很久，但现代社会中，企业和企业家更要警惕：别让成功变成失败之母！

在市场经济下运营的企业，它的出发点和归宿都在市场，而市场是处于不断变化中的。如果企业不具体分析、研究成功的原因，以为今后只要如法炮制，便一定能得到同样结果，那就错了。因为环境不同了，市场变化了。按以往的做法和经验去规划或展望未来，可能会使过去的成功成为后来失败的祸根。

早在20世纪80年代，就有一位新上任的跨国公司总裁说：对于我们公司，今后发展中最大的危险莫过于把以往的成功经验视为金科玉律去固守。

再如，80年代中期，马胜利通过承包石家庄造纸厂很快使该厂扭亏为盈，并使利润倍增，开创了改革初期企业承包经营成功的先河。但是他把这种成功做法当作到处适用的灵丹妙药，用简单的乘法推广，组成马胜利造纸集团时，就遭到失败。10年之后，郑州亚细亚商场也把一时一地的成功推而广之，在河南省其它几个城市进行"翻版"，并扩大到外省市，结果债台高筑，难以为继。

从6666万元直到3.21亿元人民币的广告投入，秦池酒厂固然风光，但注定标王风光不再。"秦池"并没有注意，我国的产业政策已不鼓励白酒生产。朱总理早就暗示：中国电视里的白酒广告太多了。李鹏委员长也指出：我们国家的粮食不是太多了，而是还不足，不应消耗大量粮食酿造白酒。如果要发展酿酒业，也要发展以水果为主要原料的果酒。秦池酒厂并未看到我国产业政策的导向。他们以为只要广告做上天，销量产量也肯定能上天；以为用打天下的方法坐天下，会一灵百灵。

事物的发展都有其固有的客观规律。对于企业，企业的发展要时刻符合管理的基本原理和基本方法。没有随随便便成功的企业，也没有无缘无故失败的企业。企业无论处于波峰还是波谷，企业家本人不能全凭直觉、感觉，也不能光吃老本。要知其然，还要知其所以然。企业家的认识要和固有的发展规律合拍，要主动认识市场经济的客观规律，因为客观规律主导一切。成功的企业一定是在一定时期内主动或被动地与客观规律相吻（暗）合。如果企业家不能主动认识这些规律，只讲埋头苦干，而不去认真想想，结果必然是摔了跟头都不知为什么。

这几个例子虽然行业、时间、经营性质不同，但由于把以往的成功经验视作"放之四海而皆准"，失败的结果却是相同的。

警惕成功变成失败之母，并不否定成功的宝贵经验。任何成功的经验或失败的教训对我国的经济发展历程都是一笔宝贵的财富，其作用和价值远远超过一个具体企业的范畴。重要的是企业要从分析不断变化的市场环境中区分，哪些是属于规律性的不变因素，而哪些是随时间和环境不同而会改变的可变因素。市场变了，企业的思想观念、经营理念，以及产品、服务、管理方式等也应随之而变，"变则通"，变才能适应变化的市场。把昨天的方法硬搬到今天或明天，并不能期望得到和昨天一样的成功。

（《中国企业家》1999 年第 5 期）

要"零和"还是"双赢"

两个人下棋，你赢一局，对方必然输一局。对弈双方一胜一负，其相加结果为零，这就是运筹学博弈论中的"零和"游戏。

市场竞争中优胜劣汰是条客观规律，商家为了在竞争中取胜，必须击败竞争对手，这也属于一种"零和"游戏的规则。过去人们的理解是"大鱼吃小鱼，小鱼吃虾米"规则。

但是现在时代变了，人们从反反复复的实践中开始认识到，要发展壮大自己，那种把竞争对手置于死地的你死我活的竞争方式并非妙策，更非惟一取胜法宝。通过互相合作得以联合兼并才是更高超的经营之道。事实也说明，只有合作的双方或多方都能从合作中得益，这种合作才能成功，才能达到一加一大于二的目的。在这种合作或者联合兼并中，大家都能成为赢家，能更有益于促进事业的成功。既有竞争又有合作，从"零和"到"双赢"，正是时代赋予竞争的新格局。

　　"鼓励兼并"已是我国深化改革中的一条重要政策。为了形成具有较强竞争力的大企业集团，我们提倡以资本为纽带，进行跨地区、跨行业、跨所有制和跨国经营的改组和改造。由于市场的全球化导致竞争的全球化，任何强大的企业或企业集团要在国际上继续保持优势，光靠孤家寡人已日益显得势单力薄，强强联合才能赢得国际上更大的竞争优势。近年来大企业联合兼并之风席卷全球，正是这种新竞争趋势的反映。这种兼并不再是谁吃掉谁，而是兼并之后，双方都变得比原来更加强大。

　　"双赢"不仅体现在联合兼并的企业之间——有的优势企业在兼并了亏损企业后使之扭亏为盈，同时也为优势企业的发展壮大创造了更有利的条件。"双赢"还体现在企业与有关科研单位之间。企业为提高其产品的科技含量，不一定全凭自身的研究开发力量。与相关科研单位进行"战略联盟"，把企业在工艺技术上的难点作为攻关课题由科研单位去承担，这既有利于企业，更为科研单位指明了研究方向，同时又解决了科研经费的来源问题，可谓利人利己，这也是一种"双赢"。

　　企业与社会也同样需要"双赢"。企业的存在不仅要为企业自身谋取利益，还能为社会创造更多就业机会，开发利用当地自然资源，为社会、为国家创造财富，增加税收收人。只有造福一方，企业才能融合于社会，得到社会的支持。如果为了自身利益而污染破坏环境，损害企业与社会双方的可持续发展，不但得不偿失，甚至会祸及子孙后代。

在现在的市场竞争中，把以往你死我活的"零和"规则转变为"双赢"的新格局，该是有远见的企业家应认识和树立的一种新观念。

但是现实生活中，我们虽看到不少"双赢"的成功实例，同时也看到烽烟四起的"零和"游戏。很多行业出现的价格大战正是"零和"游戏鲜明而不祥的体现。

现在人们议论颇多的是近些年来彩电业越演越烈的价格战：

本来一个企业在实现规模生产，降低成本的基础上调整自己产品的销售价，只要不是低于成本，不违反"不正当竞争法"，在市场竞争中原是无可厚非的。可是作为企业及其经营者，主导一场价格战，到底是从"零和"出发还是从"双赢"的角度去考虑问题，其指导思想却是不一样的。

有的企业在已处于本行业的龙头地位后，想进一步实行行业垄断，于是凭自己实力利用价格这张牌屡屡出击，迫使同行就范，从而扩大自己的市场份额。这是把自己的成功以同行兄弟的失败或垮台作为代价的典型"零和"游戏规则。由于共有市场只有这么大，你要多占，便只有使别人让出地盘，也许这正反映了市场竞争的无情。

这种做法表面上是对一个企业自身有利。但对同行企业来说，可谓"本是同根生，相煎何太急"。这种竞争方式谈不上既竞争又合作，恶意降价不但减少了企业的销售收入，同时失败企业形成大量职工失业，增加了社会已经很沉重的负担。进一步想，对于成功企业，由于利润下降，其对新产品开发，新工艺技术研究的投入也必然相应减少，影响企业发展的后劲与竞争力。所以点燃价格战的战火，既不利于同行企业，也有损于社会，到头来更是害了企业自己。这正是为什么过去的"零和"要被"双赢"作为时代潮流所替代的原因。

价格战的根本出发点是市场份额的有限性，不通过你争我夺便发展不了，其实这种思路仍是停留于计划经济时代的思维模式。市场经济要求企业不只是着眼于现实市场，而更应重视潜在市场的开发与创造。你一心想要"垄断"，想当"霸主"，就应当在开发新产品、开拓新市场方面充分发挥自己优势，以此成为技术领先的领头羊，并带动同行共同发展，以形成更强大的合力。仅在现有市场上厮杀，经营之道仍固守已过时的"零和"游戏，显然已不适应时代的潮流与新的竞争格局。

（《中国企业家》1999 年第 6 期）

一桩一举两失的败笔

在市场经济条件下，一个企业和它的产品要在市场上占有一席之地，首先需要让市场接受它，让顾客知道它，通过广告进行营销、促销确属重要渠道之一。

但做什么事情都要有一个"度"。过了头便会导致适得其反的结果。

企业经营者有时在其经营实践中跨出了可喜的一步而取得成功之后，以为把这种做法只要如法炮制加以不断延伸和扩大，便会带来成倍的销售量和效益。可是有时往往事与愿违，反把企业引入了由盛到衰的险境。

这类事例在改革开放这些年来我们已见到了不少。

马胜利从成功地承包一家石家庄造纸厂到想发展为一百家纸厂的造纸集团；郑州亚细亚商城的从河南扩展到北京、广州、成都的阡村百货；以及秦池酒厂从第一年以 6666 万元的广告投入成为央视标王，到第二年又以 3.2 亿元巨额广告费再度夺标而很快陷入了困境。

这些企业虽然生产性质不同、所处地域不同、经营出现转折的时间也不同，但他们由盛到衰的经验教训却是共同的，即都是由于不自量力，由于资金、人才、管理跟不上，违背了在市场经济条件下经营企业的一些基本规律而跳入了陷阱。

现在哈尔滨有的制药厂的做法正在步这类企业的后尘，虽然其最后结果尚未显现，但从这些企业所走过的路来看，对一个企业到底应该怎样"以顾客之心为心"去经营，现在又正在添加着一个新的案例。

坐在电视机前的观众，无法避免接受广告的宣传。可是用地毯式轰炸的办法做广告，不论你调到哪个台，包括许多省级卫视台，都躲不开同一厂家、同一产品的铺天盖地的宣传，时间长了观众便会产生逆反心理，不是接受你的宣传，而是会感到厌烦。时间越长，越是难以忍受。

作为企业经营者，不能只看到自己的"财大气粗"，更要清醒地懂得一点并学一点消费心理学。

更何况，这个企业是以比一年所得净利润高出许多倍的广告费投入的。这究竟是一种什么样的企业发展战略呢？它还有没有考虑到企业的明天呢？

另一方面，利用名人做广告，由"名人效应"助威也未尝不可。该厂的宣传借助于一批名演员的出场，众口一致宣扬其产品，形成众星拱月之势，在广大观众眼里会产生一种"别有一般滋味在心头"的感慨。一些名演员们之所以成名，是靠他（她）们长年累月在艺术上孜孜不倦的追求和攀登，从而在观众心目中逐步树立起一个美好的形象，这对演员来说是一笔最珍贵的无形资产。现在当观众看到自己所喜爱的演员，在为一个前途未卜的企业没完没了地为其宣传唱赞歌时，观众恐怕多少只会感到有点为之惋惜。难怪有人说，这些大明星不是缺钙，而是缺钱。为了眼前有形的"得"（高额的广告报酬）而损害着自己在观众心目中的形象所造成的"失"，最终到底是孰得孰失，难道不是一个值得深思的问题吗？要在观众心目中塑造一个好的形象，有赖于自己长年累月的辛勤努力，可谓来之不易。不过要给这个形象造成损害却往往是在不经意之间。当然这不是说名人不应做广告或抛头露面，只是对名人本人而言，对自己的无形资产与有形资产的得与失也有怎样掌握好一个"度"的问题，否则会是真正的得不偿失。

在这新千年之初出现在我国电视频幕前的广告议论，有着更为普遍的意义。对一个企业来说，在当前日趋激烈的市场竞争中，要是只片面地过分着眼于巨额广告投入，而对今后发展后劲上怎样去加强竞争实力不去下真功夫，这实际上是经营者的短视行为；而对这一批为其摇旗呐喊的大明星而言，从中也不乏可以有所领悟的东西。

市场经济是摊放在我们面前的一本全新的大教科书。不论对企业，还是对个人，只要我们通过实践不断认真思考，分析、总结、提炼，我们总能逐步掌握一些符合市场经济要求的规律性东西，从而使我们学到更明智些的经营之道和个人行为。

（《中国青年科技》2000 年 9 月）

"按揭"——扩大内需的助推剂

在世界经济普遍呈现低迷中，我国以 8% 的 GDP 增长率送走了 2002 年，成为一枝独秀而引起世人瞩目。

这充分体现了中央驾驭经济发展的能力与魄力，反映政策的正确与措施的得力。

扩大内需正是当前与今后促使我国经济持续快速健康发展的有力因素之一。而这是从我国国情出发的，即一是我国近 13 亿人口的巨大潜在市场提供了扩大内需的可能性；二是人民生活水平的不断提高又为扩大内需创造了现实性。这两者缺一不可，否则扩大内需就难以实现。

在近年的经济生活中，对经济起推动作用的，除了其它因素外，私人购房与购车进入人们的消费领域，是一个不可忽视的原因。

拥有自己的住房与汽车，这种潜在需求不是现在才有，而是在满足了家用电器消费品等之后，随着生活水平的不断提高就渐渐出现了。到 2002 年末我国居民储蓄存款余额已超过 8.5 万亿元，说明人民中有着巨大的购买力。但与人民已拥有的消费品相比，商品房和轿车在价格上要高出数十倍、上百倍。对消费者来说，能一次付清这么巨额支出的，毕竟在消费群中尚不占多数。不足的这部分购买力怎么办？这时银行提供了信贷，消费者通过抵押贷款的方式，把所缺的那部分购买力用分期付款的办法逐步偿还。于是出现了"按揭"这个新词。有了按揭，那部分尚未到位的购买力就得以提前实现，有待日后才能存在的需求转变为现在就可以拥有的需求。这样就使住房与轿车消费成为近年经济生活中出现的新热点。

用分期付款的办法来满足人们的现实消费需求，这不是现在才出现的新的创造。早在 19 世纪早期，美国就有了十几家生产农业机械的企业，农民虽然对这些产品有需求却无钱购买，企业也难以生存。这时有一家生产联合收割机的赛洛斯·麦克考密克（Cyrus McCormick）公司创造了一种分期付款的办法，在收割季节农民可以向公司把收割机先拿去使用，等收割后出卖农产品得到的钱去支付，一年不够偿还，可以等以后收割后再逐年还清。

这一来，使农民原来没有现金一次性支付，没有购买力的情况发生了变化，在广大农民中涌现出了巨大的购买力。

按照大家所习惯的思维方法，考虑的主要是对现有资源的利用。而采用了分期付款方式，则着眼点更扩大到了消费者未来的消费能力，扩大到了对未来资源的利用。过去分期付款更多地是在买卖双方之间沟通。现在金融机构直接介入消费领域，通过信贷，抵押贷款，用"按揭"作为买主与卖主之间的中介，在还贷方面有了更可靠的保证。

这不是什么科技发明或创新，可是一旦采用后使广大消费者原来没有或原来不足的购买力得以立即实现。这是一种社会创新，一种管理创新，这种创新对拉动经济发展的作用不可低估。

美国管理大师彼得·德鲁克曾说：战后管理创新对经济发展的影响，比同一时期科学技术的具体发明对经济发展的影响更为明显。

现在我们通过银行提供信贷，利用"按揭"的办法对房地产业与汽车工业起着推动作用，对扩大内需起到了推动作用，这在我国近年也得到了验证。

按揭的采用与实施，促使我国有些消费产业部门的快速增长，从这种管理创新所产生的作用来看，对我们启迪是深刻的。这正如十六大提出的："实践没有止境，创新也没有止境。"管理创新、制度创新对经济发展的推动与影响力决不亚于科技的发明创造。关键还是在于解放思想，实事求是，与时俱进。

（《企业管理》2003 年第 3 期）

汉语面临挑战

——对当前经济生活中维护汉语
纯洁性的呼吁

语言是人类沟通与交流的工具。各个不同民族在其发展的历史长河中形成了本民族自己的语言与文字。中华民族自传说中的仓颉造字以来，汉语已延续了几千年，其间虽也随时代变迁，淘汰了一些过时的词汇，又不断增加着新的，但始终是中华民族所一致认同的共同语言。我国幅员广大，各地方言虽多种多样，有些方言在不同地区的人们之间不能互相听懂，但写出汉字却立刻找到共同语言。这也许可说是汉语的一大特色。

随着时代的进步和科学技术的发展和国际交往的增多，在我们的社会生活中不断出现一些新事物需要用语言文字来表达，因此新的词汇也不断出现。对一些有普遍意义新的发明和外来语，我们往往根据它的本意形象地造词，或依据它的原意原音进行意译，音译，使人能由词生义，例如电话、电视、电脑等等，就是生动例子。从某种意义上说，这也反映了保持汉语纯洁性的一个好传统。

然而，由于科学技术突飞猛进的发展和我们同国际社会的接触交流日益频繁密切，新名词的出现也以前所未见的速度猛增，使汉语也面临着空前的挑战，这种挑战在经济技术领域中尤为突出。如何正确掌握这些新词汇的中文含义，使国人能通过汉语去了解这些新词汇到底在说什么，是一个亟待研究解决的问题。因为除了那些非常专业，只有少数深入其中的专业人士才接触到的那些词汇，如医药、数学等等领域中的专用词汇外，凡是为媒体大量传播，必须让广群大众知其所代表的真正含义。

但是，现在的情况却是，在大众媒体上近来出现了越来越多让广大群众看不懂的英文缩写字母。似乎汉语是如此贫乏，不用这些外来语的外文字母，或是这些外来语的缩写符号，就再也传达不了这些新鲜概念了。但事实是否只能是这样呢？未必见得。

拿国际组织来说，战后成立了联合国，英文缩写是"UN"，但是我们一向用"联合国"而没有只见"UN"，说明我们对此还是一直保持着汉语的纯洁性。而在有了关贸总协定时，我们也没有只用 GATT，还是用汉语来表达此词。但是对世界贸易组织，或简称世贸组织，却是一片 WTO声，除中央红头文件外，在各种传媒中只见 WTO 而不见汉字。其实，WTO 与 UN 在表达上究竟有多大难度呢？为什么可以通用"联合国",却不能用"世贸组织"? 真是咄咄怪事。

　　在技术业务领域,特别在信息技术领域,让人感到丈二和尚摸不着头的事就更多了。例如在电子商务方面,出现了"B2B"、"B2C"等表达式,代表了"企业对企业"、"企业对客户"。这个"对"在英文原文是"to",和"二"("two")同音,所以用阿拉伯字"2"代替。移植到汉语也以"二"代之,则实令国人有点莫明其妙了。

　　信息技术的发展正渗透到社会生活的各个方面,对人们多年来所习惯的管理工作也正在产生着深刻的变革。在企业组织结构上如何对市场变化能作出及时反应是竞争的客观需要,因此由原来的金字塔型组织改变为实现扁平化、信息化的"重组"或"再造"(re-engineering)也在我国开始被重视和时兴起来。介绍业务流程重组(BPR)的文章在报章杂志不断出现。与此同时,企业资源计划(ERP)体现企业实现人财物、供产销的一体化、信息化的计算机管理模式,也在我国开始兴起。这些当然是管理现代化的时代需要。但可惜,不少宣传介绍资料在阐述这些新事物时,通篇只有那几个缩写字母,使没有熟知其中之道的人不知到底要说明什么。这类例子正在越来越多地出现在我们的经济生活中。

　　我们不是反对使用这些英文缩略语，但至少要使人们看了能知道（或能猜出）每一个字母是什么字的第一个字母的缩写，从中懂得这个缩略语的含义是什么。否则，说了半天仍让人不得要领。因此，对这些专用名词，宜在用汉语将其意思表达后再附加英文缩略语，才会是可取的。

　　对作者来说，你公开发表一篇刊登出来的文章，当然是为了给广大读者看的。作者不能把自己明白的词汇认为所有读者也都应理所当然地和自己一样明白，而不肯多化几个汉字去表达缩略语的原义。对传播媒体来说也同样，宣传对象不是只限于少数非常专业的人员（否则可只在专业化极高的学术刊物或学报上发表），而是面对广大群众的。因此关键问题在于下笔时，或刊出、播出时，首先心中应装着你的读者、听众、观众，要从接受你宣传的对象出发。而不是只从自己的理解出发，换句话说，在谈到这些新出现的专业或业务词汇时，怎样用我们自己的汉语作深入浅出、通俗易懂的文字来表达、翻译，而不是仅停留在几个英文字母上，这是个亟待研究解决的现实问题。

　　近来一个较明显的例子是，中国联通在广泛宣传的广告上都必有 CDMA，可是这些广告或报刊文章中，却很难找到这个英文缩略语的每一个字母到底是什么字的缩写，这四个字母整体是什么意思。当然要详细解释很复杂，也非专业人员所能理解,但至少总该有个简要的中文译名吧?如对看到过这一广告的广大群众进行一次民意调查,问 CDMA 究竟是什么意思,也许99%的人回答是不知道,那这种宣传又起到什么作用呢?

面对加速进展的全球化,我们迫切需要更多更快地了解世界的最新发展动态,做到洋为中用。正是为了更有效地吸收外来先进经验与先进文化,我们更需要发挥汉语的传播媒介作用,而不是生吞活剥地照搬照抄外来语或外来缩略语。

汉语作为中华民族五千年文明史的载体,有着十分丰富的辞汇足以表达各种含义,而不见得只能依靠外文字母的缩略语去填补空白。一个专业人员如果真正吃透了他要向广大群众宣传介绍的新名词,他总能找到适当的、深入浅出的译名。

现在确实到了为维护汉语的纯洁性而大声疾呼的时候了!

(《企业研究参考》2003 年 3 月 20 日第 9 期)

战略与细节孰重要？

近年来强调企业管理应重视和抓好细节与执行力的议论很多，讨论也越来越深入。这反映随着改革的深化与竞争的加剧，要搞好管理，更需要抓紧和落实到企业的基础层面，体现到实践的环节上。否则，道理讲得再好、再重要，不去付诸实施，不去解决实际问题，也将于事无补。

但当前的这些舆论也引起有些企业的困惑。过去不是一再强调，对企业兴衰成败起关键作用的是企业的经营战略与发展战略吗？而现在却有人提出并大力宣传的是"细节决定成败"，"执行力决定成败"，那么是否意味着，决定成败的不再是原来认识的战略，而已转变为细节了呢？

对企业来说，决定成败的究竟是什么？是细节还是战略？

从思想上到理论上弄清这个问题，对当前面对竞争日益激烈的企业来说，把握一个比较正确的思路，以谋今后的健康发展是具有现实意义的。

对于这个问题，自上世纪战后到70年代的30年左右时间，经过各国企业的大量实践，其实已经有了清楚的答案。

二次大战后，各国经济由于受战争破坏，当时重点放在恢复和发展经济。上世纪50年代初，国际上管理学界认为，为了取得最好的经济效益，企业必须注意四个方面的工作，一是产品在产量上要符合市场需要，生产出恰如其分的数量；二是对质量的要求也应恰如其分，而不是质量越高越好；三是在产出时间上也要恰如其分，提前太早或不能按时交货也会蒙受损失；四是要用最好和最便宜的方法把产品生产出来。正是基于这一要求，不少科学管理方法和管理技巧在战后应运而生，为管理科学的发展创造了有利条件。

因此在上世纪五六十年代，对企业管理的要求和主导思想是：要努力把该做的事做好、做正确、做对头（Doing things right）。科学的管理方法和技巧正是为这个目标服务的。应用了这些方法，在不增加投入的情况下，可以取得更多、更好的效果，这就正体现了把企业的细节处理得更好、更正确、更对头的要求。

但是到了70年代，大环境发生了一系列重大变化。主要有：1973年的石油危机引发了西方长达10年之久的经济衰退；以微电子技术为基础的新技术革命，对世界范围的社会经济生活的方方面面产生了广泛而深刻的影响；日本作为经济大国在战后的崛起、使原有的国际竞争格局发生了变化。

这些大环境的变革不能不影响到企业的经营和发展。以往只把眼睛向内，管理好企业内部的秩序已不够了，因为影响企业生存发展的，不再只取决于企业内部，企业所处环境变化的大趋势对企业的兴衰则显得尤为重要。因此到了上世纪70年代，经营企业的指导思想，从原来的"要把事情做好"演变和发展为"所做的事本身是否正确"（Doing right things）。千方百计去做一件本来不该去做的事，没有比这对事业蒙受的损失更大的了。

如果把企业比作一艘航船，把船内机器设备和四周管得井然有序固然十分重要，但如果航向错了，一样会导致灾难性后果。

这样，在70年代，企业的经营战略和发展战略就被提到了日程上来，成为企业界与管理学界关注的重点。

当然，这前后30年的两种主导思想都各有其片面性。到了80年代，这个主导思想发展为：要把一件正确的事做好、做正确（Doing right things right）。这就是说，要在战略上重视正确的发展方向，并且在实施过程中正确加以贯彻。两者"决定成败"中都各有其作用，不存在孰轻孰重的问题。这才是较为全面的客观阐述。

国际上以往的这一经验，已对战略与细节，或战略与执行力的辩证关系作了明确的回答。

我们不能为了强调战略而不重视细节或执行力；同样，也不能为了突出细节或执行力就使战略让位甚至退位。

既然两者都重要，不可偏废，那么究竟怎样看待其差别呢？

实质上，这取决于对担当什么职责的人而言的。

企业里，或任何组织中，人员的职责分工基本上可分为两大类，一类属于领导层或决策层，另一类属执行层。两者相互配合，形成一个组织的整体。

现在我们常常可以看到"细节决定成败"或"执行力决定成败"的提法。这种提法，主要是看针对什么对象而言。针对执行层来说，无疑这完全正确。当他们在实施企业目标时，必须十分注意细节，使这些目标能层层落实，并且做到精益求精，以保证企业目标和任务的实现。

但是对企业的领导层或决策层来说，仅注意细节是不够的。我们现在已生活在全球化时代，我国已成为世界贸易组织的成员。企业领导，作为这艘航船的船长或领航员，必须在市场竞争的惊涛骇浪中，站立船头，眼观六路，耳听八方，把握市场风云变化的脉搏，才能保证航船越过急流险滩，在风浪中平安前进。

要是在这种形势下，一个企业的领导，还是用计划经济时代的思路或工作方法去经营企业，一心只看到企业内部，认为只要把企业内部的细节搞好便可万事大吉，"两耳不闻天下事"，这怎能适应当今世界的新形势？如果企业的领导层、决策层只埋头于当前的日常工作和细节，甚至事无巨细，都要"事必躬亲"，而不以更多时间精力去考虑企业的战略发展，考虑企业的明天，那怎么能在日益激烈的国内国际市场竞争中有自己的立足之地呢？

一个不考虑明天的企业，就不会有企业的明天。

就企业整体而言，"决定成败"的究竟是什么？强调战略过了头，不注意实施战略过程中的细节或执行力，固然会使战略落空；同样，把细节或执行力强调过了头，似乎只要抓细节便可"决定成败"，不从战略上重视外界迅速变化的环境对企业经营的重大影响，甚至形成鼠目寸光只顾眼前，这样的企业也决不会成功。

因此，我们不能不加分析地一味强调"细节决定成败"或"执行力决定成败"。这种"非此即彼、以偏概全"的片面提法，对企业的发展来说，极易引起误导。

（《企业管理》2004 年第 9 期）

和谐企业是构建社会主义和谐社会的重要基础

和谐历来是我们中华民族的传统美德。在丰富的汉语词汇中，和睦、和蔼、和合、祥和等，以及像和衷共济、内和外顺、家和万事兴等成语也都体现了我们对人际关系和社会关系的美好理念。到了现代，就世界而言，和平、发展、合作已成为当今的时代潮流；对我国来说，和平崛起标志着中华民族伟大复兴的开始；就地区而言，祥和与安定更是社会发展与进步的必要保证。

现在中央提出了构建社会主义和谐社会的重大战略任务，这既体现了中国特色社会主义的本质属性，也反映了对我们民族文化的传承、融合与创新。

和谐社会的实现需要通过社会多方面的努力与配合，其中企业的和谐起着重要作用，因为企业是经济社会的基层组织，和谐社会离不开广大基层企业的和谐。由于企业在市场经济下的生产经营活动并不只局限于企业内部，而还涉及社会的不少有关方面，所以构建和谐企业实际上也在构建着相当大一部分基层社会的和谐，为和谐社会的建立起着重要的作用。

要构建和谐企业，就要求企业必须与它的竞争对手，与它的服务对象，企业内部的员工，以及企业对社会等方面都能形成和谐共赢的局面。这样就不仅对企业本身的和谐，同时也为促进社会和谐作出重要贡献。

下面就企业在上述这四个方面的和谐共赢加以进一步探讨。

一、竞争格局的变化

在市场机制下，优胜劣汰是竞争的一条不变规律。企业要生存，要发展，就必须通过市场竞争去实现。同时，通过竞争，经济也才能发展，社会才能进步。

以往人们对竞争的理解与实践，都以一方的取胜，建立在另一方的失败上。就像下棋一样，输赢双方的结果属于"博弈论"中的"零和游戏"，即胜负之和为零。

对企业来说，人们往往把竞争看作是挤垮或打败竞争对手作为壮大自己的主要手段。例如有的强势企业用价格大战把自己竞争对手的一些弱势企业置之死地，以扩大自己的市场份额，赢得更多利润。前些年家电企业的几场大战，人们记忆犹新。这种将竞争对手彻底打垮的竞争方式，虽然得胜一方暂居优势，然而迫使弱势企业倒闭、破产，大量职工失业，使社会矛盾加剧。从社会全局来看是得不偿失，与和谐社会的目标背道而驰。

上世纪末，国际上对市场竞争出现了新的理念，即把原来你死我活的零和游戏发展为既竞争又合作的"竞合"观念，在竞争对手之间实现合作共赢。

任何企业都存在各自的优势与不足。企业为了壮大自己当然主要要依靠自己努力，但国际经验显示，很多大型企业的发展，不是每一步都只靠自己，而更多是通过联合兼并，与其它有关企业进行合作互利，尤其是通过"以人之长，补己之短"取得更快的发展。与竞争对手进行战略联盟就是一种行之有效的经营方式。例如强势企业在某一方面有所不足，如对某种专业人才或专门技术，而竞争对手却有其独到之处，那么通过"竞合"来取长补短，达到一加一大于二的效果，使竞争各方都得到更大发展的机会。这既有利于企业自身，也为社会和谐作出了贡献。

从竞争到竞合是对竞争理念的一次飞跃，这里重要的是企业首先要在认识上跟上时代潮流的发展，改变原来对为了竞争取胜就必须把竞争对手置之死地的过了时的观念，从构建和谐企业、和谐社会的高度来重新审视市场经济下的竞争规律，推行与竞争对手的合作共赢。

二、与服务对象互利共赢

企业是以自己的产品和服务来为顾客、为消费者提供服务的。决定企业生存发展命运的正是企业现实的以及潜在的顾客。现在市场竞争日益激烈，同样的产品或服务，可以提供给顾客选择的越来越多，你要在竞争中取胜，就要能提供你的竞争对手所没有的特色（那怕是在一些微小的地方），显示自己为顾客着想的独到之处，而不是照别人的葫芦画自己的瓢。随着人民生活水平的提高，对物质文化的需要日益增加，实际上市场机遇也在不断涌现。对企业来说，不能只着眼于顾客现实的需求上，更要看到顾客的潜在需求。当顾客自己还说不清他所要的具体商品时，从顾客的潜在希望、欲望中把产品开发出来，就把顾客的潜在需求变成了他的现实需求，企业的潜在顾客也就成了你的现实顾客。企业也就把潜在市场靠自己的产品和服务开拓成为自己的现实市场了。

从以往这些年的竞争筛选中，现在能在市场上站住脚的企业及其产品，基本上都是旗鼓相当，在价格和质量上可谓难分伯仲。现在的竞争重点越来越转向其服务的质量与艺术。顾客不仅以得到某一商品为满足，更在乎取得这一商品的过程中是否让顾客感到愉快和满意。购得之后在使用中是否不会有后顾之忧。因此企业要想顾客之所想，以顾客之心为心，把让顾客满意作为企业经营的永恒主题，只有这样企业才能在顾客心目中树立企业的良好形象，成为企业的无形资产，这样不但扩展着新顾客，更留住了老顾客。

企业为顾客作出了贡献，同时也是为企业自身发展奠定了基础，形成企业与顾客的和谐互利。

三、和谐文化凝聚人心

如上所述，企业的经营活动力求取得顾客满意，这是企业生存发展的基础，也是企业与顾客和谐互利的保证。

但顾客实有内外之分。为使企业外部顾客满意，首先要以内部顾客满意为前提。

这内部顾客就是企业自己的员工。

很难想象在一个员工们气不顺，不能团结一致心情舒畅地工作的环境里，能为企业的外部顾客提供和颜悦色的满意服务。

企业员工来自五湖四海，大家有着不同的家庭、教育、社会背景，现在来到一起，要为企业的目标共同奋斗，就首先需要形成共同的价值观、信念和行为准则，以加强员工对企业的凝聚力、向心力。培育符合企业实际的企业文化与和谐文化，形成具有本企业特色的优良风气，决非一朝一夕之功，而需要在本企业长期实践中去总结、提炼好的作风与优点，并在以后的代代相传中不断加以充实、丰富，成为企业的核心竞争力。企业形成了好的风气，员工群体就有了共同语言，和谐相处就成为必然结果。在和谐文化的熏陶下，企业和员工就能结成发展共同体、利益共同体、命运共同体，而成为企业宝贵的精神财富与巨大的竞争实力。

要促使员工满意，培养和谐文化，必须重视提高员工的思想和技术业务水平。企业的任务不只是出产品，同时还要出人才，使来自四面八方的员工通过在企业的工作能得到锻炼，得到提高。培养出大批有用之才，是企业对社会义不容辞的责任，也是企业为员工指明前进的方向。员工在企业得到培训，业务上得到提高，是调动员工积极性的重要措施。而员工的满意，正是构建和谐文化的必要条件。

构建和谐企业，弘扬和谐文化，使员工发扬团队精神，关键在于企业领导。领导首先要深刻认识企业的和谐对企业的兴衰与事业的成败起着决定作用。领导要以身作则，使自己的言行起到示范作用。领导与员工之间的沟通极为重要。领导必须把自己看作是员工集体中的普通一员，能平易近人，让员工易于接近，才能真正听到来自群众的声音，采集到群众的智慧，做到"从善如流"。有了上下一心，和谐相处的深厚文化底蕴，企业就有望在好的风气带动下，得到长期稳定的发展。

四、企业承担社会责任为
和谐社会发挥基础性作用

　　长期以来，人们一直把追求利润的最大化看作是企业的经营之道，而且是唯一目标。企业的存在自然是要为社会创造财富，但现在时代变了，全球化推动着"小小寰球"相互间的活动息息相关。经济的发展给世界同时带来资源浪费、环境污染等负面影响。"我们只有一个地球"现在已成为全世界人民的共识。于是出现了人与自然应和谐共处的新观念。其实这正是中华民族"天人合一"的最古老的哲理。

　　作为经济社会基层组织的企业，其存在既要创造财富和就业，既要造福一方，就不能再只着眼于企业自身的利益，而要使企业把自己看作是社会的重要组成部分，把应承担的社会责任放到更加突出的位置。这已成为衡量企业业绩的重要标志，也是决定企业兴衰成败命运的决定性因素。

　　从单纯追求利润的最大化，发展到同样重视企业的社会责任，是当代企业首先在思想观念上应作的一大转变。正如过去把你输我赢的竞争应转变为又竞争又合作的竞合共赢一样。现在经营企业也十分需要在管理方式、活动方式和思想方式上与时俱进地进行重大变革，而这是实现和谐企业的思想基础。

　　要保障社会持续发展，并惠及子孙后代，现在生活在地球上的人类就需要更自觉地节约资源、保护环境。只有社会的持续发展才能使企业持续发展成为可能。

现在我们把建设资源节约型、环境友好型社会作为基本国策。企业作为经济社会基层组织，对保证节约资源、保护环境等影响社会和谐与持续发展的因素更起着直接的重要作用。

企业承担社会责任，已不仅对企业和当地，现在已延伸到国际贸易和市场准入标准。由发达国家主导制订的 SA - 8000 就对进口产品追溯到它生产厂家的劳动条件、环保条件作出了明确要求。不符合 SA - 8000 要求的就得不到订单，被拒之于发达国家市场之外。

企业认真理解并实施其社会责任，是构建和谐社会的重要基础和保证，达到企业与社会的互利共赢。

在建设社会主义和谐社会的重大战略任务中，我们要用足够的注意力去实现和谐企业的任务。企业对其竞争对手、对其顾客与自己员工、对社会所应承担的责任，如能都着眼于和谐共处，为合作共赢而不懈努力，那将有力地推动和谐社会的实现。

（《中国企业报》2006 年 12 月 18 日）

出访杂忆

达沃斯随笔之一：

    雪中达沃斯

达沃斯随笔之二：

    高官云集的民间论坛

达沃斯随笔之三：

    大老板们何以趋之若鹜

达沃斯随笔之四：

    达沃斯的企业话题

美国西部沙漠区纪行

达沃斯随笔之一：
雪中达沃斯

　　达沃斯，这个位于瑞士阿尔卑斯山区的小镇，知道的人不多，即使在瑞士的地图上也要费一番功夫才能在苏黎世东南离奥地利边境不远处找到一个叫达沃斯的小点。以往熟悉这个地方的人主要是来自各地的一些滑雪爱好者，但自1971年世界经济论坛开始在这儿举办一年一度的年会以来的近30年，达沃斯这个名字已不仅在瑞士，而且在全世界都引起了人们越来越多的关注。

　　我第一次来到达沃斯是在1981年初，当时中国企业管理协会成立不久，1980年与世界经济论坛达成双边协议，即自1981年起每年在北京共同组织召开企业管理国际讨论会，对方召集西方企业家到会，以便在现场了解中国的经济政策，寻找对华投资与合作伙伴的机会；我方则组织中方企业家出席，协助他们直接走上国际舞台，提供锻炼开展国际活动的场所与机会。

　　但是我们的国际会议到底该怎样组织才能符合国际上的

要求与水平，论坛召开的年会为我们提供了一个现成的样板。

就这样，我们在 1980 年达成协议后，就以三人观察员小组的身份 1981 年第一次参加了达沃斯会议。

从国外要去达沃斯，一般只能先飞到瑞士苏黎世，然后沿盘山公路乘车向东南方行驶，到达海拔 1500 米的目的地。沿途越走见到雪景就越浓、越美。不论是正在下着雪或已放晴多日，远远近近的山上密密的树丛枝头全都盖满白絮，银装素裹，山间的农村小屋屋顶上也覆盖了厚厚的白雪，蜿蜒的公路顺着山坡曲曲弯弯望不到尽头，沿路经过一二个小镇也只是一闪而过。从苏黎世机场到在达沃斯预订好的旅馆，路上一般约花两个小时左右。

达沃斯这个小镇常住人口约 2 万，只有一条主要街道，但两旁商店却和很多大中城市一样，从日用百货到瑞士名表应有尽有。另有不少商店则专供雪橇、滑雪装等滑雪用具。遍布这里的是众多旅馆，从可招待国家元首的五星级宾馆到一般旅馆，它们每到冬天就会门庭若市、人满为患。冬天是这里一年一度的旺季，可以用短短几个星期的营业收入来"喂养"全年开支，而这旺季主要靠的是天赐良机所落下的雪。

这里的人常常说，雪对达沃斯来说就意味着金钱，意味着货币。

正因为游人大部分都为滑雪而来，所以滑雪的设施在这里也准备得很周到。镇上有三条缆车分别到达海拔 2000 米的几个山顶。有的缆车像电车车厢，可容纳二三十人，有的则是面对面可坐 4 人的小挂厢。乘客中很多是青少年，但不论老小，大家都自带雪橇。到顶后可以在山顶饭店稍休息，喝杯咖啡或吃顿午餐，然后便各自随心所欲地在广阔无垠的山坡上向下滑去。这里的环境保护工作很出色，不论在纷飞的雪中还是已放晴多日，漫山遍野的雪层总始终保持着一片洁白，没有尘埃使之变色。在这一望无际高低起伏的雪景面前，确实令人对大自然的美景会感到心旷神怡。

要是遇到一夜大雪使镇上道路受阻，第二天一早便会有扫雪车来清扫路面积雪，按路面的宽窄，扫雪车把积雪吹向道路的一侧或两侧，这样在人行道边上就会形成一道矮矮雪墙，面向公路的一面雪墙与路面垂直，像被削过似的显得十分整齐。

由于这里气候比较干燥，积雪不会很快溶化，在零下 3~5 度的气温下，从室内出来穿上一件冬大衣也不觉得怎么冷。在我 15 次出席达沃斯年会而来这里期间，大部分时间都是飘雪不断，即使在苏黎世、日内瓦不下雪，上山来还是一片雪景。但也有几次，达沃斯山上也是晴空万里，山间树丛的积雪也大部消融，这时人们就有一种失望的感觉，预示着这年不是一个好"年景"。

可是没想到在 90 年代的最后一次年会，1999 年的 1 月末 2 月初，达沃斯却下了一场当地人称之为 20 年来最大的漫天大雪，气温也降到了零下 20 多度。雪大到只要在露天站上二十分钟便会使你变成一个雪人，真正引证了我们古人说的"积雪没胫、坚冰在须"的描述。在那年 1 月 28 日晚 6 点的年会开幕式上，安排了德国总统赫尔佐克的讲话，可是当全场代表早已就座时，却不见会议准时开始。会议主持人一再说明，德国总统正在来会场的途中，这样竟推迟了 30 分钟才开场。在达沃斯年会的历史上不能准时开会，尤其是开幕式的延时是前所未有的。后来得知，德国总统原来是准备乘直升飞机到会的，但由于意想不到的大雪无法飞行和降落，只能改乘汽车上山，而上山道路的积雪也大大降低了行车速度。这也反映了达沃斯的雪的"功"与"过"。

正是达沃斯的雪为世界经济论坛的年会增添了一份色彩与吸引力，而论坛的年会又让来自五大洲的各界知名人士有机会欣赏到欧洲这一山城在茫茫大雪中的独特风采。

（《中国企业家》1999 年第 10 期）

达沃斯随笔之二：
高官云集的民间论坛

世界经济论坛自成立之时起便同时举办的达沃斯年会，每年一次从未间断，从 1971 年迄今已近 30 次了，这么多年来一直历久不衰，而且参加人数越来越多，代表身份与层次越来越高，作为"非官方的国际经济最高级会议"的名声也越来越大，这在世界上可说是绝无仅有的。

我们自 80 年代初开始参与其事，10 多年来确实亲自经历了这些变化。1983~1984 年到会代表是五六百人，1987 年首次突破 1000 人，到 1995 年已达到 2000 人。到会的各国首脑（总统及总理级）也由几名、十几名增加到三四十人。部长级代表则由 80 年代中期的二三十人在进入 90 年代便增至 200 多人。我国也自 1983 年起每年有一个由国务院有关部委的部长级领导率团前往，年年如此也已有 10 多年了。1992 至 1998 年更由李鹏、朱镕基、李岚清三位中央领导分别率领中国政府代表团到会并发表了重要讲话。

达沃斯年会的六天日程也是安排得丰富多彩，一些事关全局形势的大会，以及范围广泛、内容新颖的各种专题报告会、讨论会，涉及世界的和地区性的经济、政治、社会、文化、科学技术等等方面的议题，大小会议总数十余年来也不断增加，由过去的共计一二百场到 1999 年达到了 334 场，其中绝大部分是平行会，即在同一时间内安排好几个不同题材的专场，由代表事先登记自由选择，各取所需。

年会总是在每年一月份的最后一个星期四开场到二月初的第一个星期二结束。除了各种大小会议外，星期五中午可以乘缆车到附近几个山顶饭店去午餐，观赏"一览众山小"的皑皑雪景。下午回到会场，代表们自由组合，十几个人一桌，分别与到会的各国部长或国际组织负责人面对面地交谈，提出各自感兴趣的问题再一起讨论。星期六晚上，代表们又换上晚礼服出席交谊晚会进行联欢。星期天上午，则组织郊外活动，你可以参加滑雪或球类比赛，也可坐上四人一车的马拉雪撬在茂密的林间小道上缓缓上山，使人彷佛置身于奥地利园舞曲之王施特劳斯的"维也纳森林的故事"和俄罗斯伟大作曲家柴科夫斯基第一交响曲"冬日的梦"所描述的 19 世纪欧洲森林与雪景兼而有之的意境之中。

参加达沃斯年会主要的自然还是为了获取国际上第一手权威信息，代表们从大大小小的会场上，可以听到在世界事务中举足轻重的政界头面人物，对国际经济叱咤风云的商界、金融界巨头，以及高新科技发展最前沿的科学家、专家的许多远见卓识的高见与宏论。这些都是任何国际活动能如此集中地将各界精英荟萃于一堂所不可多得的。

达沃斯年会的吸引力可以从日本代表团的变化窥见一二。

1985 年日本派出了一个由 27 人组成的代表团赴会。其中包括外交部（外务省）、财政部（大藏省）、经贸部（通产省）的三名副部长（次官），日驻联合国、瑞士、法国的三名大使，以及东芝、三井、日产等十多家大企业高层领导，和日本一些主要银行的金融业巨子等。

当年我代表团袁宝华团长就在会场询问日本代表，为什么这次你们派这么多负责人来参加？他们回答说，以往日本并不了解这个会议的性质和内容，1983 年派出一名外交部退休官员到会，才知道这是个重要的国际活动场所，1984 年便升格由一位外交部现职副部长率团前来。但要充分利用这个重要国际活动场合，人少了、级别低了还施展不开手脚，必须大大加强阵容，所以 1985 年便来了这么庞大的代表团。

就在这之前一年，在中曾根执政时，这位日本首相与世界经济论坛主席施瓦布教授在东京会面，谈话中日本首相提到，日本派往西欧的代表团为数不少，可是总不能像日本所希望的那样去打开西欧市场。施瓦布说，日本派出的代表团都带有官方色彩，与欧洲伙伴都是讲"官话"。而要发展经济贸易合作，要做成买卖，重要的还需要在合作双方形成个人与个人之间的沟通，以发展友谊，增加个人色彩，加大人与人之间的亲切感，这样就更有利于促进协议的达成。

中曾根看来是接受了施瓦布这一观点。也许这是日本1985年派出庞大代表团的背景情况。

由于达沃斯年会的非官方性质，可以为代表之间直接接触架起桥梁，通过相交、相识、相知，提供一个宽松的场合与气氛，这成为年会的又一特色与优势。

每年会议期间，都要安排部长级代表进行两三次非正式交谈。这种交谈不允许非部长级代表和新闻界参加，不作记录，也不发表公报，纯粹是私人性质的各抒己见，这样部长们在一起便可相互认识，交上朋友，畅所欲言，包括对一些重大国际问题的个人见解，以便进行交流，相互"摸底"。这也是一种不可多得的机会。

此外，还由于会议的非官方性质，还可使官员在会上发表意见，不是代表其政府作什么官方政策声明，而是发表十分坦率而真实的个人意见，这也是在正式的公开场合不易听到的。

例如，在苏联东欧正在发生巨变的1990年，新加坡总理李光耀到会。主持那场全体会的主席是英国前首相希思。希思先介绍说，达沃斯会议邀请了李光耀10年他都没有能来，今年终于把他盼到了。李光耀说，我听说今年来参加达沃斯会议的西欧企业家有七、八百人，而现在你们都把目光转向了苏联、东欧，所以我就放下手上的工作赶来了。他说，你们以为苏东的变化会为你们提供巨大的商机，其实你们错了，真正具有发展潜力与投资机遇的是在亚洲而不在东欧，但是你们对转向亚洲有顾虑，唯恐竞争不过日本。但是只要你们和我们东盟国家以及"四小龙"系起手来，一道去对付日本，咱们就完全不用再怕日本了。李光耀的这番讲话引起会场的强烈反应与深思。后来，事实确实证明，李光耀当年的这一忠告还是有先见之明的。

正是达沃斯年会具有的那么多独特优势，是其一年一度贵宾云集并为国际社会广泛关注的奥秘之所在。

（《中国企业家》1999年第11期）

达沃斯随笔之三：
大老板们何以趋之若鹜

达沃斯年会主要是面向国际企业界的。这些年来虽然到会的政界、科技界、新闻界的头面人物不断增加，但是到会代表始终以各国主要企业领导人占绝大多数。而且正是依靠他们才能支撑得起会议的庞大开支，其中包括邀请一些国家领导人的高规格免费接待。企业代表缴纳的会议登记费高达每人一万瑞士法朗上下，而且食宿都一向自理，可是申请参会者仍是趋之若鹜，在每次开会前半年报名就截止了。世界经济论坛对迟来者说：明年请早。

为什么这些国际大企业的负责人都乐于掏腰包赶集似地来到达沃斯呢？

重要的是：从会上可采集到的权威性、前瞻性信息对企业的战略发展具有十分珍贵的参考和指导价值。

现在要作为一个想驰骋于国际舞台上的真正企业家，已决不可能再局限于原来的竞争领域，或躺在以往取得的成绩上孤芳自赏，而必须扣紧国际经济变动的脉搏，把自己企业融合进这些变化之中，这样才能主动地抓住机遇，迎接挑战。

而达沃斯年会正是可以提供这些前沿信息的最佳场所。

年会每年确定的主题就在一定程度上反映了当年国际发展趋势的大致方向。

实际上每次当前一年的年会刚结束，论坛就要着手筹备下一年的会议了。由于论坛与许多跨国公司和各大中型企业保持着紧密联系，他们总是不断收集其会员企业与非会员企业最关心、最感紧迫的问题，从中可以提炼出具有代表性的要求。在此基础上通过论坛专门设立的年会议程设计委员会，拟订出下届年会大会、小会的不同专题，并与各有关专题的专家们商量，使发言和讨论的安排日臻完善。但是年会对世界经济形势不提出任何结论性意见，它只是如实反映各方面的观点，并为各界人士聚集在一起提供一个方便的场所。

例如，早在 1988 年就把"做生意的生意经不仅仅是做生意"作为当年的主题。这句看起来有点像绕口令的提法，实际上是在提醒企业界，经营企业不能仅局限于自己如何赚钱，因为现在讲"做生意"已不再是企业自己一个孤立的问题了，它还涉及到企业对社会、对环境，以及在伦理道德以至人类今后生存发展等多方面的复杂问题。今日的决策既要考虑到当前，又应顾及对长远可能产生的影响。事实上，这一命题早就把企业对可持续发展所应负起的责任提上了日程。

现在国内国际都十分关注全球化所带来的影响，而在十多年前的年会上，有的大企业领导人就已提出要立足当地，着眼全球的观点。当时有人说，企业要取得最好的经济效益，就应该到世界上原材料最便宜的地方去采购，到加工最便宜的地方去生产，然后到最能卖得出好价钱的地方去销售。当然这是一种"极而言之"的说法，但至少当时已反映了经营思路要面向全球化的发展趋势。后来随着信息技术突飞猛进的发展，以及网络覆盖面的扩大，使全球化已不再是一个理念，而成为正在加速推进的生活现实了。

随着信息网络的发展，论坛把"建立网络化社会"作为1997年年会的主题。接着，面临世纪之交，1998年的主题是"21世纪需要优先考虑的议题"。在20世纪最后一年的1999年，年会提出了"掌握好全球化的影响，对全球性负起责任来"的议题。

所有这些，对身负重任，掌握企业兴衰成败命运的企业领导人来说，都标志着对他们正是所需要了解和密切关注的经济发展的世界性大走向。

当然，各国企业界乐于积极参加年会并不只局限于来听报告。年会组织者对到会代表的意见调查，以及从平时与各国企业家的广泛接触中了解到，企业代表们之所以对年会感到满意，30%的人认为年会的大小会议内容丰富，信息珍贵，因此很有收获；而70%的人则认为会外活动对他们更有吸引力。很多企业代表都事先准备好了合作项目带到会上，通过会外与有关代表的个别接触，为开展经济技术合作和贸易往来创造了条件。由于会议期间会场内外到处都有电脑联成网络，代表们可以很方便地随时发送电子邮件给同行和潜在的合作对象。代表们往往在几天会议中可以和几十名对象进行沟通，以至达成协议或签订合同。当然更多的是通过年会的机会牵线搭桥，为会后的交易铺平道路，这就难以用会议期间的成果来统计了。

企业家所以对年会感兴趣，还因为到会的都是一些国际上主要大企业和银行界的负责人与决策者，他们在短短几天时间内齐集一堂，这是难得的机会，否则在平时如要进行个别拜访则要多花许多倍时间。而在这里，代表们的高层身份能使有些决策面对面地当场拍板，可谓事半功倍。所以怎能不受到讲效率、讲速度的大老板们的欢迎和赞赏呢？

（《中国企业家》1999 年第 12 期）

达沃斯随笔之四：
达沃斯的企业话题

　　1971 年瑞士日内瓦大学救援克劳斯·施瓦布创办了一个非盈利性的民间组织欧洲管理论坛（1986 年起更名为世界经济论坛），并于同年开始在瑞士阿尔卑斯山区的小城达沃斯举办论坛年会，每年一次，迄今从未间断。这个会议存每年年初集各国企业界、政界、金融界、科技界及新闻界人士于一堂，共同商讨当前的国际经济形势与发展趋势，以便为各国和各企业的政策制订与经营战略提供参考。西方媒体把达沃斯年会称之为非官方的经济最高级会议。

　　自 1971 年以来的近 30 年间，这一会议的名声与影响日益扩大，为世界各国所关注。八九十年代以来，代表逐年增加，现在参加年会的国家首脑已增至二三十个国家，部长级代表达 200 人左右，一些主要国际组织的领导人也到会参加。但会议代表始终以企业界占多数，每年到会的企业代表达近千人左右，包括许多国际知名的大企业、跨国公司、高科技企业等的主要领导人。

　　每年在这 6 天会议期间，全体大会与各种专题讨论会丰富多彩，涉及经济、技术、管理、社会、文化等方方面面的最新动态及各种观点。会议的总数由早期的一二百场增加到近年的 300 多场，使各种不同专业的人都可从中得到他所需要的最新信息与知识。

　　从某种意义上说，达沃斯会议更侧重于为企业和企业家就企业的发展进行战略思考服务。随着时代的变化，其内容也在不断更新。

　　例如，西方在 1973 年由石油危机引发的经济衰退 10 年之后，于 1984 年出现了经济复苏。1985 年的达沃斯年会主题是"面向企业家精神的新时代"，意即在经济复苏后，企业的生存发展在更大程度上取决于企业自身，取决于企业素质的提高。为了发展经济，调动企业积极性、主动性，会议认为要尽量减少政府对企业的行政干预，以鼓励企业自力更生，勇于承担风险。美一学者在年会上发表演讲，认为根据对 90 名成功企业家的研究，一个企业的成功与否，其决定因素是企业家的素质。

　　在 90 年代来临前夕，年会提出经济的全球化趋势正在加速到来；保护环境将被提上 90 年代的重要日程；将来国与国之间在经济上的竞争与较量，主要着眼于知识；一个国家最令人羡慕的财富在于它的教育水平和科研方面的投资等等。

在我国深化改革的 90 年代，当我们更多地关注政企分开、加强企业领导班子建设、面向知识经济的到来，以及实施科教兴国战略、可持续发展战略等问题时，达沃斯会议在 80 年代就已把这些问题提上会议议事日程，这反映出会议对经济发展趋势的前瞻性。

到了 90 年代中后期，由于全球经济一体化的步伐加快，信息技术革命的影响日益突出，改革已成为现代世界的主旋律，对企业家的要求，已不只停留在上述的那些素质上。企业领导人更要有驾驭变革的能力与才干，这样才能掌握变革的主动权。一个企业家最危险的莫过于思维方式的一成不变。企业需要不断创新，尤其是因特网的普及和电子商务等许多新技术的出现正对企业的经营方式带来许多根本性的变化。因此企业领导人更要学会在不断变化的环境中开拓前进的本领。

面对新的世纪，企业发展的前景中存在着许多不确定因素，其中很多现在还难以预料。那么企业又怎样规划和展望未来的发展呢？在无数变动因素中，有一点是不变的，这就是企业和企业家必须永远牢牢地贴近顾客，掌握顾客不断变化着的潜在需求，"以一种新的方式去满足顾客新的需求"。这是 21 世纪企业的安身立命之本。

　　每年的达沃斯会议讨论的议题十分广泛，从全球和地区的政治经济大趋势，到科技与管理的新发展。上面介绍可供企业经营借鉴参考的资料只是会议所提供的浩瀚信息中的一小部分，但仍有助于我们的企业家了解世界、开阔眼界。

（《中国企业家》1999 年第 9 期）

美国西部沙漠区纪行

改革开放以来我国各行各业各类人员大批大批地到国外考察学习，尤以赴美的更多，负笈东渡的莘莘学子数以万计。他们所到之处大部分在工业发达的大城市，如纽约、芝加哥、旧金山、洛杉矶等，从而看到了发达国家高度的繁荣与物质文明。

但是仅是这些繁华的大城市和发达地区，还不是美国的全部，也并非美国国情的全貌。

这正如我自己这些年来由于工作性质的关系，每年要走访十个以上的省、区、市，但主要是在沿海一带，直到后来有一次去青海格尔木，乘飞机到了西宁，接着沿青藏公路驱车八百公里才到达目的地（当时去格尔木尚未通航）。沿途只见茫茫一片一望无际的荒漠，罕有人烟。这才使我有所感悟：要建设我们这么大一个国家仅着眼于东南沿海还远不够，只有同时走向西部，才能真正了解我国国情的全貌。

同样，过去我虽曾多次访美，也都集中在一些州的著名城市。这次是第一次有机会进入美国的可谓"腹地"。在其西部沙漠区走了三天，行程1800公里，使我有机会看到这个高度工业化国家的另一面，看到原来大自然确实是公正的，并没有对这块新大陆有特殊偏爱，除了赋予丰富的自然资源外，同样也给了大片大片的荒漠与荒丘。

这次我随美旅游团在沙漠区漫游的三天，是从加利福尼亚州洛杉矶出发的。加州是美国最富庶的州之一。据导游介绍，加州黄金产量占美国的60%，农产品占40%，并有丰富的沿海石油天然气。但是加州也并非全州都是洞天福地。我们第一天早晨从洛杉矶出发，不久便进入加州的莫杰夫（Mojave）大沙漠，之后转入亚利桑那州和内华达州，连绵的沙漠始终未见终断，山丘起伏，点缀着星星点点只能在沙漠中生长的低矮野生植物如仙人掌之类。时值盛夏，空气干燥，气温达摄氏四、五十度。

在沙漠中的旅游景点，首推位于亚利桑那州形成于20亿年前的大峡谷，成为一个天然奇景，以及内华达州在沙漠里平地矗起的拉斯维加斯娱乐城。但是进入沙漠后让游人参观的第一个景点却是一座"伦敦桥"。怎么英国的伦敦桥会出现在美国呢？导游解释说：英国的这座花岗岩组成的伦敦桥是12世纪建成的，经多年使用后出现振动，后投资加以修复，但若干年后又"旧病复发"，英国政府不想再投入资金，便予以拍卖，这是上世纪初的事了。那时美国亚利桑那州一个石油巨商以246万美元把桥买下，后来又再花300万元把桥拆迁运到美国该州，照原样把桥重新搭起来。这个富商的原意是：美国人有钱，可是美国没有古迹，缺乏传统文化，所以便用钱去买人家的古迹来装潢门面。现在这座桥在这里主要已不是起运输作用，而成了旅游景点。可是在这沙漠里，当时气温高达华氏123°，或摄氏50.5°。即使这样，仍然游人如织。

位于亚利桑那州的大峡谷，是条十分狭长的地球上的大裂口。游人只能在其边缘上的一二个点蜻蜓点水般地观赏一下下面的磷磷乱石，看不到中间的悬崖峭壁和湍湍急流。过去也曾有人乘小飞机进入峡谷中部，但自1995年一次游客乘机由于气流急剧变化而机毁人亡后，就不再有人愿以自己生命去冒这个险了。

沙漠中平地升起的拉斯维加斯早已成为名闻遐迩的美国娱乐城。每年接待游客3500万人次，高于巴黎游客3200万。这么个孤立于沙漠中的娱乐城，却集中了全世界最大酒店头10名中的9家（另一家在泰国）。拥有客房12.5万套，但有时仍是客满为患（我国海南省的旅游饭店与度假村的客房共有4万多间）。最大的一家投资20亿美元建造，其次是投资16亿美元的，其豪华程度可见一斑。

但这么奢侈的建筑并不意味着高不可攀的客房租金。旅行社的人说，有时介绍游客入住是免费的。因为来此的游客都以赌博为主，他们到这里来输掉的钱使酒店的收入远远大于收取你的客房费。

从这三天的沙漠之行使我联想到我国西部的大开发。

对应该是人迹罕到的沙漠地区来说，美国却反而游人熙熙攘攘、络绎不绝，看来主要是有两大特点：一是依靠强大而完善的基础设施建设；二是把旅游办成真正的产业，并使各项相关设施充分配套。

在我们的三天沙漠行程中，一直行驶在四通八达的6车道和8车道的高速公路上，路面平直，质量非常好，可以一直维持百公里的时速，这就等于缩短了到达目的地的时间和距离。

尤其引人注意的是，在这三天的近2000公里路程中，我们不曾见到过一次交通事故。

组团的旅行社装载游客用的是五六十座豪华大客车，里面有空调、厕所，并可放映电影，和乘坐在飞机里差不多。虽行驶在又热又干燥的沙漠里，在车上却舒适而凉爽，丝毫不感旅途之苦。一路上导游在车上介绍当地的人文景观，增加了客人对前面参观目标的了解和知识。

隔二三小时在途中便有休息、用餐、购物的地方。傍晚到达住地，旅馆是当地娱乐城的主要构成和依托，组织管理得井然有序，给人以宾至如归之感，住下确实可以消除白天的旅途疲劳，次日又可精力充沛地继续踏上你的行程。

难怪一车接一车的旅客在茫茫沙漠中不绝于途，而一些有着上千客房的饭店也是顾客盈门。试想要是游客在其食、住、行、休息、娱乐等各方面有一个环节不如人意，甚至引起抱怨，那就会令人望而却步，形成另外一种情景了。这也正是我们在劲头上大谈假日经济的时候值得思考的。

当然像从沙漠中平地升起的拉斯维加斯城的导向，是不符合我国国情、民情的，不足为我们仿效。当然我们也应以一贯的态度去尊重别国人民自己的选择而没有必要加以评头品足。意味深长的倒是那座从英国买来的伦敦桥的古迹。美国历史短自己没有古迹需要外"买"。而我国却正相反，五千年文明史，还有很多史前的考古发现是我们在世界上一大优势。西部大开发，除了许多丰富的自然资源有待开发外，旅游资源也是不可忽视的一笔巨大资产。大力加强基础设施建设与旅游作为一种产业的开发与配套，正是美国的经验值得我们借鉴参考的。

甘肃的敦煌是闻名世界的文化宝库，古迹本身弥足珍贵，可是当人们仰慕而来却往往进不去，出不来，又休息不好，住不好，吃不好，这就会使古迹的光辉大为减色。

此外如宁夏的西夏王朝的王陵依然存在，西夏存在于1038－1227年，历时190年而覆亡。西夏文字看起来也像汉文的方块字，可是走近一看却一个字也不认识。这个王朝的兴亡留给后人也是一笔丰厚的考古与文化遗产。

而四川的"三星堆"文化遗址更是古蜀人在3500年前为后

代留下了一连串的千古之谜。今天人们在那古迹博物馆里看到我们的祖先在三千多前就有了那么精湛的青铜铸造技术，以及当时面具的奇异造型，都会惊叹不已。

这些只是信手拈来的几个例子，说明我们的古迹与旅游资源可谓俯拾皆是，关键是怎样去开发，怎样使国内外游人能顺顺当当地进，心满意足地走。除了交通运输、旅游设施这些硬件的建设外，涉及各个部门、各个环节的服务态度的软件尤为重要，包括导游的知识和历史文化水平，而根本问题还是思想观念的转变，要是不从真正的市场经济所要求的一切从顾客的需要与满意为出发点去考虑问题与采取措施，那么即使在硬件上投资再多、花费再大也无济于事，甚至让人望而生畏，裹足不前。

开发西部，要立足于各地的自然资源，旅游只是某些地方的资源之一。从这次美国西部沙漠区的见闻，有感而写下此文，本着"他山之石，可以攻玉"的初衷，为从事开发西部的人们打开一点思路而提供参考。

（《企业管理》2000 年第 10 期）

访谈录

中国古代管理思想亟待开发

指点企业迎"入世"

最缺的不是钱而是人才

"风物长宜放眼量"

企业问题归根是企业家问题 e g

企业管理要"以我为主"

先哲风暴

      ——潘承烈谈"借古人智慧管理现代企业"

5000 年文明布道者

中国古代管理思想亟待开发

中国加入 WTO 后，企业界怎样面对挑战与机遇？信息时代的本质是什么？企业家怎样才能找到新的发展契机……这些绝对现实的问题，竟然都能从数千年前的中国思想家那里得到启发。刚刚在郑州结束的"中原文化与现代化国际学术研讨会"上，来自海内外的近百名专家学者，从不同角度讨论论证了以中原文化为代表的传统文化在现代管理思想与现代经济管理的连续性、实用性，用中国企业联合会副理事长、管理学教授潘承烈的话来说，这是中国独有的一张王牌，其开发利用价值不可估量。

潘教授认为，已经到来的知识经济时代与农业、工业经济时代最大的不同，就是无形的东西比有形的更重要，"有"与"无"的关系在这个阶段至关重要。海尔集团2000 年全球营业额达到了 406 亿人民币，创汇 2.8 亿美元，奥秘就在于重视"无形"。同样的创汇企业，海尔的理念是"创牌"，千方百计从产品质量入手争创名牌，品牌在一个地区站住了脚，何愁销售？创牌与创汇一字之差，却是运用

"有"与"无"哲学思想的典范。现代经营中的思路、点子、技术都属于"无",这些"无"肯定能成为"有"。离开"无"却会成为真正的无。老子的哲学思想在这里体现得淋漓尽致。

再如,很多企业认为没有出路的原因是市场饱和,实际上,市场永远不会饱和,就看企业家的眼光能否超前。横店集团的老总两年以前就意识到中国的环保需求,提前着手开发四季常绿的优质草种和无污染畜牧草场,如今这些项目已成为价值十几亿元的产业,市场供不应求。这种意识正是《易经》的核心——永不变化的规律即永远变化。企业家不能光看眼下畅销的产品,只有盯着永远变化的市场,才能找到出路。

80年代初,潘教授曾应邀在日内瓦国际管理学院讲学,当他用英语向 MBA 班的学生们展示中国古代管理思想时,赞叹和掌声之后,便是一连串的"Why"?为什么如此丰富深邃的思想没有专著?为什么足以令每一个中国人自豪的管理思想没有进入你们的高等管理学教材?我们到贵国的什么地方能全面学习这些知识?这些问题尚未有确切答案,潘教授就接二连三收到来自美国、挪威、瑞典的邀请函,要求"详细讲解中国古老而现代的管理经典"。接下来,又发生一件这样的事情:一位在日本留学的年轻人,在记录留学心态的日记中，用不少事例说，他从没想到，日本企业遇到难题时，就到中国古代思想家那里找答案。许多日本大学生能用《易经》解释身边发生的事情。他的家长看到后大发感慨，给有关部门写了一封信，表示为我们老祖宗创下的丰富文化遗产没有得到开发利用而惋惜。这些情况引起时任国家计经委主任袁宝华同志的重视，促成了由潘教授发起成立"中国古代管理思想研究会"的落实，由潘教授主笔的专著《思路与信息》、《市场竞争中的经营之道》也出相继出版。这些动向被海内外一些媒体广泛报道，有评论称中国市场经济理论没有割断中华民族文化传统，中国管理学其源远流长足以使所有人瞩目。

为了进一步推动这项研究，最终使其成为一门学科，研究会提交了在中国知名大学建立中国古代管理思想研究所或在相关专业设立课程、产生这门学科的研究生博士生的建议，得到有关部门领导的支持，并批示由国内一所名牌大学落实。但是，时至今日依然没有结果。其中原由潘教授也十分理解：古代管理思想是一门交叉学科，它需要精通古文和古代历史，又要了解现代管理学，还得有用外语表达古汉语的技巧，这种凤毛麟角的人才中有多少愿意研究"老古董"的，就更难说了。当然，如果能痛下决心，花大力气、下大本钱、想大办法，这项利国、爱国、丰富人类共同文化财富的好事岂有不成之理？年过七旬的潘教授充满希望地说，我和我们的研究会时刻期待着这一天。

（《光明日报》2001 年 5 月 27 日）

指点企业迎"入世"

2001年2月25日，一汽集团，长春客车厂、旭日、亚泰……长春200余位大中小型企业领导齐聚长春企业家大厦，就如何备战"入世"听了一堂生动的演讲课。

主讲人潘承烈是中国企业联合会、中国企业家协会副理事长，兼任清华大学，西安交大、南大等国内外著名高校的教授，曾随李鹏、朱镕基、李岚清等国家领导人参加全球性的经济会议。讲课中，潘副理事长直言"入世"，深入浅出，赢得了与会各企业领导和学术界同仁的广泛认同。

一、狼与羊

"入世"在即，对企业而言是喜忧参半，竞争对手不仅在国内，还有国际。面对国际跨国公司挟巨资涌入国内市场，面对"狼来了"，企业该何去何从？潘副理事长说，如把自己看作"羊"，则害怕；如把自己看作"狼"，则与"狼"共舞。因此，面对机遇与挑战共存的"入世"要积极主动出击与WTO接轨，把自己做大做强。

二、领导与人才之间应是伙伴关系

目前，经济全球化势不可挡，特别是"入世"后原材料可以全球采购，资金可以全球筹集。因此，对企业来说，最缺的不是资金，而是人才。作为企业领导人，要积极建立以人为中心的管理机制。过去厂长、经理与人才是一种领导与被领导的关系，我们现在正处于知识经济时代，因此更需要建立一种伙伴关系，尊重知识，为知识工作者创造环境，让其施展才华。

三、无内不稳无外不治

企业首先要占稳国内市场，才能有到国外开展竞争的实力。生存与发展不能像过去那样只靠政策，而要靠自己，靠企业的战略。潘副理事长讲，过去最大的浪费在于战略决策上的失误，比较而言，战术上的失误，尚可以挽救。

四、网络经济迎面走来

过去产品销售要通过批发商、零售商，现在的网上交易，则可以减少这些中间环节。据美国统计，通过互联网交易，可以节省费用13%。

（《长春城市晚报》2001 年 7 月 26 日）

最缺的不是钱而是人才

企业称雄的资本是人才

过去，办企业最紧缺的是资金，有了资金，才能买厂房、机器原材料等设备，人是用来运转这些设备的。而今，在全球经济一体化的情况下，这一切都改变了。

从20世纪90年代以后，中国企业面临着同样一个问题：资金问题解决了，可市场照样一片黯淡，为什么呢? 这就是人才短缺造成的。现在企业称雄天下的不是你拥有多少资金，而是你拥有多少人才。进入新世纪后"以人为本"的经营理念已经成为企业界的共识，在这种潮流下，我们的许多观念也要有所改变。

领导与人才应是伙伴关系

现在是知识经济时代，企业的人员构成也发生了很大变化。21世纪，谁能把知识工作者的知识迅速有效地运用于实际生产，谁就能取得竞争优势。在20世纪，企业的领导人和工作者是领导和被领导的关系，人员是成本，成本是需要控制、降低的，因此各个企业都有"减员增效"的措施。但是对知识工作者来说，在他的岗位上，他比领导者更懂得他应该怎样做，因此，他们和领导者之间应该是"伙伴关系"。知识工作者不是成本，而是资产，不是控制、降低的对象，而是为企业实现增值的主角。

用好了才能算人才

人才、知识工作者是要通过流动才能增值的。曾经有个城市声称自己有多少本科生、硕士生、博士生，但是如果这些人一直在某一个角落呆着，也等于零。因为只有让他们真正投入使用，真正发挥他们的知识，创造出实际价值，企业才能算是真正拥有人才。

要敢用善用人才

对于领导者来说，要有用人的气度。要善于用人更敢于用能力比自己强的人。作为领导者，对专业人员应该尊重、理解、关心，了解他们的价值观念。尤其一些有专长的知识工作者，一些领导者怕突出人才抢了自己的位置，弃之不用。其实，能够用比自己更强的人为事业服务，这才是一个真正成功的领导者。在未来，什么地方更能发挥自己的聪明才干，实现自我价值，将比高额薪酬更能吸引人才。

在未来50年里，哪些国家能得到更大的发展，关键是看谁能更大地调动知识工作者的积极性。

（《长春商报》2001 年 7 月 26 日）

"风物长宜放眼量"

中国企业联合会副理事长、著名管理专家潘承烈在发言中说：看了"围城现象"这篇报道以后，想起了毛主席讲的那句话："牢骚太盛防肠断，风物长宜放眼量"。报道中提到的有些东西，目前正在改革过程中逐步解决。但所有这些问题都不是一朝一夕就能解决得了的。他认为，在舆论导向方面，应该很好地研究到底宏观上国企改革还要加强哪些工作，使国企老总更好地发挥他们的才华。

他指出：有两种现象用吴总提到的"庸人现象"是不能解释的：第一，我们20年来特别是1997年到2000年，我们的经济增长那么快，成绩那么大，如果全是庸人在管理国企，那么这个成绩是哪儿来的？难道全是民营企业的贡献吗？不是。另外就是要看到，任何地方、任何产业，不是所有的厂长都趴下了，毕竟还是有很多国有企业不仅仅看到了改革给他们带来的严峻挑战，同时抓住了市场的机遇，得到巨大发展，如果全凭庸人的话，怎么解释呢？

舆论应该引导企业和企业家，一方面让企业自己问问看，哪些事情还有可做的余地。我们的活动方式、思想方式、管理方式到底自己改革得怎么样？我们的头脑里"广泛深刻的革命"到底做没做？十几年来我们都认同了这样一个道理：我们所有遇到的改革中的困难，都只能通过深化改革来解决。作为国有企业经营者来讲，有没有把这个问题问问自己：在我思想深处，应该如何去适应市场经济改革的客观要求？自己在这方面改革得怎么样？如果国企老总们向自己提出这些问题的话，可能不至于像今天这样怨天尤人，而是会努力实现自己在思想上的转变、思路方面的转变。当我们今天遇到的所有的问题都解决了，是不是就一定能大展鸿图呢？也不见得，总会有新的问题产生。国企的老总们应该想一想，在变化的形势下，我的思路对没对上号。深层次地分析成功企业和失败企业，客观环境一样，但成功企业之所以能掌握主动权，是因为他的战略能适合当前客观环境要求。如果还是老一套，按计划经济的思维模式，就永远对不上号。为什么今天那么多国企厂长经理提那么多问题出来，从根本上来讲，还是没有脱离计划经济下的经营思路，还认为一切问题解决好以后日子才能好过。不能完全把所有的因素都归结在外因，厂长的内因也得考虑考虑。这样思考问题，也许国企老总们的压力、怨气可能会减轻一些。

（《企业管理》2001年第4期）

企业问题归根是企业家问题

搞活企业，关键在企业家

《中外管理》您多年从事企业调查研究，您对我国企业现状作何估计？

潘：改革开放 20 年来，管理一直受到中央领导的重视，小平同志早年就提出"向管理要效益"。特别是连续两年被朱总理命名为管理年。但是，实际情况并不理想。其中很大的问题还是下面不够重视，把管理作为软任务。比如，多年前碰到的老技术问题，现在还没解决，一定是管理有问题。

现在的情况已经发生了很大变化，同样的大环境，企业的业绩却有很大差距，有的一败涂地，有一些企业脱颖而出，出类拔萃。因此企业的成败，起决定作用的还是企业的内因。

不管什么时候，企业盛衰都不能仅仅归结于外因。企业要能够重视自己的内因，尽量做自己可以做却没做、可以做好而没做好的事。现在一些企业怨天尤人，如果你还是这个心态思路，问题不仅解决不了，还可能恶化。

我在10多年前就说，现在要搞活企业，关键是如何搞活企业领导人的经营思路，否则外面条件创造得再好，以等、靠、要心态，企业也难以维持下去。

《中外管理》 任何事情都如此，如果你想都没想到，也就不可能做到，即使有能力也难以发挥。

企业家应手执"羽扇"，而非"灭火器"

潘： 我们在东北的一次企业家活动日上研讨企业战略问题时，省领导和现代企业制度试点的一把手都到会了。"在自主权越来越大的情况下。企业如何掌握自己的命运呢?"大家的共识就是企业的兴衰成败越来越取决于企业领导人。

吃午饭时，有的企业领导人说，现在我们忙着搞下岗分流，每天忙得焦头烂额，哪有时间考虑战略问题。我听了深有感触，如果企业领导人整天应付火烧眉毛的事情，不能以冷静的心态高瞻远瞩的话，那将永远是被动的，没有出路的。

其实市场经济已提供了许多新的商机。如果能够冷静思考，而且抓住好机遇。也许减员增效的压力会比目前小得多。

与其怨天尤人，不如看看自己的工作哪没做好，先要在思想认识上有个深化改革，随后在实践中深化改革，而不只是靠上面给政策。

《中外管理》 一个企业要持续发展，就要经常自问：我们的使命是什么？现在做到了什么程度？服务对象是谁？向自己提出这些问题，也就使自己不会在战略上犯错误。

很多企业出了问题都是管理搞不好，主要是在经营战略、经营思想、经营策略等方面出了问题，其失败原因就是没有长远考虑。"赢利压倒一切"的想法实际上就淹没了战略思考。一旦危机爆发时，就一发而不可收拾了。

不少企业家以为被动是必然的，但不主动还能称其为企业家？

潘： 现在从表面上看起来是经济实力的竞争，但深入分析的话，则是经营谋略的竞争，再深入一步讲就是经营智慧的较量。老子和孙子常讲"上兵伐谋"。真正高明的将领不是靠硬拼，而是靠谋略取胜。

《中外管理》 江总书记在最近的香港《财富》论坛上，又提到"以智取胜"，这是时代呼声。

海尔是"无"中生"有"的典范

潘： 我在海尔集团成立16周年的大会上有两点最深的体会：第一，2000年海尔的全球营业额是406亿人民币，出口额是2.8亿美元。出口额比1999年增长103%。

第二，随着改革开放的扩大，有权进出口的企业越来越多，所有企业的目标、口号都是"出口创汇"，但唯独海尔的口号是"出口创牌"。张瑞敏说"如果把我们海尔创成名牌，就能在美国站住脚，就不愁赚不到更多的外汇。"

"创汇"和"创牌"虽只有一字之差，但大有文章。"汇"看得见摸得着。但"牌"是看不见、摸不着的。知识经济与工业经济最大的不同是无形的资产比有形的东西更宝贵。

海尔的实践适应了知识经济时代的工作规律。老子在《道德经》里就讲过这个道理——"天下万物生于有，有生于无"。

"有"是物质的，看得见摸得着，是硬件。"无"不是一无所有，只是看不见摸不着，但它是客观存在的。经验、技巧、战略思想、企业形象、产品的品牌、企业家精神都属于"无"的范畴。有了这些"无"以后，你就可以拥有更加丰富的物质财富。它可以生产出更多的"有"。从"创汇"到"创牌"反映出了"有生于无"。老子这句话令人深思。

《中外管理》海尔几年前在我们的年会上就说：有思路才有出路。思路才是最至关重要的，并且是看不见摸不着的。

关于全球化，2500年前鬼谷子有句话

潘：我想到了2500年前鬼谷子说过——以天下之目视者，则无不见；以天下之耳听者，则无不闻；以天下之心虑者则无不知。"这句话讲得很深刻，他告诫我们用天下之耳、之目、之心去思考。这虽是个概念，但应用到全球经济一体化、信息化的今天，折射出你的确需要有天下之耳、之目、之心才能面对这个严峻的挑战，这种智慧的较量越来越突出。

我们企业要加强管理，提高竞争力，就要在企业的指导思想、经营思路方面下功夫，在原来就事论事的基础上，提升一个台阶，不只看到鼻子尖上那一点事，更要高瞻远瞩。

横店"草包"的启示——思维创新

《中外管理》 现在大家都在谈创新，您对创新怎么看？

潘： 现在常提科技创新、管理创新，但我认为这背后更重要的是思路创新。只有做到思路创新才有可能搞好技术与管理创新，这是很重要的理念。

我1998年到横店集团，那年正值发洪水，横店的老总对我说"人家说我要做草王，我说我要做草包。"

为什么？他说，有两个现象：我们北方一到天冷草就黄了，可国外即使下了雪，草还是绿的。这其实是草种的问题，如果我们能改良草种，使它耐寒，草一样能四季常青。

第二，为什么我国的牛肉、牛奶卖不出好价钱？这还是牧草的问题。由于新西兰没有污染，所有奶制品都是新鲜的，所以销路好。如果我们改善牧草，牛肉也可以卖好价钱。

由于石崖地貌不好种草，横店就把这种草籽用枪打进石头缝里，草根可以深入两尺，半年就能长出来，这就是他们的思路创新。这种牧草现在已是横店集团的支柱产业，过几年他们的草业大概可发展到50亿，甚至更多。将来在胶东半岛推广，其效益会更好。

这些鲜活的例子，证明思路创新的价值。如果你老是认为农民只能种地，怎么能想到这点呢？

技术问题，仍是管理问题

《中外管理》农业社会的人们都是想过去怎么做，自己就怎么做；到了工业时代，现在需要什么，就生产什么；信息时代，就要想到今后需要什么，就搞什么。

但目前，我们企业的技术储备还不够。

潘：其实技术储备仍然是个管理问题，我们现在的专利很多，为什么转化为生产力的少，"转化"绝不只是一个科学发明，还有赖于科学的管理。无论什么时候具体的科学技术不可能自己变成生产力，要通过组织、协调、规划、检查、指挥来实现，这完全是一个管理过程。所以你缺了管理这座桥，科学技术怎能变成生产力？

我们创造发明确实不少，但束之高阁的多。其根源是推广措施、奖励措施、激励办法，整个的配套政策没能跟上去。

《中外管理》日本的研究队伍跟我们数量差不多，水平也不一定比咱们高明多少，却支撑着比我们高几十倍的经济规模。其症结就在于我们科学技术转化成生产力的管理过程没有跟上。

成功在于追寻"顾客之心"

潘：我们再不能挤成一团抢那一小块蛋糕了，我们要寻求我们顾客还说不清的需要和潜在的欲望并将其开发出来，变成现实的产品,。

我国目前的银行存款是 6.4 万亿，消费潜力巨大。所以真正有为的企业家要能开发顾客还说不清楚的、将会有所需要的潜在市场。

《老子》讲过一位好的国家领导人应该是"以百姓之心为心"，那么好的企业领导人应该是以"顾客之心为心"。你要真正想得比顾客还清楚、周到、超前。

比如娃哈哈的创始人是以 300 元起家，在小学门口卖铅笔、橡皮。他发现了许多小孩不好好吃饭。他到营养师那了解到，杭州地区有 60% 的小孩由于偏食、厌食导致营养不良。后来他就开发了儿童营养液，填补了市场空白。当时的广告语是"喝了娃哈哈，吃饭就是香"。家长为了孩子"吃饭香"，就心甘情愿的掏腰包。结果销售额达 44 个亿。再比如海尔的"小小神童"同样是如此。

《中外管理》苍天不负有心人，只要你有心就能发现很大的市场。

失败也不要掉到同一个坑里

《中外管理》有人曾说，成功的企业在作法和思路上都有相似之处，但不成功的企业却各不相同，所以总结失败的教训尤为重要。日本在近几年兴起了学失败的热潮。通过一个案例来警示许多企业，有很好的防微杜渐的作用。

潘：80 年代的马胜利和 90 年代的郑州亚细亚开始都搞得很好，后来由盛到衰都是因为管理跟不上、资金跟不上、人才跟不上。马胜利掉到了这个坑里，10 年后，郑州亚细亚还是沿着这条路走，也掉到这个坑里。如果我们的企业不去思考失败的原因，不去总结规律，就会有人接二连三的掉到同一个坑里去。

所以我们要自觉地提炼成功和失败的深层次原因，其指导意义很重要。

（《中外管理》2001 年第 8 期）

企业管理要"以我为主"

中国企业联合会副理事长、管理专家、清华大学兼职教授潘承烈近日表示,现阶段中国企业的经营管理要"本土化"。他说,当前,随着中国企业改革的不断深化,其经营的内外环境发生了巨大的变化,经济全球化趋势的增强,为中国企业提供了实现跨越式发展的历史性机遇。要在日趋激烈的市场竞争中取得主动权,需要企业经营者站在更高的角度去认识问题和思考问题。

潘承烈是在接受笔者采访时作出上述表示的。他说,改革开放以后,企业大力学习国际上的先进科学技术和先进的经营管理是非常重要的和非常可取的,进入新世纪以后,如果还是按照国外的东西搬过来,为我所用,是不可取的。

所谓"本土化",潘承烈解释说,是指"企业需要用国际上发展的包括国内发展的比较好的经营管理模式,在发展过程中逐渐积累最先进的理论方法。"

他指出要将它适用我国的情况、适用自己企业的需要和当前的环境,利用改革开放环境不断的变化,将国外最先进的东西在特定时期，结合实效发挥作用。

潘承烈介绍说，1983年1月，时任中国企业管理协会会长的袁宝华同志所提出的"以我为主，博采众长，融合提炼，自成一家"的十六字方针，用以指导工作实践。经过20年实践的检验，特别是中国加入WTO后，要与国际接轨，这十六字方针就显得更为重要，更具有现实意义。

他说，"以我为主"是指要从我们国情出发学习借鉴外国经验，这应成为学习的立足点。"博采众长，融合提炼"是正确的学习借鉴方法，就是要广泛了解研究各国在管理上的好经验和科学理论，以便取其精华，去其糟粕，集百家之长，为我所用。"自成一家"是我们的目标，通过总结自己的和外来的经验，来建立具有中国特色的社会主义管理理论和模式。

潘承烈指出，20多年来，我国大力引进国际上先进的科学技术和经营管理经验，从而大大缩短了与国际先进水平的差距。这是我国经济多年来保持持续快速健康发展的重要因素之一，也使得中国企业才能跨越式发展。在自然科学与技术科学领域，我们完全可以采取"拿来主义"，以实现蹦越式发展。但在经营管理方面，我们在积极吸收借鉴外国经验的同时，不能不考虑我们所独有的国情、民情，使人家的好经验、好做法，能够在我国土地上扎根、开花。

潘承烈说，要真正把国外的好的经验学到手不是一件轻而易举的事，道路是漫长的。学习不是最终目的，更重要的是在学了之后要进行思考，要把学到的东西结合我国的国情、民情，结合自己企业的厂情，进行举一反三、触类旁通的思考，才能成为对自己真正有用的东西。

中国特色的社会主义事业是在由计划经济体制走向社会主义市场经济的转型中进行的——这些就是我国所独有的"水土"。如果不从这样的"水土"出发，不立足于"以我为主"，不对外来经验进行"融合提炼"，而想要在经营管理上取得成功，也许就只能是缘木而求鱼了。潘承烈认为，在学习国际经营管理先进经验与理论的同时，我们决不能忽视我们自己的优势。如果是用中国人管理行的话，为什么偏偏用外国人。中国的管理者行的原因就是把外方企业的一套经营管理理念"中国化"。

潘承烈指出，20多年来我国在改革开放下企业的生生灭灭中可以看到，一个能保持发展的企业，固然其具体因素各不相同，但其中确实存在的共性因素之一，就是这类企业必然在"洋为中用"和"古为今用"方面都予以充分的重视并使之完善结合作出了不懈努力。

（《经济参考报》2003年）

先哲风暴

——潘承烈谈"借古人智慧管理现代企业"

西方持续发展几百年的资本主义经济，与有中国特色的社会主义经济刚起步的几十年之间到底有无可互相借鉴的经验？"三九"集团董事长赵新先的引退，是否意味着"功败垂成"才是中国第一代企业家离不开的宿命再次被印证？"富不过三代"的古老诅咒，会在今天的中国富人们身上得到应验吗？全球经济一体化的浪潮之下，从西班牙烧鞋事件，到美国反彩电倾销，是什么导致了中国企业的如履薄冰？MBA学历热究竟为中国企业日后的发展埋藏了多少隐性炸弹？从家族式管理到董事会模式，富人们的接班人是否能够真正扛起手中的大旗？

2004年10月26日，《社会观察》专访了中国企业联合会、中国企业家协会副理事长，中国著名的管理学界泰斗潘承烈先生，对全球化下中国企业经营管理思维问题进行了深入采访。

"拿来主义"拿什么？

《社会观察》：您一直致力于从中国传统文化中挖掘管理现代企业的经验，请问是什么契机让您开始研究这方面问题的？

您认为研究这些传统文化对中国的现代企业管理有哪些意义？在当前全球化竞争之下，这些古老的文化能否焕发出新的生命力？

潘承烈：对于从中国传统文化中挖掘管理现代企业的经验这个课题的研究，到 2004 年刚好 20 年。研究是从 1984 年开始的，来源正是我们当时所提倡的"四个现代化"，即"工业现代化、农业现代化、国防现代化、科学技术现代化"。其实从经济管理角度来讲，这四个现代化都离不开管理学的范畴，可以说如果没有管理现代化，那么就不可能真正地实现这四个现代化。而党的"十二大"在 1982 年提出了建设有中国特色的社会主义，既然要建设有中国特色的社会主义，管理当然也离不开中国特色。自从十一届三中全会以后，我们引进了很多国外的最先进科学技术和经营管理方面的成果和经验，当然，科学技术包括管理的理论和经营技术方面是可以拿来主义，在已经有的基础上我们可以直接拿来用，恐怕这也是我们改革开放 20 年来经济速度发展这么快的重要原因。但关于经营管理方面的，我们要完全照搬国外的是不行的，也就是说管理的现代化，绝对不意味着管理的外国化。

小平同志在"十二大"的开幕词中曾经这样讲过，我们当然需要学习国外的先进的东西，但是照搬从来没有好的结果。我认为这句话可谓一语道中了"拿来主义"的精髓，不管是在政治上还是在什么模式上，照搬照抄永远都是跟在别人后面盲目的走路，不仅会慢人家一步，而且迟早要被别人甩掉。所以企业的经营管理方面也不能完全照搬照抄人家西方的那套东西，在这一点上我们中华民族的特点，是"十五大"上提出来的：有中国特色的文化，它渊源于中华五千年的历史流程，所以才会有中国特色的社会主义实践，有鲜明的时代特点。但实际上我们在领会这个会议的精神的时候，对中华民族的五千年文明史恐怕是理解的不够的，中国有五千年文化尤其是从诸子百家开始，有很多非常丰富的哲理，有很多非常丰富的文化遗产。这一点对我们中国人来讲尤为重要，特别是全球化经济的速度越来越快，我们加入世贸组织以后，在竞争的中间，在改革开放的初期，我们的管理很落后，但是如果你能真正地理解我们的文化遗产的话，在管理上我们也有我们的优势。我们不是说一切不如人家。

民为贵，君为轻

《社会观察》：有人曾经提出这样一种看法，相对于西方的科学管理模式，中国的哲学式管理学理念已经落后了，因为它太古老了，所以并不适合现代企业的经营管理，您是怎么看待这个问题的？

潘承烈：现在任何竞争对手不管是国家也好是商业组织也好，在我们中国之外，没有哪一个地方有我们这样丰富的一个历史文化遗产，而过时的永远只能是模式而不会是理念。你比如现在资本主义国家党得共产主义国家没有"民主"，我在1992年，代表中国雇主参加国际劳工大会。国际劳工组织有一个特点就是参加这个大会必须要三方代表，既要有政府代表，就是劳工部。第二要有工人代表，就是全国总工会。还有一方面就是雇主代表，雇主代表就是中国企业家协会，现在又叫做中国企业联合会。而在1991年苏联解体以后，1992年国际劳工大会的主题就叫做"民主"，我代表雇主去参加这个会，在这样一个会上，很明显讲"民主"的意思就是指你们共产党的国家没有"民主"，后来我代表中国的雇主在大会上发言说——1492年哥伦布发现美洲新大陆，1992年，正好是哥伦布发现美洲大陆500周年。美国是在发现新大陆以后才出现的，美国总统阿伯拉罕·林肯以"民有、民治、民享"的政府理念而闻名。这是在1858年指出的，也就是说得民心者没有办不成的事情，失去民心则一事无成，距今100多年。而在中国三千多年以前，在姜太公的《六韬》里面就已经有了"天下者，天下人之天下，非一人之天下"，过了几百年到了孟子，孟子讲"民为贵，社稷次之，君为轻"这些都是以民为本的思想，所以说从重视人民群众这一点，中国比西方要早几千年，好像现在只有西方才有"民主"的思想，它其实在中国的历史上由来已久，不是现在才出现，所以这应该是人类的共同财富，而这种理念也是永远不会过时的。

人无我有，与时俱进

《社会观察》：那么对于西方的管理学模式我们应该采取怎样的态度呢？我们又应该怎样来利用古人的思想来为现代经济管理学服务呢？

潘承烈：可以说，我们现在面临的是越来越严峻的竞争环境，我们如果完全去照搬西方的那些东西的话，我们的差距永远不能消除，我们现在竞争的规律，叫做"人无我有"，只能站在这个位置上你才能想清楚看得见，所以从文化的角度讲，中华文明有五千年历史是我们的文化优势，而这些哲理我们如果能够真正的研究得透，运用得好的话，就可以变成我们中国人竞争的优势。管理是什么，管理其实是社会、技术、经济各方面的一个反映，所以这个管理不是一成不变的。比如计划经济时候的管理和后来开放以后的管理就不一样，那么技术基础后来有了电脑、网络，信息化网络化的管理和过去又是不一样的。我们现在研究古为今用，也是应该与时俱进的。当前我们大家最关心的问题，比如说"全球化"的问题，这是经济的问题，也是用人之道的问题，这些国际上的东西，大家都很关注，我们面临国际上的挑战也是非常担心。但是这方面的哲理，其实中国在一二千年以前，早就有了。

全球化下的与狼共舞

《社会观察》：中国加入世贸组织后势必将开放我们的国门，在加入世界贸易组织之前，国内的企业就一直在讲，"狼来了"，因为过去我们靠高关税保护，但是现在高关税去了以后要和国际接轨，那么有些企业就觉得是更强大的竞争对手站到门前来了，请问在全球化的浪潮下，用中国古人的智慧来看，当前的企业家们应该怎样来应对这种挑战呢？

潘承烈：当然，全球化是我们经济管理学层面上不能不谈的问题，像我前面所说的，这种国与国也好，企业和企业之间也好，随着它们商业竞争圈子的缩小，竞争的确只能是越来越激烈的，但问题是你怎么看你自己，如果把自己看成羊的话，那么"狼来了"肯定会把你吃掉，只有你自己也是"狼"你才能够"与狼共舞"。所以说我们入世了，现在极大部分企业面临的是越来越大的压力，面临着越来越严重的挑战，但是却很少看到在挑战的同时也蕴涵了前所未有的机遇。现在整个世界都在你的面前，即然人家能吃你，你为什么不能倒过来去吃人家呢？在这一点上，两千多年以前的战国时期纵横家的始祖鬼谷子有一句话说得就特别好，"以天下之目视者则无不见，以天下之耳听者则无不闻，以天下之心虑者则无不知"。就是说以天下的眼光看世界，没什么是看不到的，以天下的耳朵来听世界，没什么是听不到的，以天下的心思考问题，没什么是不知道的。

这句话是很有现实意义的。你只有站在一定的高度看问题，才能够看到在挑战背后的机遇。我们在现实生活中也可以看到这样的例子。1995年，日本的大阪、神户发生了大地震，这个信息全世界都知道。神户是亚洲集装箱的中转基地，青岛港务局知道这个信息后，立即请示中央，加快运作，很快把青岛港建设成了亚洲知名的大港，包揽了原来神户亚洲集装箱中转基地的所有业务。而当时的上海港、天津港、大连港都比青岛港大，却没有抓住这个机遇发展起来。在同样的机遇面前，青岛抓住了，先走了一步。

核心竞争力的关键

《社会观察》：您曾经提出，现代的企业都应该注意提高自己的核心竞争力，并且大力培植自己的企业文化，请问从管理学的角度来看，提升企业文化有什么现实意义？

潘承烈：现在中国很多的企业都面临着危机，可以说是因为从改革开放之初的竞争一直持续到今天，火已经越烧越旺，能分的蛋糕也已经被分得差不多，所以市场的竞争范围也越来越小了。作为一个企业，在这种情况之下你也只有提升自己的核心竞争力，你才能够有对外竞争的力量。而核心竞争力的提升就要依靠不断发展的企业文化。核心竞争力是什么意思？就是不能完全照搬照抄别人的东西，也不是模仿。核心竞争力是一种学不去的文化，这就要有一个长期持续的重视。这里面就包括我们过去所讲的"厂风、店风、校风"这些文化，这些东西是不会改变的。不管改换领导人也好，换管理层也好，只要核心竞争力在那里，它就不会变，这一点孔子论语里所说的"为政以德，譬如北辰，居其所而众星共之"这句话说得就很明白，企业文化就像是那样一颗强大的北极星一样，有这样一个强大的北极星，改朝换代也不会改变其中的核心竞争力。只要北极星不动，所有的星星都会围绕它转。这个实际上讲的就是作为一个企业，如果要有竞争的资本，就一定要有核心的东西，让一切事物围绕它转，而不是要围绕某个领导人。1982年国际上出了一本公司文化的书，当时属于经济管理学领域的一本畅销书，这里面有一句话说"公司文化不是写在纸上的东西，但是一旦落实，那么全体的员工就必须围绕着它来进行工作。"它就是"居其所而众星共之"的现代白话文说法，其实这个概念早就被我们中国的古人提出来了。

从这个角度来看，企业文化也不仅仅是奋斗、发展等等，企业文化还是要从中国的古老文化中找到丰厚的背景，吸取更加强有力的动力，而中国的古老文化以及古人的智慧对我们是非常宝贵的一笔财富。

"三易"的启示

《社会观察》：今年的5月16日，国有资产管理委员会党委书记李毅中亲自到"三九"集团，宣布撤换该集团董事长、素有"三九教父"之誉的赵新先。三九集团曾是国企改革的一面旗帜，曾被寄予整合中国医药行业的重望，"三九"集团赵新先时代的结束，不仅给"三九"集团的命途笼上一层迷雾，更使国企改革的探索之路越发艰难。有人曾经把这样的现象归纳为中国第一代企业家走不出去的宿命，您是怎样看待这样一个现象的？

潘承烈： 什么事情都有它的客观规律，市场经济也有它的客观规律，当然我们社会主义的客观规律和资本主义几百年的客观规律还是有所不同，所以你只有真正掌握了市场规律以后你才能更好的掌握主动权。赵新先为什么衰败？他的扩张产业，想法和实力有差距，不光赵新先，还有邓小平亲自接见4次的马胜利，这些80年代初期的改革家摔倒的地方很值得我们深思的。1991年马胜利承包100家亏损造纸厂成立一庞大的集团公司，1994年被免职。他就是成功之后把摊子铺得太大了。他们的历史功绩不可抹杀，但他们犯下的错误也足以让后来的企业家警惕。当时人们说改革家没有好下场，报纸上还议论王安石、商鞅这些人，但是在我看来，这些议论中没有人提到改革者本身的素质问题。马胜利也好，赵新先也好，他们以为靠自己的知识经验就足够应付市场的发展，但是现在来看面临复杂的客观形势，只有经验还是远远不够的。他们的成功与失败都带着很大的偶然性，他们都没有把这个企业放在更大的范围内来看，而只是局限于自己的目光。这点就可以和我们古老文化联系起来，比如《易经》，几千年有很多的解释，但是我觉得其中一个解释得非常有意思，那是在东汉，有一个叫郑玄的人，他把易经总结出了"三易"：变易、不易、简易。三易的意思可以这样理解，《易经》揭示的宇宙永恒运动的基本规律是不会改变的，这就是不易，常言："以不变应万变"。但是《易经》揭示了另一条规律，即天地自然的万事万物以及人事随时处在交互变化中，永无休止，这就是变易，常言"以万变应不变"即谓此理。《易·系辞》言"为道也屡迁，变动不居，周流六虚，上下无常，刚柔相易，不可为典要，唯变所适。"这就是说大道经常改变，我们不可死死的固守，将此作为企业管理的要领，我们的观念、法则唯有随着变化才能适应客观规律。这个道理，很简单，我们现在的市场经济也是这个道理，市场永远在变化，企业家要注意把握自己的机会，市场经济也有客观规律，比如说整个国际社会的变革，财富技术的变革等等，最后影响到市场变化，所以一定要掌握市场变化规律，市场只是大环境变化下的落脚点，我们只要掌握了这个规律，还是可以掌握主动权的。而如果你自己没有有意识地总结规律，把经验上升到规律性的话，你永远是盲目的。

多元化不是不可以

《社会观察》：从您的谈话中我们可以看出，在规律的背后，中国企业家的很多的跟斗其实都是在同样一个地方摔倒的。不从客观规律去认识的话，以后还会有这样的事情发生。所以客观规律一定要企业自己去摸索总结，而且必须总结。听说海尔集团最近已经正式宣布进军 IT 业，之前我们也已经知道海尔本身就已经在逐步涉及多个领域，也就是说，在有那么多的多元化失败的"前车之鉴"下，海尔此刻的举动又意味着什么呢？现在很多企业都在倡导向西方的管理模式靠近，在共有的前提下，您是怎样理解海尔集团的企业发展战略模式的呢？

潘承烈：归根结底，还是实践是检验真理的唯一标准，所以我们并不是说企业成功后不能搞多元化，但也不能想搞什么就搞什么。比如史玉柱的巨人集团，他开始是搞电脑的，和联想一同起步，可是后来却涉及了对自己而言非常陌生的生物工程、房地产等等，什么热闹搞什么，最后当然就会失败。实际上，市场经济可以赚钱的机会很多很多，但并不是每一个领域都能赚到钱，你还要知己知彼，不能光看人家热闹，你也要去，还是从自己的实际情况出发。多元化不能脱离你有优势的地方，我们所说的研究古人的智慧就是要让自己眼界开阔。完全凭自己的感觉走路，没有理论指导是不行的。

在市场经济下，可以谋利和产生经济效益的商机很多，但并不是每一商机都会对任何一个具体企业带来正面效应。特别在某些特殊商潮袭来时，企业更应清醒地看待，自己该不该卷进这个大潮。回过头来看，凡是成功的企业，都是清醒地抓住自己的主业不放，而没有在炒股票，炒房地产之类的热炒中随波逐流。因为他们意识到这不是他们熟悉的行业，不是他们的优势所在。相反，有些原来很好的企业，未能处于"众人皆醉而我独醒"，终于在这些问题上翻了船。

另一方面我们光学习国外也是不行的，现在大学开课，说哈佛大学能开什么，我也能开什么。我认为这有两个意义，一方面跟国际接轨，但另一方面，如果你认为把哈佛大学整个搬过来我们就能复兴中国经济那么恐怕会很失落，因为人家是几百年总结出的情况，和我们是不一样的。"桔生淮南则为桔，生于淮北则为枳。叶徒相似，其实味不同。所以然者何？水土异也。"（《晏子春秋》）这就是古人讲的，你在淮河的南面种了橘子是甜的，同样的一棵树到了淮河北面就变成苦的了。为什么，就是因为水土不一样。而中国至少有五千年文明史，有 13 亿人口，市场刚开放十几年，我们怎么把人家的经验照搬过来用呢？所以我说，现在有些人言必称"哈佛"，以为哈佛会让我们中华民族实现伟大复兴，其实这根本是不可能的事，我觉得你现在哪怕用百分之八九十的时间去学习外国的经验，那么你也要用百分之二三十的时间了解一下本国的国情民情，包括自己企业的实情。这些问题是我们今后企业要思考的问题。

富不过三代

《社会观察》：中国古人对财富的继承者似乎一直都有一种很悲观的说法叫"富不过三代"，可以说它也从某种角度说明了您先前提到的"三易"中的"不易"，它也代表了古人在一定的前提下于变化的过程中总结出的规律，现在财富继承者的问题已经随着中国第二代企业家的成长而浮出水面，那么，请问您是怎样看待古人所说的"富不过三代"这个问题的？

潘承烈："富不过三代"并不是一个铁的规律，美国有一个教授调查了三十几个当前兴旺发达的企业，研究他们为什么这么兴旺，一类领导人就是在他在位期间，一呼百应，非常有个人魅力，而他的继承者就很有可能因为缺乏这种魅力而导致经营上的失败，所谓"富不过三代"说的正是这点。海尔张瑞敏说，"海尔将来最大的危机就是我张瑞敏犯错"。他这句话讲得很好，他已经意识到这个问题，但不等于其他企业也意识到，靠个人声望和威信的成功是很有偶然性的，也因此无法变成推动企业发展的恒久动力。我们可以看到，还有一类领导者在位的时候用他的精力不断的加强基础管理，不断的充实完美他的企业文化，如果形成了好的风气，就会代代相传，当然，这个风气的保存还要靠企业领导人。所以要薪火相传的话，必须要加强企业文化的培养。

中国现在在变，民营企业确实有换代的现象，也的确有很多选择留给了儿子，但要看他适合不适合。很典型的例子是王安，他在美国那么多年，王安电脑曾经是让许多华人引为骄傲的事情，但王安在1992年宣告破产时，王安公司的股票价格由全盛时期的43美元而跌到只有75美分。为什么会这样呢？问题就出在继承人的身上，王安把位置让给他的儿子王列以后，原来由王安建立的公司内部平衡机制失调了。王列从1986年接手公司以来，在一年之中让公司亏损了4.24亿美元，公司股票三年中下跌90%。王列没有像王安那样从几十年奋斗中积累经验，没有像王安那样的开拓精神和魄力，在商场的斗争中显得那样的幼稚和脆弱。当暴风雨袭来时，他茫然不知所措，把公司搞得支离破碎。所以，如果按照这个思路去传的话肯定是不行的，企业也不能完全是留给儿子，这条路在企业的传承中已经不是主导地位，所以现在正在变化的体制也影响到了民营企业，而且这里面也淘汰了一批，一些企业也已经采用了董事会的形式来管理公司，他们也意识到了只有科学化的才会留下来。优胜劣汰肯定也是社会主义的客观规律，不然社会不会进步。

知己知彼，百战不殆

《社会观察》：中国企业在全球化进程中因对外贸易摩擦而起的话题似乎一直都是人们关注的焦点，5月2日，一份以美国五河电子公司等三方为原告，针对中国向美出口高端彩电的反倾销诉讼起诉书被正式递交。在被起诉阵容中，几乎把长虹、康佳、创维、海尔等国内主流彩电企业均囊括其中。9月16日发生在西班牙埃尔切市的"烧鞋事件"中，16个货柜的鞋被付之一炬。到今日，其前因后果逐渐明晰。经我国政府严正交涉后，中国鞋商已受到西班牙警方的保护。西班牙普通居民对于此种过激行为也不齿提起并表示不反对移民。但随后该市发生的两次鞋业工人大游行却也提醒我们，焚鞋事件绝非偶然，事情也不能简单地解释为少数极右分子怂恿所致，除去政治、文化等方面的差异外，在其背后还有更深层次的社会经济以及企业的经营管理因素，您是怎样看待这样一个问题的？

潘承烈： 这种情况可以列为个别的情况，企业本身争取利润是没错，但问题是取之有道，是不是符合于法律所允许范围之内的事。我们刚刚走出国门，所以很多国际上的惯例，法律我们还不熟悉，有一个学习过程，慢慢学会了并符合于大家的行为规则后，就会避免这样的事发生，这也是一个教训。从倾销的问题上也可以看出中国企业和外国企业在认知上的差异，比如人家问长虹，你的彩电为什么那么便宜，他说我们的人工成本低，可是他忘了外国工人是通过多少年奋斗才得到的高工资，所以拿这个理论去争市场明显是损害别人的利益，还不是一个真正的知己知彼。所谓"知己知彼，百战不殆"这也是我们古人在《孙子兵法》中提出的。

借古人智慧，开自己思维

《社会观察》：您在研究借用古人智慧的课题中是怎样面对其中的思想糟粕的呢？古人智慧对现代经营管理学具体有什么启发和影响？

潘承烈：古人思想中的糟粕当然也很多，但我们不是全面地总结古人，我们的目的是古为今用，从"用"字下功夫。糟粕的东西我们不去研究。中国古人智慧的高明之处就是在于有前瞻性和提纲挈领的作用。杜拉克在他的《21世纪对管理的挑战》一书中阐明了知识经济的应用者比他的领导在业务上更熟练，过去我们说领导与被领导关系，现在是伙伴关系。作为领导你怎么用你的人是重要的，要互相了解才能人尽其才。这其实和中国2000年以前的司马迁所说"士为知己者用"的意思大概相当——你要一个人为你服务，你要成为他的朋友。

而现在所倡导的推动二次经济发展的其实就是知识经济，它是无形的，所以老子说：有生于无。看得见的资产是从无形的物质中产生的。现在知识经济时代知识是无形的，无形的知识就可以产生更多物质财富。

在海尔初创时期，砸冰箱事件成为后来广为传诵的一则故事。当时他们生产的瑞雪牌冰箱发现有76台不合格品。在开全厂职工大会上，这76台不合格冰箱当众被砸成一堆废铁。这事曾使舆论哗然。有人认为，把这些不合格的零部件换上合格品，不是照样可在市场上销售吗？这是把多少万元的财富白白浪费。这种观点如果仅从物质资源、物质财富的角度看，投入和产出的关系显然是一种物资的浪费。然而持有这种看法的人却忽视了一点，即投入的是76台不合格冰箱，产出的不止是一堆废铁，更重要的是在全厂职工面前，上了生动而深刻的"质量第一"的一课，正是这种无形的产出，保证了后来在引进德国利勃海尔技术后大家对质量不敢有丝毫松懈，并在联合国竞标中以质量过硬而打败了竞争对手，更在以后国际市场竞争中一直以质量优势而取胜，从中所得效益的回报实际上已无数倍于当年76台冰箱的价值。这体现了该事件的无形产出的巨大效应。

所以我认为，虽然目前有很多的"洋博士"、"海归"、"MBA"来管理和领导企业，但领导和管理企业光有理论还是不行的，还是要扎根到实践当中去。如西医和中医一样，西方文化是分析，东方文化是综合，东方可以站在很高的角度来看问题，但实践性就差一些。所以洋为中用有一个转化的过程，古为今用，要发挥我们的优势，但研究古人智慧绝不能解决我们当今现实的问题。古为今用的意思是借古人的智慧来开阔我们的视野，让我们站在更高的角度来看问题。研究昨天是为了今天，研究古代是为了现代。我们还是要在"用"字上下功夫。

后记

2001年2月，亚洲论坛在博鳌召开，擅长多种外语的前国家主席江泽民也出席了此次会议。在会议间隙，他笑着迎上白发苍苍、却又精神矍铄的中国著名管理学家潘承烈，用俄语问他："现在俄文怎么样了。"潘承烈也笑了笑，用俄语回答说："没有以前讲那么多了。"

江泽民笑着、握着潘承烈的手久久不愿放下，他对周围的人讲："我是1955年和潘承烈在长春第一汽车制造厂工作，之后我们又一起到苏联学习了两年，到现在已经46年了。"言语间，既闪烁着故友情深，又带着沧海桑田之威。

潘承烈，1950年毕业于清华大学机械工程系。回忆起清华大学老校长梅贻琦所说的："所谓大学者，非谓有大楼之谓也，有大师之谓也。"至今仍感慨不已。70年代他曾经与华罗庚跑遍大半个中国推广"优选法"，以至于时值今日再回大庆，当年听过华罗庚讲课的车间工人如今已经变成了大庆市的市长，他握着潘承烈的手说："潘老，我现在还记得你们讲的课！"而每每提起这些，潘承烈却都只是挥挥手，好像什么都没发生过一样。他说，我有一张桌子安静的做学问就可以了，我只是一个学者。

（《社会观察》月刊2004年11月）

5000 年文明布道者

　　他有着比淘金者还多的耐心。24 年来，他徜徉在中华 5000 年文明史的时空隧道中，汲取着种种文化瑰宝的滋养；他具备布道者所应具备的素质，乐此不疲；24 年来，他穿梭在全球管理思想汇聚的论坛上，宣讲着中华传统文化的精髓。他就是潘承烈——中国企业管理科学基金会副会长，我国著名管理学家。

　　时间回溯到上世纪 80 年代初，正值信息技术大规模兴起之际。1983 年，当潘承烈在美国印第安纳大学给美国人讲中国古代管理思想时，提出了一个观点，他认为，中国长城的烽火台，其实就是一个数据传输的雏形。此外，他还根据田忌赛马故事中包含的运筹学规律，提出田忌赛马实际上印证了博弈理论的雏形。

　　那次演讲非常受欢迎。巧合的是，1984 年，时任国家经委主任、中国企业管理协会会长的袁宝华刚好批示，请潘承烈和其他几个同志着手对中国古代管理思想这一课题进行研究。自此，潘老开始系统地发掘中国传统文化的宝藏。

　　但是，人们对他的努力除了尊重与钦佩之外，或许还有遗憾与无奈。24 年的努力，却并未结出累累硕果。这一点，年已八旬的潘老并不否认。他曾对众多中国的管理学院的"言必称哈佛"现象提出意见。在他看来，如果仅仅满足于哈佛大学开了什么课，我就也开什么课，并且以此自豪的话"那将意味着差距越拉越大。"

但是，很难说这样的逆耳忠言会让国人有醍醐灌顶的感觉。就在采访的当天。距离潘老家不过千余米的一家电影院大厅里，一个名为"玫瑰之约"的大花丛，正引得情侣们纷纷驻足，"情人节"这舶来品的风头显然盖过了传统的"七夕"。尽管以著名作家冯骥才为首的诸多专家提出，七夕才是传统味道浓厚的"中国爱情节"，但是，呼声却被淹没于无形。

这只是一个表象。这些年来，中国商业社会可谓"洋气十足"，甚至可以用"崇洋迷外"形容；即使是管理学界，打着"洋为中用"的旗号行照搬照抄之实的例证，亦不在少数。

尽管早在改革开放之初，袁宝华就提出"以我为主"16 字方针，但不容忽视的是，"博采众长"成了"博采西长"。而对自己 5000 年文明史中所蕴涵的商业哲理宝藏，却鲜有人提及。

那么，潘老的种种努力，岂非有"螳臂挡车"或研习"屠龙术"之嫌呢？当然不是。

博采众长，更要古为今用

《领先》：您大概从 1983 年就开始研究古代管理思想对现代

企业管理的影响，到现在 24 年了。这其间有没有一些特别系统或特别重大的发现，能跟我们分享一下？

潘承烈：袁宝华同志在 1983 年就提出来，现在我们改革开放了，向国外学习是很重要的。但当时，大家对学习外国的东西还是有不同看法的。他提出的 16 字方针："以我为主，博采众长，融合提炼，自成一家。"也就是说，立足点要以我为主，要立足于中国当前的实际，包括改革开放以来的经验。新中国成立后几十年的经验，也包括中国几千年来在经济管理方面的经验。而不是说外国人怎么样，我们就完全跟着走。但是同时还要博采众长，就是不要轻易否定人家的东西。他必然有他的道理，你要博采众长，就要把人家好的东西融合提炼。目的就是要自成一家，以形成有中国特色的管理模式。我觉得这 20 多年来，这 16 字方针经历了考验，是很正确的。

《领先》：但是现在，我们看到的情况却是西方管理思想在中国备受推崇，大行其道。

潘承烈：我觉得，这个问题很值得我们管理教育界进一步深入思考研究。现在很多名校的管理学院，以能够完全把国外的东西照搬过来为己任，我觉得这很好也很重要。但是有的学校讲，哈佛的 MBA 开什么课程，我们就能开什么课程，而且引以为豪。我听了以后有两种感觉：一是说明我们的管理教育正在越来越快地跟国际接轨，这是好事；但另外一方面，我们现在培养的人才，特别是企业高级管理人才，他是要解决中国企业实际问题的，如果他仅知道国外的情况，不知道我们的国情民情，不了解企业情况的话，最终结果肯定会让人失望。

用"天下"的思维看待全球化

《领先》：在这个过程中，如何才能做到古为今用，而不是食古不化呢？

潘承烈：弘扬传统文化的优势，主要就是古为今用。重点是在"用"上，而不是食古不化，钻进故纸堆里去，那是没有出路的。只有让我们的传统文化真正扎根到广大企业中去，才能深耕，才能有生命力。这么多年来之所以没有真正推开，主要是没有正确理解我们的传统文化。我觉得比较有意思的是，当前我们国家特别是企业所面临的一些大课题，甚至是国际上最流行的一些课题，老祖宗所提出的哲理都会对我们有启发。包括全球化、知识经济、学习型组织等很多热门的问题，我们祖先留下的精神财富都能起到画龙点睛的作用。这 20 多年，我跑了很多国家，跟很多洋人讲，包括洋 MBA，他们都很吃惊，说没想到中国有这么丰富的文化遗产！我们有些人总觉得，我们不但技术落后，管理更落后，可我不太赞同这个说法，就像古人所讲的"尺有所短、寸有所长"，都各有自己的长处和缺点。从现代化管理角度来看，我们的管理跟人家有差距。但从另一个角度来讲，我们有我们的长处。

《领先》：能否具体讲一下，我们的长处到底在哪里呢？

潘最烈：比如讲到全球化。鬼谷子在 2500 多年以前就提到："以天下之目视者，则无不见；以天下之耳听者，则无不闻；以天下之心虑者，则无不知。"当时，我看到这话非常震动。这"三个天下"。对我们今天的全球化来说，很有启发，因为我们融入到世界经济中去了。真的应用"三个天下"的话，就会发现前所未有的机遇。

这种事情也不是我们学者在坐而论道，而是活生生地在企业实践中发挥着作用。1995 年 1 月，日本的神户、大阪发生地震，神户是日本集装箱中转基地，一下子就中转不了了。大连港，天津港、上海港都无动于衷，青岛港却赶紧跑到北京，跟中国远洋运输公司谈，承诺有多少中转多少，这下它不但解决了中远公司的燃眉之急，而且它的排名一下子也靠前了，而且在亚洲也有了自己的位置。这就是用天下的眼睛、耳朵、心思来考虑问题，它就抓住了机遇。所以，我觉得中国古代这些东西不是空的、只停留在书斋里的东西。

我们的企业家真正掌握了这些东西，用来为自己的企业服务，往往就能开窍，可以站得更高、看得更远。

另外，当前对学习型组织的讨论也非常热闹。在新的世纪里，企业要生存、要发展，必须组成学习型组织。我们现在也非常重视。现实的压力就是，你不学习是不行的。但是学习也是个很大的问题。2002 年我讲过，我们学习国外的东西，不能完全照搬，2000 多年前晏子出使楚国时就提出，"橘生淮南则为橘，生淮北则为枳"。同样一棵橘树，长在淮河南边就是甜的，长在北边就是苦的。

为什么同样的树结出的果子不一样呢？因为"水土异也"。国外的"水土"，就是几百年的市场经济：可我们向市场经济转型才不过十几年时间。所以，照搬是不可能的。另外，大家都很重视学习，但学习不是最终的目的。2500 千年前，孔子就讲，"学而不思则罔，思而不学则殆"。学习和思考的辨证关系，《论语》里用 12 个字讲得多透彻！至少不比现在的西方管理学大师差吧。

5 分种总结胜过迷信 64 卦

《领先》：你曾提到东汉理学家郑玄根据《易经》总结出的"三易"：变易、不易、简易。但现在很多老板对周易感兴趣，却是为算卦、算命。这正常吗？

潘承烈：我觉得，在如今复杂多变的情况下，重要的是掌握事物的客观规律，而不是迷信或宿命。有人讲得很好，为什么你今天做事成功了，昨天失败了？实际上你是有意识或无意识地遵照或违背了某些客观规律，遵照或违背了某些管理的原理或基本方法。我觉得这句话讲得很深。我经常跟一些企业家讲，你要鼓励你手下的管理人员，让他在每天干完事以后，能不能用5分钟思考一下，为什么我今天做事顺当，昨天就不顺利当，逐步积累多了，他就会发现共性的东西，这样就会慢慢掌握规律。下次也就不会在同一情况下再摔跟头了。所以，有些单位成天想搞什么周易64卦。但我觉得，如果让他了解这64卦每个卦象代表什么，这不太现实，而且他也看不懂。但郑玄的"三易"就是对客观规律的总结，你掌握了客观规律以后，再看世界，就不像原来那么眼花缭乱不可琢磨了，而是比较简单了。

《领先》：中国改革开放的时间并不算长，一些企业家的学历甚至素质确实比较低，如何才能让他理解中国博大精深的传统文化呢？

潘承烈：这个问题，我觉得是学跟用的关系。并不是说，企业家要把四书五经都念透，更重要的是，要在实践中善于思考。所以，理论跟实际的联系非常重要。有很多企业也成功了，但老板知其然而不知其所以然。如果学者通过对大量实践的提炼，上升到一个高度再指点的话，他的思想境界就会上升很多。

《领先》：你觉得，如何在实践中把洋为中用、古为今用两者统一起来？因为这两者如果细究起来，其实是有矛盾之处的。

潘承烈：我觉得不矛盾。我最近考虑，到底中国特色的管理有哪些方面？我自己觉得，有三个基本点：一是跨越空间，二是跨越时间，三是政策导向。

跨越空间，就是说现在中国的经济也好，管理也好，是开放型的。所以，要把中国的实际跟国际的发展思路、发展方向相结合。30 年前的管理跟现在的管理肯定不一样，要把国际市场上新的动向、优点吸纳过来，洋为中用。

跨越时间，就是我们中华民族拥有的独特优势，可以追溯的 5000 年文明史，到底有哪些能为我所用？

第三是政策导向，一个企业要发展，不可能离开政策。如果没有改革开放的大环境，企业英雄也不可能被造就出来。

见利思义，而不能见利忘义

《领先》：现在很多企业搞股份化，其实就是对股东负责；但中国古代经商讲究以义制利、义利合一，这两者是有些矛盾的，你认为如何解决这个问题？

潘承烈：我觉得关于义和利的问题，也是有些误导。过去就抓住孔子的"君子喻于义，小人喻于利"，说你讲了利就不是君子了，其实，你真正把《论语》读懂了，就不会这么片面地看。孔子讲，"富而可求也，虽执鞭之士，吾亦为之"。就是如果能够得到"利"的话，拿鞭子赶马车我也干。这句话用现在的话说，就是如果能赚钱，做个出租车司机我也干。但问题在于，义和利之间，你要见利思义，而不能见利忘义。现在有些东西，比如对于股东的利益等问题，有些基本观点我们要改变。一个是竞争——过去我们片面地把竞争理解为你死我活。

过去的彩电价格大战，通过大幅降价把很多对手都打垮了。现在提出和谐社会，把竞争简单理解为你死我活的话，跟和谐社会是背道而驰的。实际上从上世纪80—90年代。国际上就已经把竞争变成了竞合。现在的竞争需要大家双赢甚至多赢，要互利。后来，国际上又提出战略伙伴关系。也就是每个企业无论大小都有自己的优势和不足，大企业跟小企业合作，同样能以人之长补己之短，结果就达到双赢。

第二个方面，过去讲企业的目标就是追求利润最大化，但现在这个概念也有变化，就是社会责任跟企业的利润最大化同样重要。在社会责任方面贡献越多，对企业自身也越有利，企业也就能更持久地发展。当然，我们现在是在逐步过渡，不可能一下子像西方那样完美。必须通过实践一步步探索，来弥补我们的不足。

《领先》：关于企业的社会责任，现在主要有两种观点：一是认为企业除了正常经营之外，还要做对社会直接有利的事，比如慈善、捐赠等；另一种观点认为把企业做好就可以了，因为可以同时创造财富，增加就业。你更认可哪一种？

潘承烈：我觉得这实际上是反映了社会的进步。过去搞企业就是要赚钱，而不管对环境怎样。上世纪80年代我到太原去，有的企业污染很严重。老百姓养的鸡身上连毛都不长。但是现在，那里已治理了污染。企业不单要创造社会财富，创造财富的过程也越来越重要。你光赚钱不行，还要造福一方。要让当地老百姓由于你的存在得到益处。现在中央提得很明确，就是要加快建设环境友好型跟资源节约型社会，这就是社会责任问题。十几年前，我接触过一个民营企业的老板，他给当地的村子建小学，让孩子读书，而且给老人捐钱。他当时未必是因为社会责任，就是觉得，做事要凭自己的良心，光自己发展还不行，还要大家都跟我得到好处，而且这也是中华民族的传统美德。这既反映了当前承担社会责任的观点，又反映了传统文化的影响。我们的传统文化，并不是要老师来给你讲一课，而是这么多年世世代代传承下来的，在我们的脑子里是根深蒂固的。

（《领先》月刊 2007 年 11 月）